지구의
절반

에드워드 윌슨

지구의
절반

생명의 터전을 지키기 위한 제안

Half Earth: Our Planet's Fight for Life   **이한음 옮김**

사이언스
SCIENCE 북스
BOOKS

하지만 지금 우리는 아주 먼 길을 왔고 이제
김을 내뿜는 말의 멍에를 풀어 줄 때가 되었네.
— 베르길리우스, 『농경시』 2권

알프레트 에드문트 브렘(Alfred Edmund Brehm, 1829~1884년), 「봄의 곤충들」(1883~1884년).

옮기고 나서

수십 년을 생물 다양성 보전에 애써 온 저자는 이 책에서 과감한 주장을 펼친다. 지구의 절반을 우리 인간 이외의 다른 생물들을 위해 할애하자고 말한다.

저자가 이렇게 주장하는 이유는 기본적으로 위기 의식 때문이다. 지금까지 인간 활동으로 야생과 자연은 끊임없이 파괴되고 소멸되어 왔다. 그런데 인류세(Anthropocene)에 접어든 지금은 지구 전체에서 대규모로 그런 일들이 벌어지고 있다. 지구 온난화뿐 아니라 서식지 파괴 등으로 야생과 자연이 통째로 사라질 위기에 처해 있다.

게다가 겉으로는 환경을 보호하자고 말하면서, 오히려 야생과 자연을 없애는 일에 앞장서는 이들이 늘어나고 있다는 점도 저자의 위기 의식을 더 심화시킨다. 이 세상에 인간의 발길이 닿지 않은 곳은 이미 없으니 사라진 것에 미련을 갖지 말고, 그냥 우리가 지구 전체를 잘 관리하면서 살아가자는 이들이다. 당연히 생태계와 그 안에 사는 생물들보다는 인류의 행복과 번영에 우선 순위를 두면서 말이다. 저자는 그런 인간 중심적인 관점이 미래 세대까지 염두에 둘 리가 없다고 간파한다. 오로지 현재 살아가는 이들의 이익만을 염두에 두는 태도다.

그래서 저자는 진정한 야생과 생물 다양성을 보전하기 위해 원대한 목표를 세워야 한다고 말한다. 지금 처한 위기의 규모에 걸맞게 크나큰 목표가 필요하다는 것이다. 그것이 바로 '지구의 절반(Half-Earth)'이라는 목표다.

지금까지 환경 보전 운동이 세계 각지에 국립 공원과 자연 보호 구역을 설정하고, 생태 통로 같은 개념을 제시하는 등 많은 노력을 해 온 것은 분명하다. 덕분에 멸종되어 사라질 뻔한 조류 등의 생물 약 20퍼센트가 멸종을 피할 수 있었다. 하지만 지금까지의 노력은 위기 상황에 대처하느라 급급한 면이 없지 않다. 어떤 종 하나, 숲 하나, 습지 하나, 서식지 하나가 사라질 지경에 처할 때마다 그런 일을 막고자 애쓰는 데 치중할 수밖에 없었다.

그러는 사이에 세계 전체는 생물 다양성 감소라는 위기

에 처했다. 그래서 저자는 구체적인 활동 과정도 중요하지만, 이제는 원대한 목표도 세울 때가 되었다고 본다. 바로 지구의 절반이다.

저자는 기본적으로 인류세, 즉 인류를 위한, 인류에 의한, 인류만의 지구라는 개념이 지구 자체를 인간이 모는 우주선이라고 여기는 것이라고 본다. 우주선을 모는 자의 입장에서 보면, 필요할 때 이쪽 자원을 다 방사선을 가리는 데 쓸 수도 있고, 선실 유지에 필요한 에너지를 우주선을 급가속하는 쪽으로 돌릴 수도 있을 것이다. 그런 일이 지구의 생물들에게 일어난다면? 인간의 순간적인 판단에 따라, 수많은 이들의 목숨을 구할 약물을 지니고 있었을 식물이 아무도 모른 채 사라질 수도 있다. 우리는 과연 지구라는 행성을 수백만, 수천만 년 동안 안전하게 별 탈 없이 몰능력과 지식, 판단력을 지니고 있을까? 인류는 자신이 신과 같은 능력을 지니고 있다고 생각하는 것일까?

이 책은 생물 다양성을 보전한다는 것이 어떤 의미인지, 그 생물들이 우리에게 직간접적으로 어떤 혜택을 주는지를 곰곰이 생각하게 하는 한편으로, 그런 철학적인 의문을 곱씹어 볼 계기도 마련해 준다.

이한음

인간이란 무엇일까?

이야기꾼, 신화 작가, 살아 있는 세계의 파괴자. 이성, 감정, 종교가 뒤범벅된 생각을 하는 자. 플라이스토세 말 영장류 진화 사건의 운 좋은 산물. 생물권의 마음. 경이로운 상상력과 탐구심을 지니면서도, 쇠락하는 행성의 청지기보다는 주인이 되기를 갈망하는 자. 한없이 생존하고 진화할 능력에, 생물권에도 영생을 부여할 능력을 타고난 자. 하지만 자신, 자기 부족, 단기적인 미래를 중시하는 오만하고 무모하고 치명적인 성향을 지닌 자. 상상 속 더 고등한 존재에게 순종하고, 더 하등한 생명체를 경멸하는 존재.

역사상 처음으로, 우리가 지구에 종말을 일으키고 있음을 10년 이상 더 앞서 내다볼 수 있는 이들은 한 가지 확신을 갖게 되었다. 지구를 움켜쥔 인류의 손아귀가 강하지 않다는 것이다. 그리고 점점 약해지고 있다. 안전하고 편안하게 살기에는 인구가 너무 많다. 민물은 점점 줄어들고 있고, 대기와 바다는 육지에서 배출되는 것들 때문에 점점 더 오염되고 있다. 기후는 미생물, 해파리, 균류를 제외한 생물들에게 안 좋은 방향으로 바뀌고 있다. 많은 종들에게는 이미 치명적이다.

　　인류가 일으킨 문제들이 지구 규모이고 점점 악화되고 있기 때문에, 돌이킬 수 없다고 예상되는 지점이 빠르게 다가오고 있기 때문에, 찔끔찔끔 해서는 그 문제들을 해결할 수가 없다. 물이 남아돈다는 양 수압 파쇄법(프래킹, 높은 수압으로 암석을 깨서 셰일 가스를 추출하는 기술—옮긴이)에 마구 써대고, 우림이 남아돈다는 양 콩과 기름야자를 재배하기 위해 마구 개간하고, 대기에 공간이 남아돈다는 양 남는 탄소의 저장소로 쓰는 짓을 계속하고 있기 때문이다.

　　그런 한편으로 우리는 오로지 경제 성장, 한없는 소비, 건강, 개인의 행복만을 염두에 두고 거침없이 나아가면서 끔찍한 결과를 빚어 내고 있다. 나머지 생물권은 어디에서나 부정적인 영향을 받고 있으며, 환경은 점점 더 불안정하고 덜 상쾌하게 변해 가고, 우리의 장기적인 미래도 점점 불확실해지고 있다.

이 책은 어떻게 우리 종이 먼 지질학적 미래에 이르기까지, 우리 자신과 자연계의 다른 모든 생명체에게 영향을 줄 결과를 빚어 낼 인류세의 건축가이자 지배자가 되었는지를 기술하는 3부작 중 마지막 책이다. 『지구의 정복자(*The Social Conquest of Earth*)』에서 나는 고도의 사회 조직이 왜 동물계에서 드물게 출현했는지, 그리고 왜 38억 년에 걸친 지구 생명 역사의 끝 무렵에야 출현했는지를 기술했다. 나는 몸집이 큰 아프리카 영장류 한 종에게 그 현상이 나타나기까지 벌어진 일들을 증거로 제시했다.

『인간 존재의 의미(*The Meaning of Human Existence*)』에서는 과학이 우리의 (놀라울 만치 미약한) 감각계와 (충돌하고 위태위태한) 도덕 추론에 관해 무슨 말을 하는지를 검토하고, 그 체계와 추론이 현생 인류가 지닌 목적을 이루기에는 미흡한 이유를 설명했다. 좋든 싫든 간에, 우리는 생물 세계의 한 생물 종으로서 남아 있다. 자신이 살았던 지구의 예전 환경 조건에 놀라울 만치 잘 적응한 종, 하지만 자신이 조성하고 있는 지금의 환경에는 지독히도 적합하지 않은 종으로서 말이다. 육체와 정신 양쪽으로 우리는 홀로세, 즉 우리를 탄생시킨 지질 시대의 아이들이다. 하지만 그다음 지질 시대인 인류세에는 거의 적응이 안 되어 있다.

『지구의 절반』에서 나는 지표면의 절반을 자연에 위임함으로써만 자연을 이루는 숱한 생명체들을 구하리라는 희망을 품을 수 있다고 주장하려 한다. 나는 우리 종과 나머지 생명을 파멸로 내몰 수도 있는 궤도에 올라타게 한 것이 우리의 동물적 본능과 사회적 · 문화적 재능의 독특한 조합임을 설명할 것이다. 우리는 인문학과 과학이 지금까지 우리에게 알려 준 것보다, 우리 자신과 나머지 생명을 훨씬 더 깊이 이해할 필요가 있다. 우리가 여전히 그 사이에서 헤매고 다니는, 교조적인 종교 신앙과 무능한 철학적 사고라는 썩어 가는 늪에서 가능한 한 빨리 빠져나올 길을 찾는 편이 현명할 것이다. 인류가 지구의 생물 다양성을 훨씬 더 깊이 이해하고 보호할 조치를 신속하게 취하지 않는다면, 곧 지구의 생명을 이루는 종들이 대부분 사라질 것이다. 지구의 절반을 할애하자는 제안은 그 문제의 규모에 맞춘 일차적인 응급 대책이다. 나는 지구의 절반이나 그 이상을 보전 구역으로 설정해야만, 환경을 이루는 생물들을 구하고 우리 자신의 생존에 필요한 안정을 이룰 수 있을 것이라고 굳게 믿는다.*

---

* 나는 그런 지구적인 규모의 보전 구역을 설정하자는 주장을 『생명의 미

왜 절반일까? 4분의 1이나 3분의 1은 안 될까? 이미 존재하는 형태로 있든, 아니면 더 작은 구역들을 생태 통로로 연결함으로써 조성할 수 있든 간에, 넓은 영역은 더 많은 생태계와 그 구성 종들을 지속 가능한 수준에서 유지할 수 있기 때문이다. 보전 구역이 더 넓어질수록, 그 안에서 생존할 생명의 다양성도 더 증가한다. 보전 구역의 면적이 줄어들수록 다양성도 급격히 줄어들며, 그 양상은 수학적으로 예측이 가능하다. 때로는 다양성이 즉시 큰 폭으로 영구히 줄어들기도 한다. 지구의 주요 서식지들을 생물 지리학적으로 살펴본 연구 결과는 지표면의 절반을 보전할 때 생태계들이 전부 다 온전히 들어가고 구성 종들도 대부분 구할 수 있다고 말해 준다. 절반 이상이라면 지구의 생명은 안전 지대로 진입한다. 기존 생태계들을 대상으로 계산한 자료들은 그 절반 안에서 종들의 80퍼센트 이상이 안정될 것임을 시사한다.

지구의 절반을 보호해야 한다는 논거는 또 있는데, 심

래(*The Future of Life*)』에서 처음으로 간략하게 했고, 『생명의 기억(*A Window on Eternity*)』에서 더 확장했다. '지구의 절반'이라는 용어는 토니 히스(Tony Hiss)가 2014년 《스미스소니언(*Smithsonian*)》에 쓴 「세계는 정말로 지구의 절반을 야생 생물을 위해 따로 둘 수 있을까?」에서 이 개념 형태로 제시했다.

리적인 한계를 극복하기 위해서다. 현재의 보전 운동이 여태껏 거기까지 나아가지 못한 이유가 있다. 하나의 과정으로서 진행되어 왔기 때문이다. 현행 보전 운동은 가장 큰 위기에 처한 서식지와 종을 표적으로 삼아서 지키는 일부터 시작한다. 보전할 수 있는 기회의 창문이 빠르게 닫히고 있다는 것을 알기에, 시간과 기회가 허용하는 한 더욱 다급하게 보호 구역을 추가하는 일에 매진한다.

지구의 절반은 다르다. 지구의 절반은 목표다. 사람들은 목표를 이해하고 선호한다. 그들은 단지 진척이 이루어지고 있다는 소식만이 아니라 승리를 원한다. 결말을 성취함으로써 불안과 두려움을 영원히 잠재울 무언가를 갈망하는 것은 인간의 본성이다. 적이 아직 문 앞에 있다면, 여전히 파산할 가능성이 있다면, 암 검사를 더 했을 때 악성으로 드러날 가능성이 있다면, 우리는 불안을 떨칠 수가 없다. 어렵기는 해도 판 자체를 바꾸고 보편적인 혜택을 제공할 수도 있을 큰 목표를 선택하는 것도 우리의 본성이다. 모든 생명을 위해 역경을 무릅쓰는 것이야말로 가장 고귀한 형태의 인간성일 것이다.

차례

I

문제

지구의 생명체가 얼마나 다양한지 과학은 아직 거의 모른다. 평가를 할 수 있을 만큼 발견되고 연구된 종들, 특히 척추동물과 꽃식물은 점점 더 빠르게 수가 줄어들고 있다. 거의 전적으로 인간 활동 탓이다.

프란시스쿠스 판 스터르베이크(Franciscus van Sterbeeck, 1630~1693년), 「균류의 접속곡」(1675년).

1
여섯 번째
멸종

6500만 년 전, 지름 12킬로미터의 소행성이 초속 20킬로미터의 속도로 현재 중앙아메리카 유카탄 반도의 칙술루브 해안에 충돌했다. 깊이 10킬로미터에 폭 180킬로미터의 구멍이 생겼고, 지구 전체가 종처럼 뒤흔들렸다. 화산 폭발, 지진, 산성비, 산더미 같은 해일이 전 세계를 뒤덮었다. 검댕이 하늘을 뒤덮어서 햇빛을 가리고 식물의 광합성을 차단했다. 어둠이 오래 지속되면서 살아남은 식생도 대부분 죽었다. 어두컴컴한 세상에서 생물들이 죽어 나가는 와중에 기온이 급격히 떨어졌고, 지구는 화산성 겨울에 사로잡혔다. 모든 종의 70퍼센트가 사라졌고, 공룡들도 최후를 맞이했다. 더 작은 규모에서 보면, 생물 세계의 주된 청소 동물인 미생물, 균류, 검정파리가 잠시 죽은 식생과 동물의 사체를 먹으면서 번성했다. 하지만 그들도 곧 사라졌다.

그리하여 중생대, 즉 파충류의 시대는 종말을 고했고, 신생대, 즉 포유류의 시대가 시작되었다. 우리는 신생대의 정점에 이른, 그리고 아마 최종의 산물일 것이다.

지질학자들은 신생대를 일곱 개의 세로 나눈다. 각 세는 독특한 환경과 그 시대를 산 동식물의 조합을 통해 정해졌다. 가장 앞선 팔레오세는 1000만 년 동안 이어졌다. 중생대 말의 격변 이후에 진화를 통해 새롭게 생명의 다양성이 복원된 시기였다. 이어서 에오세, 올리고세, 마이오세, 플라이오세가 뒤따랐다. 여섯 번째인 플라이스토세는 대륙 빙하가 진퇴를 거듭한 시기였다.

이전에 지질학자들이 마지막 세라고 보았던, 우리가 살아가는 이 시대는 홀로세다. 홀로세는 대륙 빙하가 마지막으로 물러나기 시작한 1만 1700년 전에 시작되었다. 기후가 좀 더 온화했고 잠시나마 생명의 역사에서 종 수가 가장 많아졌던 시기였을지도 모른다.

홀로세의 여명기는 인류가 거주 가능한 땅의 거의 모든 곳으로 퍼져 나가서 새롭게 정착한 시기이기도 했다. 엄청난 파괴력을 지닌 칙술루브 충돌은 생물 조직화의 세 수준 모두에 위협을 가했다. 첫 번째 수준은 생태계로서 산호초,

강, 숲 등을 말한다. 두 번째 수준은 종으로서 그 생태계에서 살아 있는 부분인 산호, 물고기, 참나무 같은 것들이다. 마지막 수준은 유전자로서 각 종의 형질을 정한다.

멸종 사건은 지질학적 시간에서 보면 그리 드문 것이 아니다. 멸종은 생명의 역사 전체에서 무작위적이고 다양한 규모로 일어나 왔다. 하지만 진정한 대격변이라 할 사건은 약 1억 년 간격으로 일어났을 뿐이다. 우리가 파악한 바에 따르면, 그런 파괴의 정점에 이른 사건은 다섯 번 있었고, 칙술루브 충돌이 가장 최근에 일어난 사건이었다. 그런 사건 이후에 복구되는 데 걸린 시간은 약 1000만 년이었다. 그것이 바로 인류가 시작한 파괴의 정점을 여섯 번째 멸종이라고 부르는 이유다.

많은 저자들이 홀로세가 끝나고 새로운 지질 시대로 대체되었다고 인정할 수 있을 만큼 지구는 이미 충분히 변했다. 그 새로운 지질 시대의 이름으로 현재 선호되는 것은 1980년대 초에 수생 생물학자 유진 스토머(Eugene F. Stoermer, 1934~2012년)가 창안하고 2000년에 대기 화학자 파울 크뤼천(Paul Crutzen)이 널리 퍼뜨린 인류세다. 즉 인류의 시대라는 것이다.

인류세를 구분하자는 논리에는 타당한 근거가 있다. 다음과 같은 사고 실험을 해 보면 명확히 알 수 있다. 먼 미래의 지질학자들이 우리 시대가 속한 1000만 년에 걸친 지층에 쌓인 것들을 발굴한다고 하자. 그들은 화학적으로 변한 토양이 쌓인, 확연히 구별되는 지층들과 마주칠 것이다. 또 기후가 급격히 변한 물리적·화학적 흔적들도 알아볼 것이다. 갑자기 지구 전역에서 인류 시대 이전의 동식물상이 대부분 사라지고, 그 대신에 인류가 기르던 동식물의 잔해 화석이 풍부하게 나타난다는 사실도 알아차릴 것이다. 기계의 파편도, 치명적인 무기들이 전시되었던 진짜 박물관도 발굴할 것이다.

먼 미래의 지질학자들은 다음과 같이 말할지 모른다. "인류세는 급속한 기술 발전과 최악의 인간 본성이 결합된 불행한 시대였다. 인류에게뿐 아니라, 다른 모든 생명에게도 끔찍하기 그지없던 시대였다."

알프레트 에드문트 브렘, 「유럽 숲의 가장자리」(1883~1884년).

2
인류에게는
생물권이 필요하다

생물권은 특정 시점에 지구에 존재하는 모든 생물들의 집합이다. 독자가 이 문장을 읽는 지금 살아 있는 모든 식물, 동물, 조류, 균류, 미생물이다.

생물권의 위쪽 경계는 폭풍에 휘말려서 1만 미터나 그 이상의 상공으로 올라간 세균들로 이루어진다. 이 고도에서 발견되는 미세한 입자들의 20퍼센트(나머지는 비활성 먼지 입자들이다.)를 차지하는 이 세균 중에는 광합성을 하거나 죽은 유기물을 먹어서 물질을 재순환시키고 재생산하는 종도 있다고 여겨진다. 휘말려서 올라간 세균들이 떠도는 이 높은 층을 생태계라고 할 수 있을까? 이 문제는 아직 논란거리다.

생명의 아래쪽 경계는 과학자들이 심층 생물권(deep biosphere)이라고 하는 것의 하한선을 따라 놓여 있다. 육지와 해저의 표면에서 3킬로미터 이상 들어간 땅속에는 지구의 마그마에서 나오는 강한 열로 살아가는 세균과 선충이 있다. 과학자들이 이 지옥 같은 층에서 발견한 몇 안 되는 종들은 주변 암석에서 추출한 에너지와 물질로 살아간다.

엄청난 부피의 지구 전체에 비하면 생물권은 면도날 두께에 불과하고 질량도 무시할 만한 수준이다. 막처럼 표면을 감싼 이 생물권은 지구 대기 바깥의 궤도를 도는 우주선에서 맨눈으로 곁눈질해 보았자 보이지 않는다.

스스로를 생물권의 지배자라고 여기고 자신이 이룬 탁월한 성취에 흐뭇해하는 우리는 나머지 생물들을 우리가 내키는 대로 할 자격이 있다고 믿는다. 이곳 지구에서 우리의 이름은 힘(Power)이다. 우리는 신이 욥에게 조롱조로 제시한 도전 과제들 앞에서 더는 움찔하지 않는다.

네가 깊은 바닷속을 걸어 보았느냐
바닷물이 솟는 샘에 들어가 보았느냐
죽음의 문이 네 앞에 나타났느냐
죽음의 환영 문을 본 일이 있느냐
땅이 얼마나 넓은지 터득했느냐

다 안다면 그렇다고 하거라
빛이 머무는 곳으로 가는 길은 어디냐?
어둠이 있는 곳은 어디냐? ……
누가 범람을 막기 위해 물길을 텄으며,
뇌성 번개가 갈 길을 냈느냐?*

그 모든 과제를 거의 다 해냈기에 우리가 그런 태도를 보이는 것도 당연하다. 탐험가들은 마리아나 해구로 내려가서, 바다 중에서 가장 깊은 그곳에서 물고기를 눈으로 보고 미생물을 채집했다. 심지어 지구를 완전히 벗어난 곳까지 여행을 했다. 그렇다고 해도 현재 침묵하고 있는 신에게 더 가까이 다가간 것은 아니지만 말이다. 우리의 과학자들과 공학자들은 태양계의 다른 행성들, 지나가는 소행성들을 아주 상세히 살펴볼 수 있는 탐사선과 로봇도 발사했다. 머지않아 우리는 다른 항성계와 그 항성을 도는 행성들에까지 갈 능력을 지니게 될 것이다.

하지만 우리 자신, 자신의 육체는 수백만 년 전에 진화했을 때와 마찬가지로 취약한 상태에 머물러 있다. 우리는 여전히 다른 생물들에게 절대적으로 의존한다. 우리는 생

* 「욥기」 38장 16~19, 25절.

물권의 극히 일부에서만 다른 생물들에게 의지하지 않고 인공물을 통해 살 수 있을 뿐이며, 게다가 그런 상황에서는 심한 제약을 받는다.

극도로 허약한 몸에 얽매여 있다는 점에서는 그 누구도 예외일 수 없다. 우리는 군인과 생존 훈련을 받는 이들이 흔히 듣는 '3의 법칙'에 지배된다. 공기가 없을 때 3분, 혹한의 날씨에 피할 곳이나 몸을 감쌀 것이 없을 때 3시간, 물이 없을 때 3일, 먹을 것이 없을 때 3주를 버틸 수 있다는 것이다.

인간은 왜 그렇게 약하고 의존적이어야 할까? 사실 생물권의 다른 모든 종들도 같은 이유로 인간에 못지않게 약하고 의존적이다. 호랑이와 고래조차도 특정한 생태계에서 보호받아야 한다. 각자 나름대로 허약하며, 저마다의 3의 법칙에 제약을 받고 있다. 더 명확히 하자면, 호수의 산성도를 높인다면 어떤 종은 사라지겠지만 모두가 사라지는 것은 아니다. 생존자들 중에도 막 사라진 종(주로 먹이를 공급하고 포식자로부터 지켜 주던 종들)에게 의존하고 있던 생물들은 조만간 사라질 것이다. 과학자들이 '밀도 의존 조절(density-dependent regulation)'이라고 칭하는 이런 유형의 상호 작용이 미치는 개체군 효과는 모든 생물에게 적용되는 보편적인 법칙이다.

밀도 의존 조절의 교과서적인 사례로는 늑대가 나무의 생장에 기여하는 역할이 있다. 미국 옐로스톤 국립 공원에서는 근처에 소규모의 늑대 한 무리만 있어도 그 지역에 있는 말코손바닥사슴의 수가 급감한다. 늑대 한 마리는 말코손바닥사슴의 사체를 일주일 사이에 대부분 먹어 치운다. (늑대는 배불리 먹어도 몇 시간이면 다 소화할 수 있다.) 한편 말코손바닥사슴 한 마리는 같은 기간에 어린 사시나무를 엄청나게 많이 먹어 치운다. 갯과의 상위 포식자가 단지 있다는 것만으로도 그 주변의 말코손바닥사슴은 겁에 질린다. 그래서 늑대가 있을 때 말코손바닥사슴은 사시나무를 덜 먹게 되고, 사시나무 숲은 울창해진다. 늑대가 사라지면, 말코손바닥사슴은 다시 제 세상을 만나고 사시나무의 생장률은 급감한다.

인도 순다르반스 국립 공원과 방글라데시 순다르반스 보전림의 맹그로브 숲에서는 호랑이가 같은 역할을 한다. 액시스사슴, 멧돼지, 짧은꼬리원숭이(그리고 불행히도 인간)를 잡아먹어서 그 수를 줄임으로써, 더 무성하고 생물학적으로 더 다양한 동식물상을 조성하는 데 기여한다.

생물 다양성 전체는 우리 자신까지 포함해 구성 종 하나하나를 보호하는 방패가 된다. 인류의 활동으로 이미 사라진 종들 외에, 이를테면 남아 있는 종들 중 10퍼센트가 더 사라진다면 어떤 일이 벌어질까? 50퍼센트가 사라진다면? 아니, 90퍼센트가 사라진다면? 사라지거나 거의 멸종 직전에 이르는 종이 더 많아질수록, 생존자들의 멸종도 가속한다. 그 효과가 거의 즉각적으로 느껴지는 사례도 있다. 한 세기 전, 북아메리카 대륙 동부의 상당한 지역에 걸쳐 우점종이었던 미국밤나무(American chestnut)는 아시아에서 온 곰팡이병에 걸려서 거의 멸종 직전까지 내몰렸고, 유충 때 밤나무 식생에 의지하던 나방 일곱 종도 사라졌으며, 그 숲에서 살아남았던 마지막 여행비둘기도 멸종했다. 멸종하는 생물이 늘어날 때 생물 다양성은 일종의 전환점에 도달하고, 그 전환점을 도는 순간 생태계는 붕괴한다. 과학자들은 어떤 조건에서 언제 이 재앙이 닥칠 가능성이 가장 높은지를 이제야 겨우 연구하기 시작했다.

한 가지 현실적인 재앙 시나리오는 외래종이 서식지를 완전히 잠식하는 것이다. 이 사건은 할리우드 대본이 아니다. 생물 다양성 현황 조사가 이루어지는 모든 나라에서, 외래 유입 종의 수는 기하 급수적으로 증가하고 있다. 그중에 소수는 어느 정도까지 인류나 환경, 또는 양쪽에 피해를 준다. 미국에서는 정부 정책을 더 명확히 하고자, 대통령령으로 그것들을 '침입 종'으로 지정한다. 침입 종 중 소수는 대규모 피해를 일으키며, 재앙 수준으로 치달을 수도 있다.

너무나 엄청난 파괴를 일으킨 탓에 이름이 우리 귀에 친숙해진 종도 있다. 빠르게 불어나고 있는 그 목록에는 붉은불개미(imported fire ant), 아시아흰개미("뉴올리언스를 먹어 치우는 흰개미"), 매미나방, 서울호리비단벌레, 얼룩홍합(zebra mussel), 아시아잉어류, 가물치, 비단뱀 두 종, 웨스트나일바이러스가 포함된다.

침입 종은 수천 년 동안 다른 지역에서 고유종으로 살다가 온다. 그들은 자신의 고향에서는 각자 포식자, 먹이, 경쟁자 역할을 맡아서 다른 고유종들에게 자연적으로 적응해 있기에, 개체군이 전체적으로 통제를 받고 있다. 또 그들은 대개 자신의 고향에서 풀밭, 강둑, 그 외에 인류가 선호하는 서식지들에 저마다 적응해 있다. 찔리면 불에 타는 듯한 느낌을 주는 침을 단 채 미국 남부를 휘젓고 다니는 붉은불개미는 목초지, 주택 뜰, 도로변에서 최고의 침입 종이다. 이들은 남아메리카 대륙의 본래 서식지에서는 초원과 범람원에서 대개 별 문제를 일으키지 않은 채 살아간다. (이 종에 관해 한 가지 경고를 해 두자. 붉은불개미는 내가 야외와 실험실에서 주로 연구하는 대상 중 하나였다. 예전에 시연하는 장면을 촬영하기 위해서 나는 잠시 그들의 집에 손을 넣었다. 화가 난 일개미들이 달려드는 바람에 겨우 몇 초 사이에 54방이나 쏘였다. 24시간이 지나기 전에 쏘인 곳마다 가려운 고름 물집이 생겼다. 내 조언은 이렇다. 붉은불개미 집에 앉

지도 말고 절대 손도 대지 말 것.)

한편 인류 거주지에 살지 않지만, 자연 환경에 유달리 위험할 수 있는 침입 종들도 있다. 유럽불개미보다 더 작은 종인 전기개미(little fire ant, 마찬가지로 내 연구 대상이다.)는 고향이 남아메리카 우림이다. 우글거리면서 우림의 어디든 침입할 수 있고, 나아가면서 낙엽과 토양에 사는 다른 무척추동물들을 거의 다 파죽지세로 전멸시킨다.

또 하나의 무시무시한 서식지 살해자는 갈색나무뱀(brown tree snake)이다. 1940년대 말에 뉴기니나 솔로몬 제도에서 괌으로 우연히 도입되었다. 둥지 짓는 새를 잡아먹는 쪽으로 분화한 이 뱀은 괌에 살던 몇몇 명금류를 마지막 한 마리까지 깡그리 먹어 치웠다.

모든 증거가 아니라고 말하는데도, 몇몇 저자들은 때가 되면 침입 종이 고유종들과 조화를 이루어서 안정한 '새로운 생태계'를 형성할 것이라는 주장을 한다. 정반대다. 생명 세계의 탈안정화를 중단시킬 방법 중 검증된 것은 가능한 한 최대 넓이로 보전 구역을 정하고 그 안에서 토착 생물 다양성이 존속할 수 있도록 보전 구역을 보호하는 것뿐이다.

인류도 종의 상호 의존성이라는 철칙에서 벗어나 있지 않다. 우리는 이미 만들어진 상태로 에덴 동산에 놓인 침입 종이 아니었다. 게다가 섭리에 따라 그 세계를 통치하도록 정해져 있던 것도 아니었다. 생물권은 우리에게 속해 있지 않다. 우리가 생물권에 속해 있는 것이다. 이토록 아름답고 풍부하게 우리를 에워싸고 있는 생물들은 38억 년에 걸쳐 자연 선택을 통해 진화한 산물이다. 우리는 구대륙 영장류 중 운 좋은 한 종으로서 여기까지 이른, 진화의 산물 중 하나일 뿐이다. 그리고 우리는 지질학적 시간으로 보자면 마지막으로 눈을 한 번 깜박이기 전에야 비로소 생겨난 존재다. 우리의 몸과 마음은 생물권에서 살아가도록 적응해 있다. 우리는 그 점을 이제야 비로소 이해하기 시작했다. 지금 우리는 나머지 생물들을 보호할 수 있지만, 여전히 무분별하게 생물권을 파괴하고 넓은 영역을 입맛대로 대체하려는 충동에 사로잡혀 있다.

마리아 지빌라 메리안(Maria Sibylla Merian, 1647~1717년),
「애벌레의 먹이 식물에 달려 있는 나방의 생활사(애벌레와 번데기, 날개 달린 성충)」(1679~1683년).

3

현재 살아남은 생물 다양성은
얼마나 될까

이론상으로는 지구에 살고 있는 종의 총수를 계산할 수 있다. 머지않아 우리는 종의 수를 좁은 오차 범위 내로 알아낼 수 있을 것이다. 하지만 지금의 보전 과학자들에게는 세계 종 현황이 역설에 휘감긴 딜레마처럼 보인다. 우리는 지구의 생물 다양성이 마치 마법의 우물과 같다는 것을 알아차렸다. 인류가 없애는 종이 더 늘어날수록, 발견되는 새로운 종도 더 늘어난다. 하지만 이는 매년 종이 사라지는 규모를 추정한 값을 더욱 늘리기만 할 뿐이다. 우리는 알려진 종의 대략적인 멸종률을 알려지지 않은 종에도 적용할 필요가 있다. 알려진 종들과 아직 알려지지 않은 종들이라는 두 집단이 근본적으로 다르다고 가정할 이유는 전혀 없다. 그 깨달음은 하나의 딜레마로 이어지는데, 이 딜레마는 역사상 가장 큰 도덕적 의문 중 하나이기도 하다. 우리 자신의 현재 욕구를 충족시키기 위해 지구를 계속 파괴할 것인가, 아니면 미래 세대를 위해 대량 멸종을 멈출 방법을 찾을 것인가?

파괴라는 경로를 선택한다면, 지구는 돌이킬 수 없이 인류세를 향해 계속 추락할 것이다. 지구가 거의 오로지 우리 자신에 의한, 우리 자신을 위한, 우리 자신만의 행성으로 존재하는 생물학적 최종 시대 말이다. 나는 이 시대를 고독의 시대라는 뜻인 '에레모세(Eremocene)'라고 부른다. 에레모세는 기본적으로 인류, 인류가 길들인 동식물, 인류의 시선이 다다르는 곳까지 사방으로 쭉 펼쳐진 경작지로 이루어진 시대다.

지금까지 생물권과 그 멸종률을 측정할 때 써 온 가장 좋은 단위는 종이다. 종으로 이루어진 각 생태계는 경계가 훨씬 더 주관적이다. 우리가 지나가면서 보면 산기슭의 관목림은 서서히 산림으로, 우각호는 서서히 강으로, 강둑은 서서히 삼각지로, 땅을 축축이 적시는 물은 서서히 샘으로 변해 가는 듯하다. 반면에 종을 정의하는 형질을 만드는 유전자는 객관적이고, 정확히 정의할 수 있다. 그렇기는 해도 유전자 서열을 읽어서 분류학과 생물학의 여러 목적에 쓰기란 더 힘들다. 물론 쌍안경을 눈에 대고서 한 생태계에서 다른 생태계로(이를테면 숲 가장자리에서 숲 안쪽으로) 날아가는 명금 무리의 수를 셀 수는 있어도, 그들이 선호하는 서식지를 파악하기란 어렵다. 그러나 종을 알아내기 위해 DNA의 서열을 분석하려면 표본을 포획하거나 죽여야 하기에 더욱 어렵다.

하지만 훨씬 더 중요한 점은 우리가 생물을 식별할 때 쓰는 형질이 그들 스스로가 시각, 청각, 후각을 통해 다양하게 이용하는 형질이기도 하다는 것이다. 종에 초점을 맞춤으로써 우리는 생명이 어떻게 진화하고 각 생명체가 어떻게, 그리고 왜 나름의 해부 구조와 생리, 행동, 서식지 선호, 생존하고 번식하는 데 활용되는 그밖의 다른 모든 속성들의 독특한 조합을 지니게 되었는지를 이해할 수 있다.

생물학자들은 종을 대체로 같은 형질을 공유하고, 자연 상태에서 그들끼리는 자유롭게 상호 교배를 하지만 다른 종과는 상호 교배를 하지 않는 개체들의 집단이라고 정의한다. 검증된 종의 교과서적인 사례로는 사자와 호랑이가 있다. 두 대형 고양이류는 한 우리에 함께 갇혀 있을 때는 상호 교배를 하기도 하지만, 자연에서는 그렇지 않다. 고대에 그들의 지리적 분포 범위는 넓은 영역에 걸쳐서 겹쳐 있었다. 사자는 지중해 연안을 포함한 아프리카 전역, 동쪽으로는 인도(구자라트 주에 소규모 집단이 지금도 살고 있다.)까지 퍼져 있었고, 호랑이는 캅카스 지방에서 시베리아 동쪽 끝까지 퍼져 있었다. 하지만 고대든 최근이든 간에, 야생 집단 사이에 잡종이 형성되었다는 기록은 전혀 없다.

1758년 스웨덴 웁살라 대학교 식물학 교수 칼 폰 린네 (Carl von Linné, 1707~1778년)는 생물학자들이 지금까지 쓰고 있는 분류 체계를 발표했다. 그의 목표는 세계의 모든 동식물 종을 기재하는 것이었다. 멀리 남아메리카와 일본까지 여행을 다닌 제자들의 도움을 받아서, 린네는 약 2만 종을 기재했다. 오스트레일리아 생물 자원 연구단(Australian Biological Resources Study)에 따르면, 2009년에는 기재된 종 수가 190만 종이었다. 그 뒤로 연간 약 1만 8000종의 비율로 새로운 종이 발견되어 두 단어의 라틴 어로 된 정식 학명 (예를 들어 늑대의 학명은 카니스 루푸스(Canis lupus)다.)이 붙어 왔다. 따라서 2015년에는 과학계에 알려진 종 수가 200만 종을 넘었다.

하지만 이 값은 현생 종의 실제 수에 한참 못 미친다. 모든 전문가들은 지구가 여전히 거의 알려지지 않은 행성이라고 이구동성으로 말한다. 과학자들과 대중 모두 척추동물(어류, 양서류, 파충류, 조류, 포유류)에는 꽤 친숙하다. 주된 이유는 그들이 몸집이 크고 인간의 삶에 직접적으로 가시적인 영향을 미치기 때문이다. 척추동물 중 가장 잘 알려진 것은 포유류로 약 5,500종이 알려져 있고, 전문가들은 아직 발견되지 않은 동물이 수십 종은 더 있을 것으로 추정한다. 조류는 1만 종이 알려져 있고, 평균 두세 종이 해마다 새로 발견된다. 파충류는 꽤 잘 파악되어 있다. 알려진 종이 9,000가지를 조금 넘고, 아직 발견되지 않은 종이 1,000가지를 넘는다고 추정된다. 어류는 3만 2000종이 알려져 있고, 아마 발견되지 않은 종류도 1만 종은 될 것이다. 파괴에 가장 취약한 생물에 속한 양서류(개구리, 도롱뇽, 지렁이처럼 생긴 무족영원 등)는 다른 육상 척추동물에 비해 놀라울 만치 덜 알려져 있다. 지금까지 6,600종 넘게 발견되었지만, 무려 1만 5000종이 있을 것이라고 믿어진다. 꽃식물은 약 27만 종이 알려져 있고, 발견되지 않은 종류는 8만 종으로 추정된다.

생명 세계의 나머지 생물들로 향하면, 종 수가 근본적으로 달라진다. 전문가들은 무척추동물(곤충, 갑각류, 지렁이 등)에 조류(藻類), 균류, 이끼류 같은 하등한 식물, 겉씨식물, 세균, 그밖의 미생물을 더한 종의 총수를 놓고서 500만 종부터 1억 종 이상까지 다양하게 추정값을 내놓고 있다.

2011년 캐나다 댈하우지 대학교 보리스 웜(Boris Worm) 연구진은 알려진 종과 발견되지 않은 종 양쪽의 종 수를 추정하는 새로운 방법을 고안했다. 그들은 분류 범주들을 따라 단계적으로 아래로 내려가면서 종의 수를 추정하자고 제안했다. 우선 동물계에 있는 문(연체동물문, 극피동물문 등)의 수를 도표에 표시한 뒤, 각 문에 있는 강의 수를 표시하고, 목, 과, 속을 거쳐서 종의 수까지 적는다. 문에서 속에 이르기까지의 수는 비교적 안정적이다. 조사하는 기간이 늘어날수록 각 범주에 속한 분류군의 수는 처음에는 큰 폭으로 증가하다가 점점 증가 폭이 줄어드는 완만한 곡선을 그리면서 증가한다. 이 곡선을 종까지 이으면, 지구에 존재한다고 예상되는 동물계의 종 수가 770만 종이라는 꽤 합리적인 수준으로 나온다. 또 식물, 동물, 조류, 균류, (미토콘드리아를 비롯해 여러 세포 소기관들을 지닌) 많은 진핵 미생물을 포함하는 진핵생물역(Eukarya)의 종 수는 약 870만 종이며, 오차 범위는 100만 종이다.

하지만 밀하우지 방법이 종 수를 과소평가한 것일 수도 있다. 많은 종은 야외 생물학자들이 익히 잘 아는 이유로 발견되지 않은 채로 남아 있다. 야외 생물학자들은 대개 외지고 작은 서식지의 협소한 생태적 지위에 고립된 희귀한 생물들이 가장 눈에 안 띄는 종들임을 알아차려 왔다. 따라서 발표된 자료들이 시사하는 것보다 그런 종들이 훨씬 더 많을 수도 있다.

과학자들이 세계 곳곳에서 생물 다양성 현황 조사를 마

무리하면, 종의 총수는 지금까지 발견되어 학명이 붙고 집계된 200만 종을 훨씬 더 추월할 것이다. 전문가들이 지금까지 종 수준에서 발견한 생물들이 지구 생물 다양성의 겨우 20퍼센트, 또는 그에 못 미칠 가능성도 얼마든지 있다. 생물 다양성을 연구하는 과학자들은 각 생물군(포유류와 조류, 완보동물과 피낭동물, 지의류와 돌지네류, 개미와 선충에 이르기까지)에서 가능한 한 많은 종을 찾아내기 위해 경주를 하고 있다. 우리 눈에 띄기 전에 사라짐으로써, 간과되고 아예 존재했다는 사실조차 모르는 상황이 벌어지기 전에 말이다.

대다수의 사람들은 지구의 모든 생명을 발견하고 보전하려는 과학의 이 끝나지 않은 임무가 존재한다는 것조차 알지 못한다. 그들은 "멕시코에서 새로운 개구리가 세 종류 발견되었다."라거나 "히말라야의 새가 실제로는 두 종임이 밝혀졌다."처럼 이 주제를 하찮게 만드는 제목의 기사와 그 뒤에 따라붙는 언론 매체의 설명 방식에 점점 익숙해져 왔다. 이런 기사를 읽는 이들은 '생명 세계를 탐사하는 일이 거의 끝났으니까, 신종 발견이 기삿거리가 되는구나.'라고 믿게 된다. 오랜 세월을 미국 하버드 대학교 비교 동물학 박물관의 동물 큐레이터로도 일했기에, 나는 그런 인상이 얼마나 큰 오해와 잘못을 불러일으킬 수 있는지를 말해 줄 수 있다. 실제로 전 세계의 박물관과 연구실에는 늘 신종이 넘쳐 난다. 온갖 생물 집단에 속한 새로운 표본들이 가득 쌓여 있다. 전 세계의 박물관들은 늘 인력 부족에 시달리고 있기에, 큐레이터가 그 표본에 손을 대기까지는 수년, 심지어 수십 년이 걸릴 때도 있다. 그들의 연구를 통해 우리가 생물학 지식을 얻게 될 날이 무한정 미루어질 수도 있다.

나를 비롯한 이들이 종종 지적해 왔듯이, 기본 사항을 기재하고 분석하는 속도가 지금 수준으로 계속된다면 세계의 생물 다양성 현황 조사는 23세기가 되어야 끝날 것이다. 그때까지 얼마나 남아 있을지 모르겠지만 말이다. 게다가 지구의 동식물상을 더 체계적으로 파악해 보호하지 않는다면, 금세기 말까지 생물 다양성은 대폭 줄어들 것이다. 세계 생물 다양성을 과학적으로 연구하는 행위는 아직 알려지지 않은 무수한 종들을 없애는 행위와 벌이는 경주에서 지고 있다.

내 경험을 사례로 들면, 이 분류학적 과제가 얼마나 과중한지를 잘 보여 줄 수 있다. 내 개미 연구 중에는 분류도 있었다. 분류는 모든 생물 다양성 연구에서 생태와 진화를 살펴보기 위해서 반드시 필요한 전 단계다. 내가 오랜 세월에 걸쳐 새로 기재한 개미는 약 450종이다. 그중 354종은 혹개미속(*Pheidole*)에 속했다. (속은 같은 조상 종에서 진화해서 비슷하게 생긴 종들의 집합이다. 우리는 호모 속(*Homo*)이고, 우리의 조상 종에는 초기 호모 사피엔스와 우리의 직계 조상 종들인 호모 하빌리스, 그 뒤를 이은 호모 에렉투스가 포함된다.)

혹개미속의 학명은 '알뜰한 존재'라는 뜻의 그리스 어에서 유래했다. 이 속은 알려진 현생 개미 1만 4000종 가운데 가장 다양한 종으로 이루어진 가장 큰 집단이다. 내가 발견해 이름을 붙인 종 중에는 페이돌레 스칼라리스(*Pheidole scalaris*)가 있다. 스칼라리스는 '사다리'라는 뜻이며, 병정개미의 머리에 난 독특한 사다리 모양의 주름을 가리킨다. 또 다른 종인 페이돌레 하스티켑스(*Pheidole hasticeps*)에서 하스티켑스는 '창촉'이라는 뜻인데, 병정개미의 머리가 창촉처럼 생겼기 때문이다. 또 페이돌레 타키갈리아이(*Pheidole tachygaliae*)에서 타키갈리아이는 '타키갈리아에 속한'이라는 뜻이다. 개미가 그 나무(타키갈리아)에 집을 짓기 때문이다. 페이돌레 알로야이(*Pheidole aloyai*)는 야외에서 그 종의 표본을 처음으로 채집했던 쿠바의 곤충학자 D. P. 알로야(D. P. Aloya)를 기리는 이름이다. 나와 더 이전의 분류학자들이 이런 식으로 혹개미속 수백 종의 이름을 붙이다 보니, 신종에 붙일 그리스 어와 라틴 어 단어들이 고갈되어 갔다. 알로야 같은 채집자의 이름이나 표본이 발견된 지명을 따서 이름을 붙이면 이 문제를 해결하는 데 얼마간 도움이 되었다. 그러던 중 이 난제를 해결할 방법이 하나 떠올랐다.

나는 국제 보전 협회(Conservation International) 회장인 피터 셀리그먼(Peter Seligmann)에게 세계 환경 보전을 위해 개인적으로 탁월한 노력을 한 협회 이사회 구성원 여덟 명을 추천해 달라고 했다. 선정된 사람 중 전문 위원이자 내 친구 한 명에게는 지금 자신의 이름이 붙은 개미가 있다. 페이돌레 하리손포르디(*Pheidole harrisonfordi*)다. 페이돌레 셀리그마니(*Pheidole seligmanni*)도 있다.

아마추어든 전문가든 간에, 자연사 학자는 거의 사람을 대하는 양 자신이 연구하는 종과 친숙해지게 된다. 내가 미국 앨라배마 대학교의 학생이었을 때 내 스승 중 한 명인 인시류학자 랠프 처먹(Ralph L. Chermock, 1918~1977년)은 학생들에게 진정한 자연사 학자는 생물 1만 종의 이름을 안다고 말한 적이 있다. 나는 그 수에 가까이 간 적도 없고, 처먹도 마찬가지이지 않았을까 생각한다. 아마 기억술 전문가라면 도판과 박물, 표본을 보고서 그런 업적을 이룰 수 있겠지만, 그런 지식에는 실제 느낌이나 실질적인 내용이 거의 없을 것이다. 처먹과 나는 더 나은 무엇인가를 할수 있었다. 우리는 개인적으로 상세히 연구한 수백 종의 이름뿐 아니라 문에서 목, 과에 이르기까지 그들이 어떤 상위범주에 속하는지도 알았다. 또 우리는 유독 흥미를 끈 속들의 이름도 많이 알았다. 더 나아가 우리는 눈앞에 있는 수천 종이 어느 상위 범주에 속하는지까지 알 수 있었다. 그리고 가장 열심인 기억술 전문가보다도 더, 우리는 그 표본의 생물학적 사실들과 표본으로부터 받은 인상들을 덧붙일 수 있었다. 물론 중요한 지식이 빠져 있기도 했지만, 우리는 이런 식으로도 말할 수 있었다. "저건 데스모그나투스속(*Desmognathus*) 도롱뇽이거나 그 친척이야. 비슷한 종을 몇 가지 본 적이 있어. 아주 흔해. 물 바깥을 좋아하지만, 아주 축축한 서식지에 살아. 미국 남동부에 서너 종이 살아." 또는 이렇게 말할 수도 있다. "저건 피일목에 속해. 태양거미라고 해. 낙타거미라고 부르는 이들도 있어. 거미와 좀 비슷하게 생겼지만, 여러모로 전혀 달라. 날쌔게 움직이고, 내 생각에는 모두 포식자야. 미국 남서부의 사막과 아프리카 전역에 살아. 두 종을 본 적이 있어." 또는 이렇게 설명할 수도 있다. "와, 이건 매일 볼 수 있는 게 아니야. 육상 플라나리아의 일종이야. 편형동물이지. 이번이 겨우 두 번째 보는 거야. 이들은 대부분 민물이나 바닷물에 사는데, 이 녀석은 육지에 살아. 전 세계에 퍼져 있는 듯해. 아마 우연히 배에 실려서 퍼졌을 거야."

대부분의 사람들은 아직 우리 행성을 감싸고 있는 거대한 생물권 속의 무수한 종들을 거의 의식하지 못한다. 자연 세계를 운영하는 작은 동물들이자 세계의 주류인 무척추동물들이 줄어들어서 거의 사라지기 직전이라는 상식적인 내용조차도 그렇다. 보통 사람이 즐겨 쓰는 어휘는 바퀴벌레, 모기, 개미, 말벌, 흰개미, 나비, 나방, 빈대, 진드기, 게, 새우, 바닷가재, 지렁이에다가 개인적으로 영향을 주는 더 중요한 하나나 서너 가지의 종으로 구성된다. 생명 세계와 궁극적으로 우리 자신의 생존을 지탱하는 다른 수백만 종은 '벌레'나 '징그러운 것'으로 뭉뚱그려져 왔다. 무지라는 이 어둠에 갇힌 채 우리는 교육을 하고 언론의 주목을 받는 일에서조차 크나큰 실패를 거듭해 왔다.

일상 생활에 바쁜 보통 사람들이 라틴 어나 그리스 어를 알거나, 두 단어로 된 종의 학명을 말하기를 기대할 수는 없다. 하지만 설령 집 주변을 둘러볼 때 느끼는 단편적인 수준이라고 해도, 생물 다양성의 장엄함을 이해한다면 삶에 새롭게 온기와 풍성함을 불어넣을 수 있을 것이다. 헌신적인 자연사 학자들은 철새 이주기에 명금류 20종을 본다는 것, 또는 매 12종이나 빅풋(Big Foot, 북아메리카에 출몰한다는 인간처럼 생긴 수수께끼의 동물 — 옮긴이)을 제외한 그 지역의 모든 포유동물을 만난다는 것이 어떤 느낌인지를 말해 줄 것이다.

마지막 사례로, 아무 나비나 골라 보라. 아주 어릴 때 나는 나비를 채집하러 다니다가, 찾기가 어려워서 '날아다니는 보석'이라 불리는 검정파랑부전나비(great purple hairstreak)를 처음으로 발견했을 때 짜릿한 전율을 느꼈다. 나는 검정파랑부전나비의 애벌레가 키 큰 나무의 높은 곳에서 자라는 기생성 관목인 겨우살이의 잎을 먹는다는 것을 알지 못했다. 부전나비류가 나비 세계의 명금류라는 사실도 나중에야 알았다. 이 나비류는 화려한 색깔을 띠며, 지리적 분포 범위, 서식지, 먹는 식물의 종류, 개체 수가 저마다 크게 다르다. 북아메리카 동부 해안에 사는 22종의 일반명을 적어 보면 다음과 같다. 아카디아부전나비, 자수정부전나비, 띠무늬부전나비, 바트럼덤불부전나비, 산호부전나비, 이른부전나비, 에드워즈부전나비, 낙엽부전나비, 회색부전나비, 자주부전나비, 헤셀부전나비, 히코리부전나비, 노간주부전나비, 왕부전나비, 당아욱덤불부전나비, 병사덤불부전나비, 참나무부전나비, 붉은띠부전나비, 붉은부전나비, 은띠부전나비, 줄무늬부전나비, 흰부전나비(저자의 의도에 따라 일반명을 그대로 옮긴 명칭이다. ─옮긴이)다. (물론 각각 두 단어의 라틴 어로 된 학명도 있다.)

각 종은 숨을 멎게 할 만큼 경이로운 존재, 기나긴 화려한 역사를 지닌 존재, 수천 년 혹은 수백만 년의 기나긴 생존 경쟁 속에서 지금까지 살아남은 우승자, 최고 중의 최고, 자신이 사는 자연 환경의 생태적 지위를 차지한 전문가다.

알프레트 에드문트 브렘, 「인도코뿔소」(1883~1884년).

4

코뿔소를 위한
비가

현재 세계에는 2만 7000마리의 코뿔소가 남아 있다. 한 세기 전에는 수백만 마리가 아프리카 평원을 쿵쿵거리며 가로지르거나 아시아 우림 속을 소리 없이 돌아다녔다. 코뿔소는 다섯 종이 있으며, 모두 멸종 위기에 처해 있다. 생존자들은 대부분 흰코뿔소의 남부 아종에 속한다. 주로 남아프리카에 살며, 무장 경비대가 철저하게 보호하고 있다.

2014년 10월 17일, 마지막 남은 북부흰코뿔소 중 한 마리였던 수니(Suni)가 케냐 올페제타 보호 구역에서 사망했다. 그리하여 전 세계에 살아 있는 북부흰코뿔소의 수는 여섯 마리로 줄어들었다. 케냐 올페제타에 세 마리, 체코 공화국의 드부르크랄로베 동물원에 한 마리, 미국 샌디에이고 사파리 공원에 두 마리가 있다. 이들은 늙어가고 있고, 이들 사이에서 새로 태어나는 새끼는 전혀 없다. 이 마지막 남은 개체들이 전 세계에 흩어져 있고, 코뿔소는 대개 포획된 상태에서는 번식시키기가 어렵기 때문에, 북부흰코뿔소는 사실상 멸종 상태다. 자연 수명을 고려할 때, 2040년이면 마지막 개체가 죽을 것이 거의 확실해 보인다.

한편, 검은코뿔소의 서부 아종은 완전히 멸종했다. 그 어디에도, 동물원에도 단 한 마리도 남아 있지 않다. 길게 굽은 뿔이 달린 이 거대한 동물은 한때 아프리카 야생 동물의 상징이었다. 카메룬과 차드에 이르는 사바나와 열대 건조림 전체에 우글거렸고, 남쪽으로는 중앙아프리카 공화국, 북동쪽으로는 수단까지 퍼져 있었다. 이들의 수는 처음에 식민지 시대에 스포츠로 사냥을 하는 이들 때문에 처음 줄어들기 시작했다. 이어서 코뿔소 뿔을 잘라서 의식용 단검의 손잡이를 만들려는 밀렵꾼들이 밀려들었다. 그런 단검은 예멘에서 주로 쓰였지만, 중동의 여러 지역들과 북아프리카에서도 쓰였다. 마지막 타격을 가한 것은 중국과 베트남의 엄청난 수요였다. 코뿔소 뿔을 빻은 가루는 중국 전통 약재 중 하나였다. 더군다나 마오쩌둥이 서양 의학보다 중국 전통 의학을 선호하면서 그 소비량 증가에 불을 지폈다. 지금도 중국에서 코뿔소 뿔 가루는 성 기능 장애와 암을 비롯해 다양한 질병을 다스리려는 데 널리 쓰인다. 중국 인구는 2015년에 14억 명으로 늘어났다. 따라서 그중 몇 퍼센트만 코뿔소 뿔을 찾는다고 해도 코뿔소에게는 재앙이었다. 그램당 가격이 금보다 더 비싸졌다. 그 결과 씁쓸한 역설이 빚어지고 있다. 의학적 가치가 사람의 손톱이나 다름없는 그 뿔 때문에 코뿔소는 멸종으로 내몰리고 있다.

코뿔소 뿔 시장에 이끌려서 여러 밀렵꾼들과 범죄 집단들이 마지막 남은 개체들까지 사냥하기 위해 몰려들어 왔다. 두 손으로 들 수 있을 정도의 무게인, 죽인 동물의 뿔을 위해 목숨을 무릅쓰면서 말이다. 이 코뿔소 다섯 종 모두는 쉴 새 없이 계속 타격을 받는 듯하다. 검은코뿔소의 서부 아종은 1960년부터 1995년까지 개체 수가 98퍼센트 줄어들었다. 그들은 1991년 마지막 성채인 카메룬에 겨우 50마리가 남아 있었다. 1992년에는 35마리로 줄었다. 밀렵꾼들은 무자비하게 그들을 괴롭혔고, 카메룬 정부는 아무런 대책도 내놓지 못했다. 1997년경에는 겨우 10마리가 남았다. 많으면 14마리까지 무리(코뿔소 무리를 영어로는 '크래시(crash)'라고 한다.)를 짓는 경향이 있는 흰코뿔소와 달리, 검은코뿔소는 번식기 외에는 홀로 생활한다. 서부검은코뿔소의 멸종이 임박했을 당시, 생존자들은 카메룬 북부의 드넓은 지역에 흩어져 살았다. 만나서 짝짓기를 할 만큼 가까운 거리에 살던 개체는 네 마리뿐이었다. 하지만 그들은 짝을 짓지 않았고, 곧 모두 사라졌다. 수백만 년에 걸쳐 진화가 빚어 낸 장관이 그렇게 사라졌다.

현재 세계에서 가장 희귀한 대형 육상 포유동물은 자바코뿔소다. 우림 깊숙이 사는 이 종은 원래 태국에서 중국 남부까지, 또 그곳에서 인도네시아와 방글라데시까지 퍼져 있었다. 최근까지 베트남 북부의 보호받지 않은 숲, 지금의 깟띠엔 국립 공원에 10마리가 숨어 있었는데, 거의 아무도 모르고 있었다. 그러다가 그들의 존재가 널리 알려졌고, 곧 밀렵꾼들의 손에 모두 살해당했다. 2010년 4월 마지막 남은 한 마리까지 총에 목숨을 잃었다.

현재 마지막으로 남은 집단이 자바 서쪽 끝 우중쿨론 국립 공원에 살고 있다. 50마리도 채 안 된다. (한 전문가는 내게 35마리라고 했다.) 지진 해일이 한 차례 밀려들거나 작심한 밀렵꾼 한 무리가 들이닥치는 것만으로도 모두 사라질 수 있다.

희소성과 위험 양쪽으로 자바코뿔소에 상응하는 동물이 있다. 열대 아시아 우림 깊숙한 곳에 사는 수마트라코뿔소다. 수마트라코뿔소는 자바코뿔소와 더불어 동남아시아에 넓게 분포해 있었다. 그들의 서식지 중 상당 지역이 농경지로 바뀌고, 무자비한 밀렵꾼들의 손에 개체 수가 줄어들면서, 지금 그들은 점점 작아지고 있는 수마트라 섬의 숲들과 동물원에만 극소수가 남아 있다. 보르네오 섬의 오지에 몇 마리가 더 숨어 지낼 가능성도 있다.

1990년과 2015년 사이에, 세계의 수마트라코뿔소 수는 300마리로, 이어서 100마리로 급감했다. 미국 오하이오 주 신시내티 동물원 겸 식물원의 수의사 테리 로스(Terri Roth)와 직원들은 영웅적인 노력을 통해 현재 사람에게 쓰는 번식 기술을 코뿔소에게 적용하는 방법을 알아냈다. 그들은 성공했다. 지금까지 3대째 번식이 이루어졌고, 아주 신중하게 몇 마리를 수마트라의 보호 구역으로 다시 풀어놓을 수 있을 정도가 되었다. 이 번식 과정은 느리고 어렵고 비용이 많이 들며, 성공을 장담하기 어렵다. 게다가 호시탐탐 코뿔소를 노리는 밀렵꾼들도 있다. 뿔 하나를 손에 넣어서 평생 놀고먹을 돈을 벌기 위해 기꺼이 죽음을 무릅쓰려는 이들이다.

동물원 관리자들과 인도네시아 공원 관리자들의 노력이 실패해 수마트라코뿔소가 사라진다면, 수천만 년에 걸쳐 서서히 진화하면서 존속해 온 비범한 대형 동물 계통 하나가 사라질 것이다. 그들의 가장 가까운 친척인 북반구 극지방의 털코뿔소는 마지막 빙하기에 사라졌다. 사냥꾼들에게 멸종되었을 가능성이 높다. (적어도 유럽에 살던) 그 사냥꾼들은 동굴 벽에 털코뿔소의 그림을 그렸고, 그 그림은 지금 우리에게 감명을 준다.

1991년 9월 말, 나는 신시내티 동물원을 방문했다. 원장인 에드 마루스카(Ed Maruska)가 수마트라에서 새로 포획되어 로스앤젤레스 동물원을 거쳐 옮겨진 수마트라코뿔소 한 쌍을 보러 오라고 초청했기 때문이다. 암컷은 이름이 에미였고, 수컷은 이푸였다. 둘 다 젊고 건강했다. 하지만 오래 가지는 않을 터였다. 수마트라코뿔소는 수명이 반려견과 비슷하기 때문이다.

초저녁에 우리는 동물원 근처의 창고로 들어갔다. 기이하게도 아무 상관도 없어 보이는 록 음악이 방 안에 크게 울려 퍼지고 있었다. 마루스카는 소음이 코뿔소를 보호하기 위한 것이라고 설명했다. 인근에 신시내티 공항이 있어서 항공기들이 종종 굉음을 내며 상공을 지나가고, 인접한 도로에서 불시에 경찰차와 소방차의 사이렌 소리가 들리고는 한다는 것이다. 조용한 밤에 소음이 갑작스럽게 튀어나오면, 코뿔소는 놀라서 공포에 질려 날뛰다가 다칠 수 있었다. 그들의 고향에서 진정으로 위험한 소리들, 즉 나무가 쓰러지는 소리나 호랑이가 다가오는 소리, 사냥꾼의 발소리(수마트라코뿔소는 아시아에서 6만 년 넘게 원시인 사냥꾼과 현대 사냥꾼에게 공격을 받아 왔다.)에 상응하는 갑작스러운 소리 때문에 마구 날뛰는 상황에 처하기보다는 록 음악을 듣는 편이 더 낫다는 것이다.

그날 밤 에미와 이푸는 몸집에 비해 큰 거대한 우리 안에 석상처럼 꼼짝하지 않고 서 있었다. 잠이 든 것인지도 몰랐다. 알 수 없었다. 가까이 다가간 나는 마루스카에게 만져 보아도 되는지 물었다. 그는 고개를 끄덕였다. 나는 한 마리씩 손가락 끝으로 가만히 부드럽게 만져 보았다. 나는 마치 그 순간이 영원히 지속되는 듯한 영적인 느낌을 받았다. 그 느낌은 독자나 지금의 나 자신에게도 도저히 말로 설명할 수가 없다.

알프레트 에드문트 브렘, 「거북과 인간」(1883~1884년).

5
지옥의
묵시록

우리는 예전에 수십 종씩 우글거리던 양서류가 사실상 사라진 열대림들을 만났다. 우리는 그들이 대규모로 죽어 가는 광경을 지켜보았다. 우리는 감염된 지역에서 빼내어 항공기로 수송해 번식시키고, 야외와 실험실에서 해결책을 연구함으로써 멸종 위험에 빠진 종을 구하려 애썼다. 하지만 그 어떤 조치도 소용없었다. 야생 집단을 완치시킬 방법은 전혀 없다. 전 세계에서 양서류는 계속 사라지고 있다. 개체 수가 의미 있는 수준으로 회복된 사례도 전혀 없다. 게다가 균류가 환경에 계속 존재하고 있기에, 번식시킨 동물을 다시 도입하지도 못한다.

야외 생물학자 캐런 립스(Karen R. Lips)와 조지프 멘델슨 2세(Joseph R. Mendelson II)가 치명적인 항아리곰팡이(chytrid)에 감염되어 전멸해 가는 개구리들을 묘사한 글이다. 항아리 곰팡이에는 그 위세에 걸맞게 바트라코키트리움 덴드로바티디스(*Batrachochytrium dendrobatidis*)라는 위협적으로 들리는 학명이 붙어 있다. 이 종은 민물 수족관에 담겨 운반되는 개구리들을 통해서 전 세계로 퍼졌다. 감염된 줄 모른 채 운송된 몇몇 개체들을 통해서였다. 여기에 크나큰 불운까지 겹쳤다. 생물학과 의학 연구에 종종 쓰이는 아프리카발톱개구리(*Xenopus*)도 그 곰팡이를 전파한다는 점이었다. 엎친 데 덮친 격으로, 항아리곰팡이는 개구리 성체의 피부 전체로 퍼진다. 개구리 성체는 피부로 호흡을 하므로, 질식에 심장마비가 겹쳐서 사망한다.

그것도 모자라다는 듯이, 최근에 또 다른 종류의 항아리곰팡이가 발견되었다. 바트라코키트리움 덴드로바티디스가 개구리를 공격한다면, 그 사촌인 바트라코키트리움 살라만드리보란스(*Batrachochytrium salamandrivorans*)는 양서류 중 두 번째로 큰 집단인 도롱뇽을 공격한다. (살라만드리보란스는 '도롱뇽을 먹어 치우는 자'라는 뜻이다.) 반려동물 교역 과정에 무임 승차해 아시아에서 유럽으로 침입한 이 기생 생물은 감염되었을 때 치사율이 무려 98퍼센트에 달한다. 아메리카 대륙 온대와 열대 양쪽의 풍부한 도롱뇽 동물상에도 몹시 큰 위협 요소가 되고 있다.

양서류(개구리와 도롱뇽)에게 항아리곰팡이는 14세기에 유럽을 휩쓴 흑사병에 맞먹는 피해를 준다. 양쪽 다 일종의 다원주의적 비극이 진행되면서 대재앙이 일어난 사례다. 처음에 포식자들이 신대륙에 침입한다. 그들은 먹이가 널려 있음을 알아차린다. 곧 개체 수가 폭발적으로 늘어난다. 그러면서 먹이를 너무나 많이 잡아먹는 바람에 자신들도 불가피하게 몰락하고 만다. 인류는 현재까지 개구리를 구하는 데 실패를 거듭해 왔다. 우리는 이 잔혹한 동물 전염병을 어떻게든 예견하고 차단했어야 한다.

개구리와 도롱뇽은 습한 숲, 하천변, 민물 습지를 안정시키는 데 기여하는 중요한 포식자다. 이들은 척추동물 중에서 가장 얌전한 이웃이다. 하늘이 아니라 물웅덩이와 수풀, 낙엽 더미에서 출몰하는 새라고 할 수 있다. 아름다운 모습에 때로 현란한 색깔까지 지니면서, 소심하게 행동한다는 점에서 그렇다. 개구리는 번식기에 합창을 한다. 아메리카 열대림에서는 무려 20종이 한꺼번에 노래를 하기도 한다. 부르는 노래는 종마다 다르다. 처음에는 혼란스럽게 들릴지 모르지만, 눈을 감고 듣다 보면 각 종의 노래를 구별하는 법을 터득할 수 있다. 마치 오케스트라의 악기들처럼, 종마다 정확한 음조로 각자 다른 노래를 부르기 때문이다. 나머지 계절에는 각자 흩어져 살아간다. 그런 시기에는 혼자서 노래를 부르는데, 소리도 다르고 위치를 찾기 어렵게 울려 퍼진다. 같은 종의 개체들 사이에 영역 표시를 하기 위해 진화적으로 고안된 소리다.

개구리는 딱할 만치 취약하다. 습지와 숲이 교란될 때 가장 먼저 사라지는 생물에 속한다. 종들은 대부분 특정한 서식지에서만 사는 쪽으로 분화해 있다. 민물 습지나 폭포, 바위 표면, 숲 수관, 고산 지대의 풀밭 등이다. 그런데 단번에 그들을 거의 전부 없앨 수 있는 질병이 지금 도입된 상태다. 과학자들은 그 사실을 너무 늦게야 발견한 듯하다.

침입 종의 위협은 아무리 강조해도 지나치지 않다. 시간이 좀 흐르면 우리가, 또 우리가 동반한 종들이 없애 버린 자연 생태계를 대체할 '새로운 생태계'를 외래 동식물이 구축할 것이라는 순진한 주장을 펼치는 책과 그 저자들이 일부 있다. 다행히도 그들은 수가 극히 적다. 일부 외래 식물 종이 섬 환경에 '귀화'한다는, 즉 자연 선택을 통해 유전적으로 새 환경에 적응한다는 증거가 있기는 하다. 하지만 그런 일은 섬의 식물 종 다양성이 본래 낮고, 외래종이 채울 빈 생태적 지위가 비교적 풍부할 때에만 일어난다.

어떤 종류든 간에 외래종의 유입을 허용하는 것은 생태

학판 러시안룰렛을 돌리는 것과 같다. 멸종을 가져올 총의 탄창에 약실이 몇 개나 있을까? 그리고 그 약실 중에 몇 퍼센트가 장전되어 있을까? 답은 여행객들의 특성과 그들이 채울 수 있는 생태적 지위의 성격에 달려 있다. 유럽과 북아메리카의 식물은 침입 생물학의 '10의 법칙(tens rule)'에 대체로 들어맞는다. 대개 10종이 유입되면 그중 하나가 야생으로 탈출하고, 그렇게 탈출한 10종 중 하나는 해를 입힐 만큼 마구 불어나서 퍼진다. 척추동물은 그렇게 해를 끼칠 종의 비율이 더 높다. 대략 네 종 중 한 종꼴이다.

이주한 종 가운데 하나는 필연적으로 개구리의 항아리곰팡이에 견줄 만큼 엄청나게 불어난다. 식물 중에는 멕시코와 중앙아메리카 원산인 원예용 관목 벨벳나무(*Miconia calvescens*)가 그런 파괴자에 속한다. 타히티의 토착림 중 3분의 2가 이 침입자에게 밀려난 상태다. 그곳에서 벨벳나무는 교목만 한 크기로, 다른 모든 교목과 관목이 들어설 수 없을 만큼 빽빽하게 자란다. 동물도 몇 종류만 빼고 살 수가 없을 정도다. 하와이는 자원 봉사자들이 경작되지 않은 지역을 훑어서 벨벳나무를 하나하나 찾아내어 제거하는 덕분에 비슷한 운명을 맞지 않고 있다.

침입 종이 새로운 생태계에 일으키는 피해는 적지가 않다. 2005년 무렵에 침입 종이 일으킨 경제적 비용은 미국에서만 연간 1370억 달러로 증가했다. 토착 민물 생태계와 그곳에 속한 종에 끼치는 위협은 제외했는데도 그 정도다.

태평양 제도의 육상 조류는 다른 형태의 묵시록적 힘에 희생되어 왔다. 사라진 종의 수라는 측면에서, 모든 척추동물 중 가장 심한 타격을 입어 왔다. 3,500년 전 서쪽 섬들(사모아, 통가, 바누아투, 뉴칼레도니아, 피지, 마리아나 제도)에 인류가 도착하면서 시작된 멸종의 물결은 인류가 하와이, 뉴질랜드, 이스터 섬의 가장 외진 곳까지 정착함에 따라 9~7세기 전까지 지속되었다. 살아남은 종 가운데 일부는 지금 멸종 직전에 와 있다. 태평양에 살던 1,000종에 가까운 비연작류 새들 중 3분의 2는 이미 멸종했다. 지구에 있는 조류·종의 약 10퍼센트는 비교적 규모가 작은 인류 집단이 정착하는 과정에서 사라졌다.

세계 멸종의 중심지라고 널리 알려진 하와이에서는 폴리네시아 인 항해자들이 처음 해안에 도착했을 때 토착 조류 종의 대부분이 사라졌고, 더 뒤에 유럽 인과 아시아 인 정착민까지 합세하자 나머지 조류 종도 대부분 사라졌다. 토종 독수리 한 종도, 날지 못하는 따오기 한 종도, 땅에 살던 칠면조 크기의 한 종도 사라졌다. 하와이꿀빨이새(drepanidid honeycreeper)는 20종 넘게 사라졌다. 이들 중에는 미세한 꽃가루를 먹으며, 화려한 색깔의 깃털에 길게 굽은

부리를 지닌 것들이 많았다. 긴 통 모양의 꽃에 깊숙이 집어넣기 위해서다. 서기 1000년이 되기 전, 폴리네시아 인들이 도착한 뒤에 사라진 종(45종 이상)이 더 많고, 2세기 전 유럽 인과 아시아 인이 첫발을 들인 뒤에 25종이 더 멸종했다. 기묘하게도 옛 하와이 왕족의 망토에는 이 멸종한 종들이 지녔던 가장 화려한 깃털들이 일부 남아 있다.

태평양 제도가 대량 학살 장소가 된 데에는 두 가지 이유가 있었다. 첫 번째 이유는 섬이 상대적으로 크기가 작은 반면에 정착민들은 급속히 불어나서 곧 인구 과잉 상태가 되었기 때문이다. 몇몇 외진 섬에서는 지금도 소규모로 포식 활동이 계속되고 있다. 2011년, 바누아투의 에스피리투 산토라는 큰 섬에서 나는 강력한 새총으로 무장한 사냥꾼들이 토종 새인 태평양황제비둘기(*Ducula pacifica*)를 잡아서 들고 가는 것을 보았다. 붉은 혹이 난 부리, 흰 몸, 검은 날개의 그 멋진 새는 루간빌의 식당으로 향했다.

대량 멸종이 일어난 두 번째 이유는 섬의 새들이 두 발로 걷는 정착민들을 두려워하지 않았기 때문이다. 그들은 진화하는 내내 그에 상응하는 포식자를 접한 적이 없었다. (뱀, 몽구스, 호랑이는 원양 항해자가 아니었기에, 결코 태평양을 건너오지 못했다.) 또 그 새들 중에는 아예 날지 못하거나 거의 날지 못하는 쪽으로 진화한 것들이 많았다. 작은 오지 섬에 사는 육지 새들이 지닌 공통 형질이었다. 그래서 그들은 멸종 생물학의 기본 법칙을 보여 주는 대표적인 사례가 되었다. 느리고 아둔하고 맛 좋은 종이 가장 먼저 사라진다는 것이다.

비둘기에서 진화한, 거대한 몸집의 날지 못하는 새였던 모리셔스 섬의 도도는 인도양의 섬에서도 동일한 원리가 적용되었음을 보여 준다. 1598년 모리셔스 섬에 최초로 상륙한 네덜란드 선원들은 거의 만찬용 큰 쟁반에 올라갈 만한 새를 발견했다. 뚱뚱하고 땅에 살고 날지 못하는 새였다. 사람의 눈앞에서 어정거리는 살아 있는 도도가 마지막으로 목격된 것은 1662년이었다. 도도의 사촌으로서 인근의 로드리게스 섬에 살았던 솔리테어(solitaire)도 일찌감치 비슷한 운명을 맞이했다. 작은 매, 즉 종류가 전혀 다른 새인 모리셔스황조롱이(Mauritian kestrel)도 멸종 직전에 놓였지만, 1974년에 마지막 남은 네 마리를 포획해 새장에 보호하면서 번식을 시켰다. 풀어놓아도 될 만큼 후손이 불어났을 때, 몇 마리를 남아 있던 아주 작은 크기의 자연 지역 중 한 곳에 풀어놓아서 복원시켰다. 그리하여 인간의 탐욕으로 거의 사라질 뻔했던 모리셔스황조롱이는 현재 인간의 빈약한 자애에 힘입어서 간신히 살아 있다.

2011년 태평양의 뉴칼레도니아 섬에 있는 산맥에서 몇몇 동료 생물학자들과 함께 개미를 조사하고 있을 때, 우리는 도도와 비슷한 운명에 처해 있는 새를 보았다. 카구 (kagu)라는 이 기이한 새는 태평양 남서부에 있는 이 프랑스령 제도의 본섬에서만 산다. 한때 뉴칼레도니아의 국조로 지정될 만큼 수가 많았던 카구는 지금은 1,000마리도 채 안 남아 있다. 카구는 인간, 개, 야생화한 고양이 앞에 무기력한 전형적인 섬 주민이다. 몸집은 닭만 하며, 푸르스름한 흰 깃털에 새빨간 곧은 부리, 불그스름한 긴 다리, 머리에 볏처럼 난 하얀 깃털이 특징이다. 두 마리가 만나면 이 볏을 곧추세우고 현란한 과시 행동을 한다. 카구는 고지대의 울창한 숲에 산다. 바닥을 돌아다니면서 주로 곤충을 잡아먹는다. 정상적인 크기의 날개가 달려 있지만, 그들은 짧은 거리만 날 수 있다.

섬 진화의 전형적인 산물답게, 카구도 딱할 만치 유순하다. 사람이 다가가면 그냥 옆으로 비킬 뿐이다. 때로는 나무줄기 뒤에 숨어서 침입자가 떠나기를 기다린다. 우리 연구진의 학생인 크리스티안 레이블링(Christian Rabeling)은 카구를 꾈 줄 알았다. 그는 우리가 가는 길목에서 얼쩡거리던 새 한 마리를 상대로 시범을 보여 주었다. 뉴칼레도니아에 와 본 적이 없던 레이블링이 어떻게 꾀겠다는 것인지 도무지 감이 안 잡혔다. 그는 자신만만하게 쪼그려 앉더니 두 손으로 낙엽 더미를 뒤적거려서 바스락거리는 소리를 냈다. 곧 카구가 그에게로 걸어왔다. 낙엽 더미 속에 무엇이 있는지 살펴보기 위해서였다. 그 분별 없는 행동은 카구가 동료 새가 하는 짓을 따라 하면서 곤충 같은 무척추동물들을 찾아 먹는 습성에서 비롯되었을 것이라고 우리는 추측했다. 잠시 뒤 카구는 경쾌한 걸음으로 멀어져 갔다. 법을 어길 의도가 있는 사냥꾼이라면 쉽게 카구의 목을 움켜쥘 수 있었을 것이다. 예전에 뉴칼레도니아 인들과 프랑스 인 이주자들은 무수히 그런 행동을 했을 것이다.

멸종에 극도로 취약한 서식지들은 또 있다. 대체로 작거나 중간 규모의 지역에 있는 하천을 비롯한 수역들이다. 섬이 물로 에워싸인 작은 땅덩어리인 것처럼, 개울, 강, 연못, 호수는 육지로 에워싸인 물이라는 섬이다. 남극 대륙을 제외한 모든 대륙에서 인류가 깨끗한 물을 줄이고, 물에 사는 동식물들과 그 물을 놓고 직접 경쟁을 벌이는 바람에 온갖 민물 종들은 멸종 위험이 매우 높은 상태다.

민물 종에게 가장 직접적으로 피해를 끼치는 것은 댐이다. 댐은 지역 경제에 큰 기여를 하지만, 불행히도 수생 서식지를 파괴하는 주범이다. 회귀하는 어종의 길을 막는 장벽을 세우고, 상류의 물을 정체시키고 수심을 높이며, 댐 주변에서 대개 집중적으로 숲이 경작지로 바뀌면서 가속되는 오염 등이 댐이 미치는 악영향들이다. 연어, 철갑상어 등 번식할 때 상류로 올라가는 어류가 가장 큰 위험에 처한다. 내 출생지와 관련이 있어서 내가 개인적으로 관심을 갖는 종은 앨라배마철갑상어(Alabama sturgeon)다. 몇 년에 한 번잡힐까 말까 하는 아주 희귀한 종이다. 때로 멸종했을 가능성이 높다고 여겨지고는 하다가, 다시 한 마리가 발견되고는 한다. 그럴 때마다 큰 화제가 되고, 다시 얼마간 '멸종위급 종'이라는 범주로 돌아가고는 한다.

중국의 강가에 사는 이들은 수 세기 동안 양쯔 강에 사는 작은 토종 돌고래인 양쯔강돌고래(baiji)를 소중히 여겨왔다. 2006년, 싼샤 댐이 거의 완공될 무렵부터 양쯔강돌고래는 더는 보이지 않았다. 다른 대륙들에서도 비슷한 사례를 많이 찾아볼 수 있다. 가장 유명한 사례는 아프리카에 있다. 2000년 탄자니아 우드중와 산맥에 수력 발전소가 건설되면서 키한시 협곡으로 쏟아지는 수량이 90퍼센트가 줄었다. 그 결과 황금색을 띤 작은 키한시보모두꺼비(Kihansi spray toad)는 야생에서 멸종했으며, 미국의 몇몇 특수 설계된 수족관에만 남아 있다. 우리는 이 작은 동물의 비참한 모습이 전 세계에서 대량 멸종이 임박했거나 진행되고 있음을 알리는 자명종임을 깨달아야 한다.

댐이 자기 지역의 야생 생물들에게 얼마나 큰 피해를 주는지를 의식하고 있는 미국인은 거의 없다. 현대 미국 역사상 가장 큰 피해는 모빌 강과 테네시 강 유역의 강물을 가둠으로써 민물 연체동물들이 대량으로 사라진 것이었다. 최근 수십 년 사이에 모빌 강 유역에서는 민물 조개 19종과 민물 고둥 37종이 사라졌다. 테네시 강 유역에서도 비슷한 수준으로 멸종이 일어났다.

최근의 연체동물 멸종에 관심을 갖기를 바라는 마음에서, 그 멸종한 강 조개류 19종의 이름을 열거해 보려 한다. 쿠사엘크발가락조개(Coosa elktoe), 설탕숟가락조개(sugar-spoon), 모난주름조개(angled riffleshell), 오하이오주름조개(Ohio riffleshell), 테네시주름조개(Tennessee riffleshell), 잎조개(leafshell), 노란꽃조개(yellow blossom), 가는고양이발조개(narrow catspaw), 갈퀴조개(forkshell), 남방대칭이(southern acornshell), 돌기조개(rough combshell), 컴벌랜드진주조개(Cumberland leafshell), 애팔라치콜라흑조개(Apalachicola ebonyshell), 빗살두드럭조개(lined pocketbook), 해들턴조개(Haddleton lampmussel), 검은복조개(black clubshell), 쿠샤조개(kusha pigtoe), 쿠사조개(Coosa pigtoe), 등골조개(stirrup shell). 모두 영면하기를.

이 색다른 이름들은 흰부리딱따구리(ivory-billed wood-pecker), 캐롤라이나앵무(Carolina parakeet), 여행비둘기, 배치먼솔새(Bachman's warbler)처럼 같은 지역에서 멸종한 조류 종들의 이름에 비해, 사라진 무척추동물들의 이름이 얼마나 낮

선지를 잘 보여 준다.

이 사라진 생물들의 목록이 그리 중요하지 않다고 느낄지 모르므로("강에 조개 한 종류가 더 있다고 해서 무엇이 달라지는 데?"), 그들이 인류의 복지에 실질적으로 얼마나 중요한지를 설명해 보겠다. 만이나 삼각주에 사는 굴처럼, 조개도 물을 걸러서 정화한다. 그들은 수생 생태계의 핵심 연결 고리다. 지금 당장 눈에 보이는 가치를 보여 달라고 주장하는 이들을 위해, 그들이 식품과 진주 생산이라는 상업적인 가치를 지닌다(적어도 예전에는 그랬다.)는 점도 언급해 두겠다.

이렇게까지 했음에도 조개류를 비롯한 무척추동물들이 여전히 우리와 좀 관계가 없다고 여길지 모르므로, 어류도 이야기해 보자. 미국 어업 협회의 노얼 버크헤드(Noel M. Burkhead)는 1898년부터 2006년까지 북아메리카에서 민물 어류 57종이 사라졌다고 말한다. 하천에 댐과 둑을 쌓고, 연못과 호수의 물을 마르게 하고, 수원을 메우고, 오염을 일으키는 등 인간이 저지른 일들 때문이다. 보수적으로 추정했을 때에도, 인류가 출현하기 이전의 종과 아종의 멸종 속도(300만 년에 한 종)보다 877배 더 높다. 예전에 어떤 물고기들이 있었는지 어렴풋이 감이라도 잡을 수 있도록, 그 목록 중 일부만 읊어 보려 한다. 마라빌라스레드샤이너(Maravillas red shiner), 고원처브(plateau chub), 굵은꼬리처브

(thicktail chub), 팬텀샤이너(phantom shiner), 클리어호잉어(Clear Lake splittail), 깊은물흰송어(deepwater cisco), 스네이크강송어 (Snake River sucker), 꼬마은줄멸(least silverside), 애시늪송사리(Ash Meadows poolfish), 흰줄송사리(whiteline topminnow), 포토시송사리(Potosi pupfish), 라팔마송사리(La Palma pupfish), 예쁜피리아펠타(graceful priapelta), 유타호둑중개(Utah Lake sculpin), 메릴랜드농어(Maryland darter).

마지막으로 멸종이 지닌 더 깊은 의미를 살펴보면서, 멸종이 장기적으로 얼마나 중대한 문제인지를 언급해 보겠다. 이런 종들이 우리의 손에 사라질 때, 우리는 지구 역사의 일부를 내버리는 것이다. 우리는 생명의 나무에서 잔가지를 잘라 내다가, 이윽고 큰 가지들까지 쳐내고 있다. 종은 저마다 독특하므로, 이들이 얼마나 중요한지를 알지 못한 채 과학 지식을 담은 책을 그냥 덮어 버리는 꼴이다. 그리고 몇 권은 지금 영원히 사라졌다.

멸종의 생물학이란 즐거운 주제가 아니다. 멸종 위기에 처한 종과 갓 멸종한 종을 연구하는 과학자들은 종의 죽음 앞에 몹시 가슴이 미어진다. 지구 생물 다양성이 줄어들고 있음을 보여 주는 이 종들은 인류 도덕의 자질과 범위를 여실히 드러낸다. 우리는 우리 손으로 위기로 내몬 종들에게 이제 지속적으로 주의를 기울이고 배려를 해야 한다. 종교

인이든 아니든 간에, 유대교와 기독교의 「창세기」에 실린 신이 내린 우아한 명령은 신성하게 받들어도 좋을 것이다. "물에 무수한 생명이 우글거리도록 하고, 새들이 창공을 자유롭게 날아다니도록 하라."라는 말씀이 바로 그것이다.

Berjeau. del et lith.

M & N Hanhart imp.

OTIS AUSTRALIS ♂.

「호주느시의 구애 행동」, 《런던 동물학 회보(*Proceedings of the Zoological Society of London*)》(1868년).

6
우리는
신이 아니다

인류가 일으킨 이 생태적 혼란을 그저 우리가 찬란한 운명을 향해 나아가는 과정에서 생긴 부수적인 피해로 받아들여야 한다고 믿는 이들이 있다. 미래학자 스튜어트 브랜드(Stewart Brand)는 다음과 같이 썼다. "우리는 신이며, 신 역할에 능숙해져야 한다." 이 관점이 펼치는 갈지자 논리에 따르면 지구는 우리 행성이고, 이 행성의 모든 것을 통제하는 것이야말로 우리의 궁극적 역할이다. 경제 붕괴, 기후 변화, 종교 전쟁 같은 소동이 일부 일어나기는 해도, 우리는 줄곧 모든 방면에서 나아지고 있다. 우리는 전 세계를 더욱 빠른 속도로 여행하고, 더 높이 더 깊이 탐사를 하고 있으며, 우주를 점점 더 멀리까지 내다본다. 우리는 주신(主

神)이 우리 하위 신들에게 알아도 좋다고 허용한 모든 것을 기하 급수적인 속도로 집단적으로 학습을 하고 있으며, 그 모든 지식을 자판 몇 개만 두드리면 누구나 접할 수 있도록 모으고 있다. 우리는 전혀 새로운 유형의 존재를 향해 나아가는 선구자다. 두 다리로 걷고 손을 자유롭게 쓰고 대뇌가 빽빽하게 들어찬 둥근 머리뼈를 지닌 놀라운 영장류 종인 호모 사피엔스는 자신의 길을 개척하고 있다!

과학 지식인들과 할리우드 극작가들의 상상 속에서, 인류가 이룰 수 있는 일에는 한계가 없다. 천체 물리학자들은 광속의 10분의 1의 속도로 2000억 개의 별들로 이루어진 은하수를 수만 년 사이에 가로지르는 상상을 한다. 우리 같은 종이 은하수를 차지할 시간은 충분히 있다. 단순한 산술 공식을 적용하면 쉽게 추정할 수 있다. 거주 가능한 행성이 있는 가장 가까운 행성계로 이주하는 데 수백 년이 걸린다고 하자. 거기에서 수백 년 또는 수천 년에 걸쳐 문명을 건설한 뒤, 다시 다른 행성계들로 다수의 우주선을 보낸다. 은하수에 있는 모든 거주 가능한 행성을 차지할 때까지 이 과정을 계속한다. 불가능할 만치 오래 걸릴 것 같지만, 인류가 기원해 지금까지 진화하는 데 걸린 기간(지구 생명의 역사 전체에서 보면 눈 깜박할 사이에 불과하다.)보다도 짧다.

그런 한편, 상상 속에서 우리는 천문학자 니콜라이 카

르다쇼프(Nikolai Kardashev)가 제1형 문명이라고 부르는 수준에 다다를 수도 있다. 지구의 모든 가용 에너지를 통제하는 사회다. 그러면 태양계의 모든 가용 에너지를 통제하는 제2형 문명, 나아가 은하수의 모든 에너지를 통제하는 제3형 문명으로 나아가는 상상까지도 할 수 있다.

여기서 겸손하게 물어도 되지 않을까? 우리가 어디로 가고 있냐고. 정말로 어디로 가는 것일까? 나는 지구인의 대다수가 다음의 목표들에 동의할 것이라고 본다. 늘 건강하게 영생을 누리고, 지속 가능한 자원을 풍부히 지니고, 개인의 자유를 누리고, 원하는 만큼 가상 세계와 현실 세계를 탐험하고, 지위와 존엄성을 갖추고, 존중받는 하나 이상의 집단에 속해 있고, 현명한 통치자와 법을 따르고, 자식을 낳을지 여부와 상관없이 많은 섹스를 하는 것이 그렇다.

하지만 문제가 하나 있다. 이것들은 당신과 함께 사는 반려견의 목표이기도 하다는 것이다.

우리 자신에 관해 이야기를 해 보자. 우리는 실제로 어떤 식으로든 빠르게 위대해지고 있다. 적어도 우리의 정서적 만족 측면에서는 신과 같지 않다고 할지라도 말이다. 생물 개체로서의 우리 자아, 우리 종족, 우리 종은 지구가 이룬 성취의 정점이다. 물론 우리는 그런 식으로 생각한다. 따라서 인간 수준의 자기 성찰을 할 수 있는 다른 종들도 그런 식으로 생각할 것이다. 생각이라는 것을 할 수 있다면, 모든 초파리도 위대해지기를 열망할 것이다. 우리는 다른 생물들에 비해 아주 영리하기에 사실상 스스로를 반신반인이라고, 즉 동물과 천사 사이의 중간쯤에 있으며 점점 더 위로 올라가고 있는 존재라고 생각한다. 우리 종의 재능을 인도하는 일종의 자동 항법 장치가 있다고 우리는 쉽게 생각한다. 완벽한 질서가 갖추어져 있고 최고의 행복을 제공하는 막연한 천상의 세계로 우리를 인도하는 안내자 말이다. 우리 자신이 찾아내지 못한다면, 우리 후손들이 그 세계를 찾아낼 것이다. 언젠가는 어떻게든 그곳에 도달하는 것이 인류의 운명이니까.

그래서 우리는 지평선에 어른거리는 빛이 황혼이 아니라 새벽을 가리키는 것이라고 굳게 믿고서, 희망을 안고 혼란 속을 비틀거리며 나아간다. 하지만 우리는 자기 이해가 부족해서 앞날을 알지 못하기에, 그런 행동은 위험하다. 제2차 세계 대전이 발발하기 직전에 프랑스의 작가 장 브륄레르(Jean Bruller, 1902~1991년)는 "인류의 모든 문제는 우리가 누구인지 모르고 앞으로 무엇이 될지 의견 일치를 볼 수 없다는 사실에서 비롯된다."라고 올바로 짚었다.

우리는 여전히 매우 탐욕스럽고 근시안적이며 집단으로 나뉘어서 아옹다옹하고 있기에, 현명하게 장기적인 결정을 내릴 수가 없다. 우리는 과일 나무를 두고 다투는 유인원 무리처럼 행동하면서 많은 시간을 보낸다. 우리의 몸과 마음에 최적인 조건에서 어긋나게끔 대기와 기후를 바꿈으로써, 우리 후손들이 살아가기 더욱 어렵게 만드는 것도 바로 그런 행동의 결과물이다.

그리고 그 과정에서 필연적으로 우리는 생명 세계의 대부분을 파괴하고 있다. 상상해 보라! 자연 세계의 종을 마치 잡초나 부엌의 해충인 양 없애면서, 만들어지는 데 수억 년이 걸린 지구의 생물 다양성을 우리가 파괴하고 있다는 것을 말이다. 부끄럽지 않은가?

지구가 쑥대밭이 되기 전에 파괴를 중단시키려면, 적어도 우리는 우리 종이 정말로 어디에서 왔으며 현재 어떤 존재가 되어 있는지를 생각하는 법을 배워야 한다. (자기 자신과 자신의 부족을 넘어서는) 초월적인 목표가 인간의 뇌에서 나온다는 것을 보여 주는 증거는 많다. 즉 그 기원을 따지면 생물학적인 것이다. 삶의 의미를 이해하려는 것, 우리가 무엇을 알고 어떻게 왜 아는지를 알고 싶은 충동이야말로 모든 과학과 인문학의 원동력이다. 인류 진화의 기본 요소를 이해하고 그것들의 연결 방식에 따라 현명하게 행동하는 것이야말로 고귀한 일이다. 그 연결 양상은 다음과 같이 간결하게 표현할 수 있다. 생물권은 인간 마음을 낳았고, 진화한 마음은 문화를 낳았고, 문화는 생물권을 구할 방안을 찾아낼 것이라고.

신을 굳게 믿는 이들(누가 그들이 틀렸다고 확실하게 증명할 수 있겠는가?)에게 한마디 하자면, 우리는 그 신이 「여호수아기」 10장에 묘사된 피에 굶주린 전쟁 신이 아니기를 바랄 것이다. 그의 이름은 야훼이며, 그는 아모리 족의 대량 학살을 지원하기 위해 천구를 멈춤으로써 이스라엘 인들이 승리하도록 했다. 자신을 섬기는 민족을 위해 그는 이렇게 명령했다.

해야, 기브온 위에,
달아, 아얄론 골짜기 위에 멈추어라.

이보다는 「고린도전서」에서, 영광의 주에게서 지혜를 얻으려면 내면을 바라보라고 바오로가 충고하는 구절이 더 나을 듯하다.

어떠한 눈도 본 적이 없고 어떠한 귀도 들은 적이 없으며 사람의 마음에도 떠오른 적이 없는 것들을 하느님께서는 당신을 사랑하는 이들을 위해 마련해 두셨다.

자기 이해에는 생각하는 사람들이 대체로 외면하는, 끊

을 수 없는 사슬이 하나 있다. 자기 이해로부터 얻는 교훈 중 하나는 우리가 신이 아니라는 것이다. 우리의 감각이나 지능은 아직 무엇인가를 충분히 알 수 있는 수준에 도달하지 못했다. 그리고 지구의 살아 있는 환경을 변덕스럽게 파괴하고 자신이 저지른 짓거리에 흡족해하는 형태의 가짜 신 놀이를 우리가 계속한다면, 우리에게 안전한 미래란 없을 것이다.

「오스트레일리아의 타일라신」,《런던 동물학 회보》(1848~1860년).
일명 '태즈메이니아호랑이'로 1936년에 멸종했다.

7
왜 멸종은
가속하고 있는가

종이 사라지는 것을 보고 싶어 할 사람은 거의 없다. 물론 우리의 몸과 식량을 공격하는 해충은 예외일 것이다. 생물권은 아프리카의 아노펠레스 감비아이(*Anopheles gambiae*) 모기가 사라진다고 해도 애통해하지 않을 것이다. 이 모기는 원주민의 주거지에 숨어서 사람의 피를 빠는 전문가이며, 말라리아를 옮기는 주범이다. 또 나는 아무리 헌신적인 환경 보전주의자라 해도 아프리카의 메디나충(guinea worm)이 완전히 사라진다고 해서 결코 슬퍼하지 않을 것이라고 본다. 나는 메디나충이 가장 끔찍한 인간 기생충이라고 생각한다. 길이가 1미터까지 자라는 이 기생충은 우리 몸 전체로 뻗으면서 발이나 다리에 구멍을 뚫어서 유충을 내보낸다. 또 우리는 기형을 수반하는 치명적인 병인 리슈만편모충증을 일으키는 원생동물 기생충이 멸종해도 참을 수 있을 것이다. 세균, 미세한 균류, 바이러스에 속한 아직 알려지지 않은 병원체들 외에, 멸종시킬 가치가 있는, 아니 적어도 액체 질소에 보관한 형태로만 남겨도 괜찮을 생물은 아마 1,000종이 안 될 것이다. (이것은 내 추측이다.) 나는 열대림에서 (절지동물이 매개하는) 아르보바이러스에 걸려서 열병에 시달린 적이 몇 차례 있었으므로, 그들에게도 기꺼이 안녕이라고 말하겠다.

다른 수백만 종은 직접적으로든 간접적으로든 인간의 복지에 이롭다. 불행히도 그들이 현재 또는 미래에 어떤 유익한 역할을 하든 간에, 인류는 거의 무수한 방식으로 그들의 멸종을 재촉하고 있다. 인류가 끼치는 충격은 대체로 우리가 그저 각자 개인의 삶을 살아가면서 하는 많은 평범한 활동들이 지나치게 많다는 점에서 비롯된다. 우리가 생명의 역사에서 가장 파괴적인 종이 된 것은 그런 활동들 때문이다.

우리는 종들을 얼마나 빨리 멸종으로 내몰고 있을까? 오랜 세월에 걸쳐 고생물학자들과 생물 다양성 전문가들은 약 20만 년 전 인류가 출현하기 전에는 종의 멸종률과 기원율을 고려했을 때 연간 100만 종당 약 1종이 사라진다고 믿어 왔다. 인간 활동의 결과로 지금은 전반적인 멸종 속도가 그때보다 100~1,000배 더 빨라졌다고 본다. 전부 다 인간 활동 때문이다.

2015년 한 국제 연구진은 인류 이전의 멸종 속도를 꼼꼼하게 분석해, 속(屬, 유연 관계가 있는 종들의 집합) 단위에서 분화 속도가 과거에 비해 현재 10배 더 낮아졌다는 결론에 도달했다. 이 자료를 종 단위에서 해석하면, 현재 멸종률이 인류가 널리 퍼지기 전보다 거의 1,000배 더 높아졌음을 시사한다. 이 추정값은 선행 인류, 그들의 가장 가까운 친척인 대형 유인원의 종 형성률이 비슷하게 하향 추세를 보였다는 독자적인 연구 결과와도 들어맞는다.

인간 활동이 확장될 때마다 개체군의 크기가 줄어드는 종이 점점 더 늘어난다. 그에 따라 종은 더 취약해지고 멸종률도 높아진다. 2008년 한 식물학 연구진은 수학 모형을 토대로 브라질 아마존 우림에서 희귀한 나무 종의 비율을 37~50퍼센트로 예측했다. 여기서 '희귀한'은 개체 수가 1,000그루가 채 안 되는 종을 가리킨다. 이 종들은 도로 건설, 벌목, 채굴, 농경지로의 전환 등을 통해 일찍 사라질 가능성이 높다. 낮은 값인 37퍼센트는 어느 정도 개발이 이루어졌지만, 세심한 관리를 통해 보호를 받는 지역에 적용된다.

세계 각지에 분포하는 다양한 동식물 종들의 기원율과

멸종률을 비교하기란 쉽지 않다. 하지만 모든 가용 증거들은 동일한 두 가지 결론을 가리키고 있다. 첫째는 여섯 번째 대량 멸종이 진행되고 있다는 것이고, 둘째는 인간 활동이 그 원흉이라는 것이다.

이 암울한 평가는 아주 중요한 두 번째 질문으로 이어진다. 과연 보전 활동이 얼마나 효과가 있을까? 전 세계의 보전 운동들이 지구 생물 다양성의 황폐화를 늦추고 멈추는 데 얼마나 기여했을까? 국제 보전 협회, 국제 자연 보호 협회(The Nature Conservancy, NC), 세계 야생 생물 기금(World Wildlife Fund, WWF) 미국 지부의 이사로서, 또 여러 지역 보전 기관에서 자문 위원으로 활동한 경력에 비추어서, 나는 그들이 민간과 공공 기금의 지원을 받아서 지난 반세기 동안 전 세계에서 얼마나 열정과 열의를 갖고 피와 땀을 흘려 가면서 보전에 힘써 왔는지를 증언할 수 있다. 이 영웅적인 노력은 얼마나 효과를 보았을까?

2010년 육상 척추동물 전문가 약 200명이 당시까지 알려진 2만 5780종 전부의 지위를 분석하는 연구를 수행했다. 5분의 1은 멸종 위기에 놓여 있다는 것이 확인되었는데, 그중 5분의 1은 보전 노력 덕분에 안정 상태에 접어들었다. 2006년에 이루어진 한 독자적인 연구에서 지난 세기의 보전 노력 덕분에 조류 종의 멸종률이 약 50퍼센트 줄어들었다는 결론이 이미 나온 바 있었다. 전 세계의 조류 중 31종은 이 노력에 힘입어서 아직까지 생존해 있다. 요컨대 육상 척추동물 전체를 평균해 보면 지금까지 세계적인 보전 노력을 통해 멸종률이 약 20퍼센트 줄어들었다.

그렇다면 정부의 규제, 특히 1973년에 제정된 미국 멸종 위기종 법은 어떤 영향을 미쳤을까? 2005년에 조사를 했더니, 앞서 위험에 처해 있다고 분류되었던 미국 동식물 1,370종 가운데 40퍼센트는 개체 수가 줄어든 반면, 4분의 1은 더 늘어났고, 13종은 멸종 위기종 목록에서 빼도 될 정도가 되었다. 가장 중요한 것은 22종이 멸종하기는 했지만, 그런 보호 조치가 없었다면 사라질 가능성이 높았던 227종은 덕분에 구할 수 있었다는 통계 자료다. 그중에서도 노란어깨검정지빠귀(yellow-shouldered blackbird), 바다거북, 큰뿔양(bighorn sheep)은 건강한 상태까지 회복된, 더 널리 알려진 보호 종에 속한다.

이런 성공 사례들은 보전 활동이 효과가 있음을 보여주지만, 현재의 노력 수준은 자연 세계를 구하는 데 필요한 수준에 한참 못 미친다. 보전 운동은 멸종률을 낮추었지만, 인류 이전 수준에 가깝게 떨어뜨리지는 못했다. 그런 반면에 종의 출현율은 급감하고 있다. 출혈이 계속되고 있는데 새로 수혈할 피가 없는 응급실의 교통사고 환자처럼, 안정한 상태에 이르지 못하고 점점 더 기력이 쇠하면서 죽음이 불가피한 상황에 접어들고 있다. 우리는 외과의와 보전주의자에게 똑같은 말을 해야 할지도 모르겠다. "축하합니다. 생명을 연장시켰군요. 하지만 많이는 아니네요."

물론 생물 다양성에 가해지는 공격에 모든 야생종이 위협을 받는 것은 아니다. 인간화한 환경에서 잘 살아가는 종도 일부 있다. 현재 생존자들 중 금세기 말까지 살아남는 종은 얼마나 될까? 현행 조건이 지속된다면, 아마 절반쯤 살아남을 수도 있다. 하지만 4분의 1 이하가 될 가능성이 더 높다.

내 추측도 바로 그렇다. 사실 서식지 상실만으로도 멸종률은 세계 대부분의 지역에서 상승하고 있다. 생물 다양성 상실이 가장 두드러진 지역은 열대림과 산호초다. 단위 면적당 멸종률이 가장 높은, 가장 취약한 서식지는 열대와 온대 양쪽의 하천과 호수다.

모든 서식지에 적용되는 보전 생물학 원리 중 하나는 면적이 감소할 때 그 면적의 약 네제곱근에 비례해 종이 사라진다는 것이다. 숲의 90퍼센트를 베어 낸다면, 보전되었다면 존속했을 종의 약 절반이 곧바로 사라질 것이다. 처음에는 종들의 대부분이 얼마간 살아남겠지만, 그중 약 절반은 개체 수가 너무 줄어드는 바람에 몇 세대 이상 견디지 못할 것이다.

파나마의 바로콜로라도 섬은 면적이 멸종에 미치는 효과를 연구하기 좋은 가치 있는 자연 실험실로 알려져 왔다. 우림으로 뒤덮인 그 섬은 1913년 파나마 운하가 건설될 때 가툰 호수가 형성되면서 만들어졌다. 조류학자 존 터보(John Terborgh)는 50년 뒤면 그 섬의 조류 중 17종이 사라질 것이라고 예측했다. 실제로 사라진 새는 13종이었다. 원래 그 섬에서 번식했던 108종 중 12퍼센트에 해당했다. 지구 반대편인 인도네시아에서는 보고르 식물원(Bogor Botanical Gardens)이라는 면적 0.9제곱킬로미터의 격리된 우림이 생겨났다. 물 때문이 아니라, 주변의 숲이 모두 벌채됨으로써 형성된 것이다. 처음 50년 사이에 그곳에 살던 62종 중 20종이 사라졌다. 예상한 값과 거의 일치했다.

보전 과학자들은 인간 활동을 가장 파괴적인 순서대로 나열한 약어인 '히포(HIPPO)'라는 말을 종종 쓴다.

서식지 파괴(Habitat destruction) | 기후 변화로 일어난 것도 포함한다.

침입 종(Invasive species) | 자연 종을 밀어내고 작물과 자연 식생을 공격하는 동식물이다. 인간과 다른 종에게 질병을 일으키는 미생물도 포함한다.

오염(Pollution) | 인간 활동으로 오염 물질들이 배출되어 생명을 죽인다. 특히 지구의 서식지 중 가장 취약한 강을 비롯한 민물 생태계로 배출되는 오염 물질들이 그렇다.

인구 성장(Population growth) | 비록 이런 말이 아직은 그다지 호응이 없지만, 사실 우리는 인구 성장을 늦추어야 한다. 번식이 필요하다는 점은 분명하지만, 내가 종종 인용한 교황 프란체스코 1세의 말처럼 "토끼처럼 계속 번식하자."라는 것은 안 좋은 생각이다. 인구 통계학적 예측에 따르면, 금세기 말에 이르기 전에 인구는 약 110억 남짓까지 증가해 정점에 이르렀다가 줄어들기 시작할 것이라고 한다. 생물권의 지속 가능성 측면에서는 불행하게도, 1인당 소비량도 증가할 것이다. 아마 인구보다도 더 가파르게 증가할 것이다. 면적당 생산성과 효율을 크게 향상시킬 적절한 기술이 나오지 않는다면, 인간의 생태 발자국(ecological footprint)은 계속 증가할 것이다. 생태 발자국은 개인이 평균적으로 필요로 하는 지표면의 면적을 말한다. 개인이 살아가는 지역의 면적만이 아니라, 거주, 식량, 교통, 행정뿐 아니라 휴양에 이르기까지 다른 모든 서비스에 필요한 육지와 바다 전체의 공간을 뜻한다.

남획(Overhunting) | 어획과 사냥은 표적 종을 멸종시키거나 멸종 위기로 내몰 때까지 진행될 수 있다. 마지막까지

살아남은 집단은 질병, 경쟁, 날씨 변화 등 종의 개체군들이 더 크고 더 넓게 퍼져 있었다면 견디어 냈을 수 있는 스트레스에 취약해진다.

극소수이기는 하지만, 종의 쇠퇴와 멸종이 한 가지 원인으로 일어났음을 쉽게 파악할 수 있는 사례도 있다. 갈색나무뱀의 식성이 한 예다. 이 뱀은 새 둥지를 약탈하는 데 능숙한 전문가다. 미국 중서부의 제왕나비 쇠퇴도 그런 사례에 속한다는 것이 드러났다. 제왕나비는 멕시코 미초아칸 주의 소나무 숲에서 수백만 마리씩 모여서 월동을 하는 것으로 유명하다. 그런데 2014년경에 미국 중서부의 제왕나비 개체 수가 81퍼센트나 줄어들었다. 제왕나비 유충의 유일한 먹이인 유액식물(milkweed)의 개체 수가 58퍼센트 줄어든 탓이었다. 유액식물이 줄어든 것은 옥수수밭과 콩밭에 뿌리는 제초제인 글리포세이트(glyphosate)의 양이 늘어난 탓이었다. 옥수수와 콩은 그 제초제에 내성을 띠도록 한 유전자 변형 작물이었기에 전혀 해를 입지 않은 반면, 야생 유액식물들은 그렇지 못했다. 뜻하지 않게 먹이 식물이 줄어드는 바람에, 미국과 멕시코 양쪽에서 이주하는 제왕나비의 수도 급감했다.

하지만 대부분의 멸종은 어떤 식으로든 서로 연관된 여

러 가지 원인으로 일어나며, 궁극적으로 그 원인들은 모두 인간 활동의 산물이다. 원래의 서식 범위 중 약 3분의 1에서 사라졌거나 사라질 위험에 처해 있는 앨러게니숲쥐(Allegheny woodrat)는 그 여러 원인들이 잘 분석된 대표적인 사례다. 이 숲쥐는 미국밤나무가 멸종함으로써, 따라서 그 씨가 사라진 탓에 곤경을 겪은 듯하다. 어느 정도 그 씨에 의존해 살았기 때문이다. 숲쥐가 사는 숲이 벌목되고 점점 조각난 것도 또 한 가지 중요한 요인이었다. 게다가 유럽에서 들어온 외래종인 회색가지나방이 게걸스럽게 잎을 먹어 치우면서 서식지 감소를 더욱 부채질했다. 마지막 타격을 가한 것은 인간 주변에서 살아가는 데 더 잘 적응한 미국너구리에게서 감염된 선충이었다.

설치류 한 종의 몰락에 별 인상을 받지 못했다면, 해마다 신대륙 열대의 월동지와 미국 동부의 번식지 사이를 이주하는 명금류로 시선을 돌릴 수도 있다. 북아메리카 번식 조류 조사단(North American Breeding Bird Survey)이 연방 정부의 지원을 받아서 오듀본 크리스마스 새 집계(Audubon Christmas Bird Count) 행사를 하면서 모은 자료에 따르면, 개체 수가 급감하고 있는 새가 24종을 넘는다는 것이 명확하다. 숲지빠귀, 켄터키솔새, 동부임금딱새, 미식조 같은 종들이 그렇다. 쿠바에서 월동하는 배치면솔새는 멸종한 것이 확실하다. 나는 이 작은 새에 무척 마음이 쓰인다. 미국 멕시코 만 연안의 범람원 숲으로 야외 조사를 가면, 예전에 이 새가 둥지를 틀었던 등나무들을 자세히 살펴보고는 한다. (조류 관찰 실력이 별로이기는 하지만) 가능한 한 최선을 다해 이 새가 혹시나 있을지 살펴보고 귀를 기울이고는 하지만, 헛수고일 뿐이었다.

때로 인류가 가할 수 있는 모든 타격을 가하면서 의도적으로 남아 있는 미국의 토착 동식물들을 하나하나 공격하는 것 같기도 하다. 우리가 치명적인 타격을 입히는 데 쓰는 무기의 목록을 꼽자면, 월동지와 번식지 양쪽의 파괴, 살충제 대량 살포, 자연의 곤충과 먹이 식물 제거, 이주할 때 경로 오류를 일으키는 인공조명 오염이 그렇다. 기후 변화와 산성화는 판을 뒤엎을 위험 요소임이 새롭게 드러났다. 우리는 환경 리듬의 모든 측면을 야생 생물의 생존과 번식에 맞지 않게 바꿀 수 있다.

지구 생물 다양성을 구하려 노력할 때 명심해야 할 사실이 몇 가지 있다. 첫 번째는 인위적인 멸종 요인들이 상승 작용을 일으킨다는 것이다. 어느 한 요인이 강화될 때 다른 요인들도 강화되고, 그 변화들의 총합이 멸종을 가속한다. 농사를 짓기 위해 숲을 개간하면 서식지가 줄어들고, 탄소 포획량이 줄어들며, 하류로 운반되는 오염 물질의 양이 늘어나서 그 경로에 있는 깨끗한 수생 서식지도 오염된다. 자연의 포식자나 초식 동물 종 어느 하나가 사라지면, 나머지 생태계도 바뀐다. 때로는 재앙이 일어난다. 침입 종이 하나 들어와도 마찬가지다.

생물 다양성 전반에 적용되는 두 번째 원리는 열대 환경이 온대 환경보다 종 수가 더 풍부하며, 그만큼 더 취약하다는 것이다. 진드기, 지의류, 침엽수는 극지방으로 갈수록 다양성이 증가하지만, 훨씬 더 많은 수의 생물들은 반대 방향으로 갈수록 다양성이 높아진다. 미국 뉴잉글랜드 온대림에는 (찾으려 한다면) 1제곱킬로미터 면적에서 개미 약 50종을 찾아낼 수 있겠지만, 에콰도르나 보르네오 섬의 우림에서는 같은 면적에서 그보다 최대 10배까지 많은 개미 종을 찾을 수 있다.

주목할 가치가 있는 생물 다양성의 세 번째 원리는 종의 풍부도와 지리적 분포 범위 사이의 관계다. 북아메리카 온대의 동식물 종은 대부분 북아메리카 대부분의 지역에 퍼져 있는 반면, 남아메리카 열대에서 같은 식의 분포 범위를 보이는 종은 극소수다.

사는 종의 수와 관련이 있는 이 두 원리를 연관 지으면, 평균적으로 열대 종이 온대 종보다 더 취약하다고 예상할 수 있다. 분포 범위가 더 좁고, 따라서 유지되는 개체군도 더 적다. 게다가 경쟁 종들에 더 많이 에워싸여 있기에, 서식지와 먹이 측면에서 더욱 분화되는 경향을 보이며, 그들을 잡아먹는 포식자도 그 분화를 촉진한다.

따라서 보전 활동을 할 때 염두에 두어야 할 일반 법칙은 다음과 같다. 캐나다, 핀란드, 시베리아의 오래된 침엽수림 1제곱킬로미터를 벌목하는 것도 많은 환경 피해를 주겠지만, 브라질이나 인도네시아에서 같은 면적의 오래된 우림을 벌목한다면 피해가 훨씬 더 크다는 것이다.

마지막으로, 알려진 척추동물 6만 2839종(2010년 총계)과 무척추동물 130만 종(마찬가지로 2010년 총계) 사이에는 수적으로 엄청난 차이가 있다. 생물 다양성의 정량적인 추세에 관한 정보는 거의 다 척추동물을 토대로 한 것이다. 우리에게 친숙한 커다란 동물들이다. 무척추동물 중에서도 연체동물과 나비를 비롯해 많이 연구가 된 집단들이 있기는 하지만, 그런 동물들도 포유류, 조류, 파충류에 비하면 훨씬 덜 알려져 있다. 무척추동물 종의 대다수, 특히 대단히 다양하게 분화한 곤충과 해양 종들은 아직도 과학계에 알려지지 않은 채로 남아 있다. 그렇기는 해도 민물 게, 가재, 잠자리, 산호 등 종 수준까지 보전 상태를 추정할 수 있을 만큼 상세히 연구된 집단들을 보면, 취약 종과 멸종 위기 종의 비율이 척추동물에 상응한다.

생물권의 삶과 죽음을 생각할 때는 두 가지 잘못된 개념을 피하는 것이 중요하다. 첫 번째는 쇠퇴하는 희귀한 종이 아마도 노쇠한 종일 것이라는 개념이다. 죽을 때가 되었으니 그냥 떠나보내라고 생각할지도 모르겠다. 그 생각과 정반대로 그 종의 젊은 층은 경쟁 관계에 있는, 가장 공격적으로 팽창하는 종의 젊은 층만큼 활기가 있다. 어떤 종이 취약 종에서 위기 종을 거쳐 위급 종(국제 자연 보전 연맹의 적색 목록에 따른 등급 구분*) 상태로 개체군의 크기가 줄어든다고 할 때, 그 이유는 나이 때문도 종의 운명 때문도 아니다. 자연 선택이라는 다윈주의적 과정이 앞에 펼친 곤경 때문이다. 환경은 변하고 있는데, 앞서 자연 선택 과정을 통해 습득한 유전자들이 뜻하지 않게 빨리 적응하지 못하기 때문이다. 그 종은 10년 가뭄이 시작될 무렵에 땅에 투자한 농민처럼 불운의 희생자다. 그 유전자들이 더 잘 적응해 있는 환경에 몇몇 젊은 개체들을 집어넣기만 하면, 그 종은 번성할 것이다.

인류가 그런 부적응 환경을 조성하는 주된 건축가임을

---

* 2001년 기준으로 적색 목록에는 개별 종이 다음과 같은 등급으로 나뉘어 있다. 관심 필요(LC), 준위협(NT), 위기(EN), 위급(CR), 야생에서 멸종(EW), 멸종(E).

명심하자. 보전 생물학은 위험에 빠진 종을 위해 더 나은 환경을 파악하고 보호하거나 복원하는 일을 하는 과학 분야다.

생물학은 38억 년에 걸친 생명의 역사에서 존재했던 종의 99퍼센트 이상이 멸종했다고 말한다. 그렇게 말하면 다음과 같은 질문이 종종 나온다. 실제로 그렇다면, 멸종이 그렇게 나쁜 것인가? 물론 답은 오랜 세월에 걸쳐 종들 중 상당수가 그냥 죽어 사라진 것이 아니라, 둘 이상의 딸 종으로 분화했다는 것이다. 종은 아메바와 비슷하다. 배아를 만들어서가 아니라, 분열해 증식한다. 시간이 흐르면서 가장 많은 후손 종을 남긴 생물이야말로 가장 성공한 종이다. 가장 오래, 가장 널리 혈통을 퍼뜨린 이가 가장 성공한 사람인 것과 마찬가지다. 인류의 출생률과 사망률은 세계적으로 균형 상태에 가깝다. 지난 약 6만 5000년 동안 출생률이 약간 더 웃돌았을 뿐이다. 가장 중요한 점은 다른 모든 종들처럼 우리 종도 인류의 탄생 시점을 넘어서 수십억 년을 거슬러 올라가서 생명이 탄생하는 시점까지 이어지는, 가장 성공했으면서 대단히 중요한 계통의 산물이라는 것이다. 우리 주변에 있는 다른 모든 생물들도 마찬가지다. 그들은 모두 승리자다. 지금까지는 그렇다.

알프레트 에드문트 브렘, 「불가사리와 관벌레」(1883~1884년).

8

기후 변화의 영향:
육지와 바다, 공기

기후 변화라는 격노해 날뛰는 악마는 우리가 너무나 오랫동안 방치해 둔 우리 자신의 아이다. 그는 모든 생물권보다 더 높이 솟아올라서 모든 곳에서 모든 것을 바꾸어 놓는 일에 착수했다. 산업 혁명 이래로 대기를 탄소 쓰레기장으로 삼음으로써, 또한 부주의하게 그런 짓을 계속함으로써, 인류는 온실 기체의 농도, 주로 이산화탄소와 메탄의 농도를 위험한 수준까지 높여 왔다.

대다수의 전문가는 다음과 같은 끔찍한 예측에 동의한다. 오염으로 연평균 지표면 온도는 계속 상승하고 있는데, 온도가 18세기 중반에 산업 혁명이 일어나기 전의 온도보다 섭씨 2도를 넘게 해서는 안 된다는 것이다. 온도는 그 섭씨 2도의 문턱까지 거의 절반을 와 있다. 지구 대기 온난화가 섭씨 2도 이상 진행될 때, 지구의 기후는 안정 상태에서 벗어날 것이다. 현재 역사적인 수준이라고 여겨지는 기록적인 날씨들이 일상적인 현상이 될 것이다. 심한 폭풍우와 이상 기후가 새로운 표준이 될 것이다. 현재 진행 중인, 그린란드와 남극 대륙의 빙하가 녹는 현상이 가속함으로써, 대륙들의 기후와 지리가 새롭게 바뀔 것이다. 위성과 조석 자료 모두 이미 해수면이 연간 3밀리미터씩 상승하고 있음을 보여 준다. 빙하가 녹아서 생긴 물이 추가되고 해수 자체가 가열되어 대양의 부피가 팽창함에 따라, 해수면은 결국 9미터 이상 상승할 것이다.

그런 격변이 실제로 일어날 수 있을까? 이미 시작되었다. 지표면의 평균 온도는 1980년 이래로 꾸준히 증가해 왔으며, 완화되는 징후는 전혀 없다.

각국 정부들은 떠밀려서 조치를 취해 왔지만, 미적지근하고 너무나 미흡하다. 키리바시와 투발루같이 태평양에 잠길 위험에 처해 있는 작은 섬나라들만이 해결책을 찾아 냈다. 그들은 뉴질랜드로 이주할 준비를 하고 있다.

물론 해수면의 평균 수위가 하루하루 눈에 띄게 변하는 것은 아니다. 워싱턴의 정치 지도자들은 아직 곤돌라를 타고서 출퇴근하지 않는다. 하지만 2014년 11월 12일, 미국

오바마 전 대통령은 중국 시진핑 주석과 역사적인 협정에 서명했다. 미국은 2025년까지 탄소 배출량을 2005년보다 28퍼센트 이하로 줄이고, 중국은 2030년까지 배출량을 하향 추세로 돌려놓는다는 협정이었다. 2014년 12월, 거의 전 세계라 할 196개국의 대표들이 페루 리마에서 만났다. 그들은 자국으로 돌아가서 6개월 이내에 석탄, 천연가스, 석유에서 나오는 온실 기체 배출량을 감축할 계획을 세우기로 협약을 맺었다. 그 계획들을 토대로 2015년 12월에 세계 협약의 초안이 작성되었다. 하지만 그 협약의 이행 시기는 2020년으로 미루어졌다. (2017년 6월, 미국의 도널드 트럼프 대통령은 이 파리 협약을 탈퇴한다고 선언했다. ─옮긴이)

국제 에너지 기구는 파괴적인 기후 변화를 완화시키려면 인류가 지금까지 파악한 전 세계의 원유와 천연가스 매장량을 대부분 손대지 않은 채로 놓아둘 계획을 어떻게든 수립해야 한다고 주장하면서 다음과 같이 덧붙인다. "밝혀진 화석 연료 매장량 중 3분의 1은 2050년 이전까지는 결코 써서는 안 된다."

각국 대표가 직면한 한 가지 난제는 책임이 분산되어 있다는 데 있다. 고인이 된 생태학자 개릿 하딘(Garrett Hardin, 1915~2003년)이 '공유의 비극(tragedy of the commons)'이라고 한 것이 있다. 여러 개인이나 단체, 국가가 한정된 자원을 공유할 때 일어나는 현상이다. 이때 자원은 고갈되는 경향이 있다. 지구의 깨끗한 공기와 물도 그렇다. 각자가 법규가 허용하는 한 자기 몫을 많이, 또는 노골적으로 속이면서 원래 몫보다 더 많이 가져가려고 할 것이기 때문이다.

공유의 비극을 보여 주는 교과서적인 사례로는 공해상의 생물 자원 고갈이 있다. 세계 각지에서 각국의 영해 내에서는 어류를 비롯한 수산물의 어획량이 얼마간 규제를 받는다. 하지만 어느 나라의 영해에도 속하지 않는 공해는 국제 협상을 제외하고 아무런 규제도 받지 않는다. 어느 정도 보호를 받았든 그렇지 않았든 간에, 인간이 먹을 수 있는 종들은 여러 세대에 걸쳐 모든 바다에서 계속 남획되어 왔다. 서식지 파괴, 침입 종 확산, 기후 온난화, 산성화, 독성 물질 오염, 양분 과다 유출수의 유입에 따른 부영양화는 수생 생물의 감소 추세를 더욱 가속했다.

야만적이고 무자비한 공격은 계속 이어졌다. 다랑어, 황새치, 상어, 몸집이 큰 저서어류(대구, 가자미, 넙치, 붉돔, 홍어 등) 같은 식용 및 낚시용 어종들은 1950년 이래로 개체 수가 90퍼센트 급감했다. 아메리카 대륙으로 향하던 최초의 순례자들이 미끼 없이 낚싯대만 드리워도 잡힐 정도로 우글거렸던 대구는 개체 수가 99퍼센트 이상 줄었다.

다행히도 해양 종들은 육지의 대형 동물보다 완전히 멸

종하는 일이 훨씬 적다. 원양어류를 비롯해 몸집이 좀 큰 해양 종은 거의 다 서식 범위나 이주 경로가 넓기 때문이다. 그들은 대형 육상 동물보다 평생 훨씬 먼 거리를 돌아다니면서 개체군이 분산된다. 그 덕분에 멸종을 피할 수 있다. 예를 들어, 아시아호랑이는 원래의 지리적 분포 범위 전체에서 약 93퍼센트가 전멸한 반면, 뱀상어(tiger shark)는 여전히 원래의 분포 범위 전역에서 돌아다니고 있다.

불행히도 산호초는 정반대다. 해양 생태계는 대개 복원력을 보여 주지만, 한없어 보이는 생물 다양성 때문에 '바다의 우림'이라고 불리고는 하는 산호초는 두드러진 예외 사례다. 산호는 공생하는 동물이다. 각 산호는 석회질로 몸을 감싸고 있는, 식물처럼 생긴 동물이다. 우리에게 비치는 모습은 그렇다. 그런데 그 몸속에는 갈충말(황록공생조류)이라는 단세포 미생물이 많이 들어 있다. 우리 눈에는 갈충말의 강렬한 색깔만 보인다. 나무와 관목이 숲의 건축 구조를 형성하는 것과 같은 방식으로 산호 뼈대는 산호초의 건축 구조를 짠다. 갈충말은 광합성을 하며, 석회질 구조를 만드는 데 필요한 에너지와 물질을 제공한다.

수온이 섭씨 1도만 높아지거나 바닷물의 산성도가 조금만 변해도(둘 다 인간 활동으로 일어난다.) 갈충말은 숙주인 석회질 생물의 몸에서 빠져나온다. 그러면 산호는 색깔을 잃

고 광합성도 하지 못하며, 산호 백화 현상이라는 자멸 과정
이 진행될 수 있다.

산호들이 모여 형성한 장엄한 산호초는 온난화로 이미
재앙을 맞이하고 있다. 세계 산호초의 19퍼센트는 이미 죽
었다. 세계에 알려진 산호 4만 4838종 가운데 38퍼센트는
취약하거나 멸종 위기에 처해 있다. 그에 비해 조류는 14퍼
센트, 포유류는 22퍼센트, 양서류는 31퍼센트가 같은 처지
에 놓여 있다. 최근에는 2050년까지 세계의 산호 종 중 4분
의 1이 사라질 것이라는 분석 결과들이 나왔다.

알프레트 에드문트 브렘, 「구대륙 열대의 과일박쥐 무리」(1883~1884년).

9
가장 위험한
세계관

생물 다양성을 온전히 보전해야 한다는 주장에 모든 보전주의자가 동의하는 것은 아니다. 인류가 이미 복원할 수 없을 정도로 생명 세계를 바꾸었다고 믿는 이들도 있다. 그들은 아직 소수이기는 하지만 점점 늘어나는 중이다. 그들은 이제 우리가 훼손된 행성에서의 삶에 적응해야 한다고 말한다. 이 수정론자들 중 몇몇은 극단적인 인류세 관점을 채택하자고 주장한다. 인류가 지구를 완전히 지배하고, 살아남은 야생종들과 생태계를 우리 종에 유용한지 여부에 따라 판단하고 보전하자는 견해다.

이 지구 생명관에 따르면, 야생이라는 것은 더는 존재하지 않는다. 세계의 구석구석까지, 가장 오지까지도 어느 정도는 인간의 손에 훼손된 상태라는 것이다. 인류가 출현하기 전에 진화했던 모습 그대로의 살아 있는 자연은 죽었거나 죽어 가고 있다. 이 견해를 극단적으로 주장하는 이들은 이 결과가 역사의 명령에 따라 예정된 것이었다고 믿는다. 그렇다면 인류에게 철저히 정복되고 지배되는 것이 지구의 운명인 셈이다. 북극에서 남극까지, 세상이 끝나는 날까지 우리 종에 의해, 우리 종을 위해 존재해야 한다.

이 견해에는 진실이 얼마간 담겨 있다. 인류는 다른 그어떤 종도 할 수 없었던 수준으로 지구에 타격을 입혀 왔다. 인류세의 어법으로 '성장과 개발'이라고 하는 그 전면적인 공격은 산업 혁명과 함께 시작되었다. 구석기 시대 수렵 채집인들이 시작했고 그 뒤로 기술 혁신의 단계들이 점증하면서, 몸무게가 10킬로그램이 넘는 포유동물들, 흔히 대형 동물상(megafauna)이라고 불리는 것들은 대부분 전 세계에서 사라질 운명에 처했다.

생물 다양성 감소는 스위치를 눌러 끄는 것보다는 불빛이 점점 흐려지는 것에 더 가깝다. 인류 집단은 불어나고 전 세계로 퍼지면서, 거의 언제나 지역 자원을 한계까지 쥐어짰다. 인구가 거듭해서 배가됨에 따라, 인류는 마치 호전적인 외계 종족처럼 지구를 정복했다.

그 과정은 지극히 다원주의적이었다. 무조건 성장하

고 번식하라는 신의 명령을 따른 것이었다. 인간의 기준에서 보자면 인류는 그 과정에서 창작 예술을 통해 새로운 미적 형태들을 창안했지만, 그 전반적인 정복 과정은 어느 누구의 기준으로 보아도 아름답지 않았다. 물론 세균, 균류, 독수리는 견해가 다르겠지만. 아무튼 1877년 영국 빅토리아 시대의 시인인 제라드 맨리 홉킨스(Gerard Manley Hopkins, 1844~1889년)가 묘사한 그대로다.

대를 이어 가면서 짓밟고, 짓밟고, 또 짓밟았다.
그리하여 모든 것이 교역에 까맣게 타들어 가고 고역에
짓뭉개지고 더럽혀져 있다.
사람의 때가 묻고 사람의 냄새가 배어 있다.
이제 땅은 헐벗었고, 신발을 신어 발은 땅을 느끼지 못한다.

생물 다양성의 제거는 인류의 확산에 맞추어서 진행되었다. 수만 종이 도끼와 냄비에 사라졌다. 앞서 살펴보았듯이, 폴리네시아 인 이주자들이 아우트리거가 달린 쌍카누(double canoe)로 태평양을 건너서 통가에서 하와이, 핏케언, 뉴질랜드의 가장 먼 섬에 이르기까지 들어가 정착하는 동안, 적어도 세계 조류의 10퍼센트인 1,000종이 사라졌다. 북아메리카 대륙에 발을 디딘 초기 유럽 인 탐험가들은 한

때 세계에서 가장 풍부했을 그곳의 대형 동물상이 이미 고 인디언들의 화살과 덫에 전멸했음을 알아차렸다. 매머드, 마스토돈, 검치류, 거대한 다이어울프, 활강하는 거대한 조류, 대형 비버, 땅에 사는 대형 늘보가 모두 사라지고 없었다.

하지만 가장 파괴된 지역에서도 본래 종류가 아주 많았던 곤충과 기타 절지동물들을 비롯한 작은 동물들, 식물들은 대부분 대체로 온전히 남아 있었다. 나는 포충망과 삽을 들고 1만 5000년 전으로 거슬러 올라갈 수 있다면, 현재 있는 나비와 개미의 대부분을 찾아낼 수 있을 것이라고 확신한다. 하지만 대형 동물상 측면에서는 전혀 다른 세계가 보일 것이다. 19세기와 20세기 초에 미국에서 탄생한 보전 운동은 뒤늦기는 했지만, 다행히도 남아 있는 동식물상을 구하지 못할 만큼 늦지는 않았다. 1872년 세계 최초로 옐로스톤 국립 공원이 설치된 것을 시작으로, 또 헨리 데이비드 소로(Henry David Thoreau, 1817~1862년)와 존 뮤어(John Muir, 1838~1914년) 같은 자연주의자들과 활동가들의 저술에 자극을 받아서 연방 정부, 주 정부, 자치 단체 차원에서 공원들이 지정되면서 인상적인 넓은 연결망이 구축되었다. 게다가 비정부 기구들도 나서서 민간 보호 구역을 조성했다. 그일에는 국제 자연 보호 협회가 가장 두드러진 활약을 했다. 자연은 야생이고, 자연은 오래된 것이고, 자연은 순수하다는 것이 본질적으로 미국인의 신조가 되었고, 인간의 개입으로 생긴 부정한 영향을 억제하고자 할 때 외에는 자연에 손을 대서는 안 되었다. 1983년에 저술가인 월리스 스테그너(Wallace Stegner, 1909~1993년)는 미국의 국립 공원이 "우리가 지금껏 떠올린 착상 중 최고"라고 했다.

보전 개념 자체는 전 세계로 퍼졌고, 21세기 초에는 세계 196개 주권 국가의 대부분에 국립 공원이나 정부가 관리하는 보호 구역이 있을 정도가 되었다. 따라서 그 개념은 성공을 거두어 왔다. 하지만 양과 질 면에서 부분적으로만 그러했을 뿐이다. 미국과 유럽의 보호 구역들보다 10배나 더 많은 종을 품고 있는 멸종 위급 상태에 있는 습지들은 열대 아메리카, 인도네시아, 필리핀, 마다가스카르, 적도 아프리카에 이르는 넓은 띠 지역에 간신히 남아 있다. 척추동물 자료를 토대로 추정하면, 전 세계의 그런 모든 서식지에서 멸종 속도는 인류 이전을 기준으로 할 때 약 1,000배 더 높아졌고, 지금도 가속하고 있다.

그런데 보전 운동의 일부 진영은 새로운 인류세 이념에 초점을 맞추어 왔다. 그 이념의 옹호자들은 지구의 생물 다양성을 구하려 한 전통적인 노력이 본질적으로 실패했다고 주장한다. 원시적인 자연은 더는 존재하지 않으며, 진정한 야생은 상상 속에만 남아 있다고 본다. 인류세 열광자의 시선으로 세상을 보는 사람들은 전통적인 보전주의자와는 전혀 다른 세계관을 지니게 된다. 그중에서도 극단적인 이들은 자연에 남아 있는 것들을 구하는 행위가 정당성을 얻으려면 그것들을 상품으로 취급해야 한다고 본다. 살아남은 생물 다양성을 '그것이 인류에게 봉사하는가?'의 여부로 판단하는 편이 더 낫다는 것이다. 역사가 미리 정해진 경로처럼 보이는 것을 따라가도록 놓아두라. 무엇보다도 인간화하는 것이 지구의 운명임을 인정하라. 이 견해의 대부분 또는 전부를 받아들이는 이들은 인류세가 본질적으로 좋은 것이라고 본다. 물론 남아 있는 자연이 나쁘다는 말은 아니지만, 야생 생물도 사람들과 똑같이 생계 유지 활동에 애써야 한다는 것이 기본 개념이다.

옹호자들 중 일부가 '새로운 보전'이라고 부르는 이 이념에서 다양한 실천적인 권고안들이 나왔다. 그들이 가장 앞세우는 주장은 자연 공원을 비롯한 보호 구역들이 사람의 욕구를 충족시키는 데 기여할 수 있도록 관리해야 한다는 것이다. 그것도 모든 사람이 아니라, 현재 살고 있고 가까운 미래에 살 이들을 암묵적으로 전제하고 있다. 따라서 현재의 미적 · 개인적 가치가 결정적인, 즉 영구적인 것이 된다. 인류세 지침을 따르는 지도자들은 자연이 이미 돌아올 수 있는 지점을 지났다고 여길 것이다. 앞으로 올 무수한 세대들이 좋아하든 싫어하든 간에 말이다. 살아남은 야생 동식물 종들은 인류와 새로운 우호 관계 속에서 살아갈 것이다. 과거의 사람들이 자연 생태계에 방문객으로서 들어갔다면, 생태계의 더럽혀진 파편들을 이루는 인류세의 종들은 우리와 더불어 살아가야 한다.

인류세 열광을 주도하는 이들은 자신들의 믿음이 널리 퍼질 때 어떤 결과가 빚어질지 개의치 않는 듯하다. 그들은 사실상 두려움이 없다. 그들 중에 사회 관찰자이자 보전주의자인 에일린 크리스트(Eileen Crist)는 다음과 같이 쓴 바 있다.

경제 성장과 소비자 문화는 주된 사회 모형으로 남아 있을 것이다. (많은 인류세 옹호자들은 이를 바람직하다고 보는 반면, 모순된 입장을 취하는 이들도 소수 있다.) 지금 우리는 길들여진 행성에 살고 있으며, 야생이란 것은 영구히 사라졌다. 우리는 생태적 비관론을 내버리고, 인간화한 행성이라는 전망을 더 긍정적인 관점에서 받아들여야 할지 모른다. 우리는 위험을 수반하고, 중앙 집중적이며 산업 시설 규모의 시스템을 포함하는 기술을 우리의 운명이자 더 나아가 우리의 구원자로 받아들여야 한다.

미국 메릴랜드 대학교의 환경 과학자 얼 엘리스(Erle

Ellis)는 환경론자들이 새로운 질서에 대비하도록 돕겠다면서 자신의 신조를 강경하게 선언했다. "지구를 구하려는 시도를 중단하라. 자연은 사라지고 없다. 여러분은 낡은 행성에 살고 있다. 이 말이 불쾌하다면 내버려라. 지금 우리는 인류세에 살고 있다. 지구의 대기권, 암석권, 생물권이 주로 인류의 힘을 통해 변형된 지질 시대다."

어떤 열정이 그런 믿음을 충동질하는 것일까? 답은 일상 생활에서 겪는 평범한 일들과 별 의심 없이 쓰는 관용적인 어구들 속에서 드러난다. 크리스트는 분석을 계속한다.

정복(또는 동화)은 생물학적 청소와 불모지화를 함으로써, 토양을 유독하게 하고 지력을 쇠하게 함으로써, 만물을 죽일 수 있는 능력을 갖춤으로써, 우리를 보면 겁에 질리거나 달아날 만큼 동물에게 신에 대한 두려움을 주입함으로써 진행되어 왔다. 또 어류를 '양식 어류'로, 동물을 '가축'으로, 나무를 '목재'로, 강을 '민물'로, 산꼭대기를 '덮은층(광물을 채굴하기 위해 제거해야 할 층―옮긴이)'으로, 해안을 '해변 휴양지'로 이름을 바꾸어 용도 전환, 멸종, 상품화 '사업'을 합법화함으로써 마찬가지로 진행되어 왔다.

물론 인류세 열광자들이 신체제에서 생물 다양성을 어

떻게 보전하겠다는 것인지 아무 생각도 없는 것은 아니다. 영국 요크 대학교의 보전 생물학자 크리스 토머스(Chris D. Thomas)는 발표된 수많은 반대되는 증거들을 회피한 채 지역 고유종의 지속되는 멸종이 현재 인류가 전 세계에 퍼뜨리고 있는 외래종을 통해 보완될 것이라는 주장을 내놓았다. 그는 그런 종들이 생물 다양성이 본래 낮거나 인간 활동으로 난도질된 생태계의 빈자리를 채우는 데 도움이 될 것이라고 설득한다. 게다가 외래종과 생존한 고유종 사이의 교잡을 통해 변종과 종의 수가 더 늘어날 것이라고 말한다. 또 과거의 지질 시대에 대량 멸종이 일어난 뒤 신종이 쇄도했다는 점도 명심해야 한다고 상기시킨다. 물론 수백만 년이 걸리기는 했지만 말이다. 미래 세대가 현생 인류종이 진화하는 데 걸린 기간보다 몇 배 더 긴, 500만 년 이상이 걸려야 생물 다양성이 진화적으로 회복된다는 사실을 깨닫고 노심초사할 것이라는 점에 토머스는 전혀 개의치 않는 듯하다. 게다가 외래종 중에 전 세계에서 연간 수십억 달러의 예산을 잡아먹는 침입 종이 되는 비율이 상당히 높다는 점도 그에게는 별 문제가 안 되는 듯하다.

지구의 살아 있는 유산을 보존하는 일이 무엇보다도 생물학적 핵심 보전 지역을 안전하게 그냥 놓아두는 데 달려 있다면, 누가 달리 생각할 수 있을까? 그런데도 달리 생각하는 저명한 인물 중에는 피터 커레이버(Peter M. Kareiva)가 있다. 그는 '새로운 보전' 철학을 이끄는 인물 중 하나다. 그는 2014년 국제 자연 보호 협회의 수석 과학 담당관이라는 영향력 있는 자리를 확보했다. 학계와 대중 언론을 상대로 공개 강연과 저술을 함으로써, 그는 야생이 존재하지 않는다고 공격하는 이들의 선봉에 서 왔다. 그는 지구에 원시적인 자연은 그 어디에도 남아 있지 않다고 주장한다. 따라서 오래전에 그런 자연이 차지했던 지역들에 사람들이 들어가서 그곳을 더 분별력 있게 관리하면서 수익을 올릴 수 있게 해야 한다고 본다. 커레이버는 야생이라는 말 대신에 '작업 경관(working landscape)'이라는 용어를 선호한다. 아마도 '게으르고 빈둥거리는' 경관에 반대되는 의미일 것이다. 그러함으로써 경제학자들과 경영자들이 경관을 더 받아들일 수 있게 만들겠다는 의도가 깔려 있다.

하지만 야생에 가하는 이런 공격은 어원상의 오류에 토대를 두고 있다. 미국 야생법(Wilderness Act) 어디에도 '원시적인(pristine)' 같은 단어는 나오지 않는다. 커레이버와 동조자들이 한편으로는 '야생'이라는 단어가 아직 인간의 의지에 얽매이지 않은, 길들여지지 않은 곳을 가리킨다고 인식한다는 것도 분명하다. 보전 과학의 어법에 따르면, 야생은 자연적인 과정들이 인간의 의도적인 개입이 없는 상태에서 펼쳐지는 넓은 지역을 의미한다. 그곳의 생명은 스스로의 의지를 간직하고 있다. 물론 야생에 드문드문 사람들이 살고 있을 때도 있다. 본질적인 특성을 잃지 않은 채 수백 년 또는 수천 년 동안 살아 온 토착민들이 특히 그렇다. 그리고 이후에 설명하겠지만, 야생 지역은 현실에 있는 실체다. 존재하지 않는 것으로 정의될 수는 없다.

다른 인류세 낙관론자들은 다른 형태의 희망을 품고 있다. 그들은 생체 조직을 충분히 많이 보존할 수 있다면 그 유전 암호를 해독해 생물 자체를 복제할 수 있을 것이라고, 그러함으로써 많은 멸종한 종들을 부활시킬 수 있을 것이라고 본다. 여행비둘기, 매머드, 늑대처럼 생긴 오스트레일리아의 타일라신은 '종 복원(de-extinction)'이라고 불리는 이 과정을 이야기할 때 주로 언급되는 종들이다. 아마 그들이 살아가는 데 필요한 생태계는 온전히 남아 있을 것이며, 그렇지 않다면 원래의 생태적 지위를 어떻게든 이용할 수 있게끔 재창조할 수 있지 않겠는가?

인도 부바네스와르의 생명 공학 교수 수브라트 쿠마르 (Subrat Kumar)는 《네이처(Nature)》에 종 복원이 가능하다고 믿을 뿐 아니라, 노아의 방주 규모로 종들을 부활시킬 원대한 새 계획을 세우자고 촉구하는 글을 썼다. 과거에 멸종했던 생물이 성공적으로 정착해 마치 좀비가 휩쓸듯이 야생지에서 다른 종들을 쓸어버리면서 퍼지지 않을까 걱정하는 이들을 위해, 쿠마르는 단서를 덧붙여서 안심시킨다. "우리가 되살릴 종은 문제를 일으키면 쉽게 제거할 수 있도록 가공할 수 있다."

한편 대중 문학 쪽에서는 언론인이자 저술가인 에마 매리스(Emma Marris)가 인간에게 혜택을 줄 준(準)야생종들을 새로운 스마트 행성의 정원에 풀어놓는다는 유쾌한 장면을 제시한다. 그녀는 우리가 구속받지 않은 야생이라는 개념을 즉시 버려야 한다고 본다. "보전 기구 강령의 배후에 숨어" 있다가 불행히도 어찌어찌해서 "자연에 관한 저술과 자연 다큐멘터리가 넘쳐나게" 된, 미국에서 탄생해 널리 퍼진 "컬트(cult)" 문화라는 것이다. 매리스는 그런 잘못된 사고 방식을 없애야 한다고 경고한다. 이 행성의 통치자로서 우리가 해야 할 진정한 역할은 지구의 생물 다양성을 "우리가 돌보는 지구적인 반(半)야생 정원"으로 전환하는 것이라고, 매리스는 말한다.

내가 접한 바로는 야생 환경과 그런 땅에서 아직 보호받고 있는 장엄한 생물 다양성을 경멸하는 가장 배려심 없는 태도를 보이는 이들은 야생 환경이나 생물 다양성을 직접 경험한 적이 거의 없는 이들일 때가 많았다. 여기에서 위대한 탐험가이자 자연사 학자인 알렉산더 폰 훔볼트

(Alexander von Humboldt, 1769~1859년)의 말을 인용하는 것이 적절하다고 본다. 당시나 지금이나 딱 맞는 말이다. "그 세계를 본 적이 없는 이들이 지닌 세계관이야말로 가장 위험한 세계관이다."

II

진짜 살아 있는 세계

종과 생태계 양쪽에서 아직은 생물 다양성의 많은 부분이 남아 있지만, 그들을 구할 시간이 급속히 줄어들고 있다. 생물 다양성은 금세기 말까지 대부분 사라질 수도 있다. 그 장엄함의 기억만이 남을 것이다.

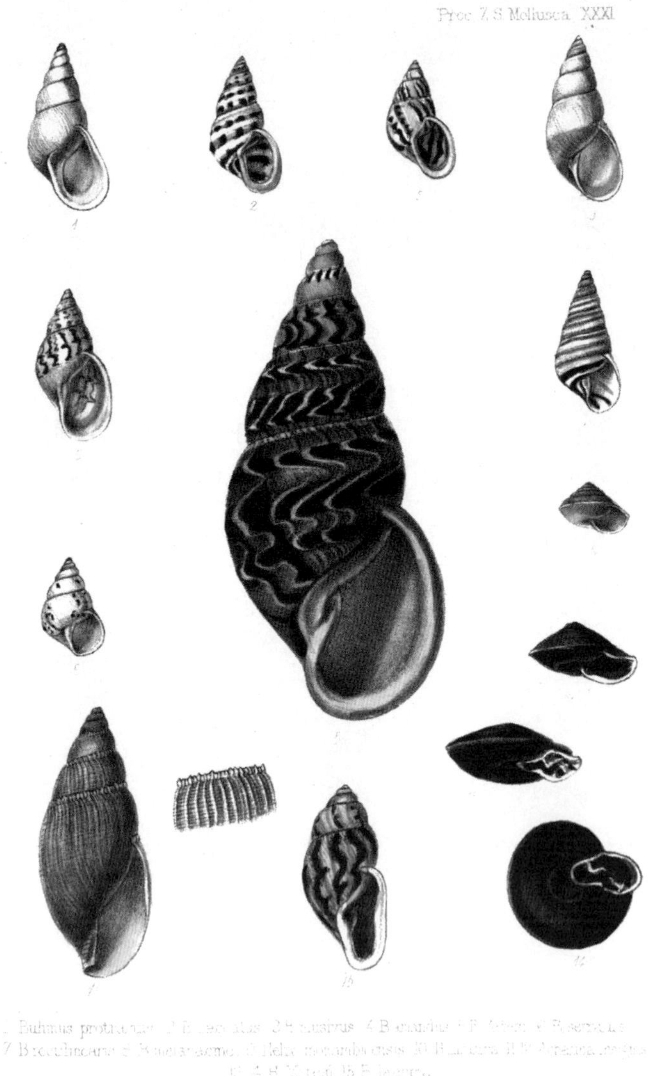

「해양 연체동물」, 《런던 동물학 회보》(1848~1860년).

10
보전
과학

잊못된 철학이 대개 그렇듯이 인류세 세계관도 대체로 좋은 의도와 무지가 결합되어 나온 산물이다. 그 세계관이 보전(더 정확히 말하면 반(反)보전)에 새로운 인간 중심의 접근법이 필요하다고 주장하는 데에는 여러 가지 이유가 있다. 첫째는 보전 기관들의 역사를 잘못 파악했기 때문이다. 둘째는 생물 다양성 데이터베이스를 제대로 이해하지 못했기 때문이다. 셋째는 좀 덜 뚜렷하기는 하지만, 종과 유전자를 거의 배제할 정도로까지, 생태계를 생물 조직화의 핵심 수준이라고 강조하는 잘못된 시각 때문이다.

전통적인 보전 기관들의 강령이 사람들의 복지에는 거의 관심을 기울이지 않는다는 주장('새로운 보전'을 주장하는 꼴

수 인류 중심주의 신자들이 내세우는 것이다.)은 명백히 틀렸다. 몇몇 세계적인 보전 기관들의 이사나 자문 위원으로 30년 동안 일한 경험에 비추어 볼 때, 나는 진실은 그 반대임을 아주 잘 안다. 한 예로, 나는 1980년대에 세계 야생 생물 기금 미국 지부가 지침을 혁신적으로 넓힐 때 참여했다. 우리는 조직의 의도와 목적을 놓고 논의를 시작했다. 어느 동식물 집단, 세계의 어느 지역을 어떻게 보호할까? 그리고 마지막으로 왜 보호하는 것일까? 주변의 다른 생물들을 보호하는 우산 종(umbrella species) 기능을 하는 것으로 믿을 만한 몇몇 카리스마 넘치는 동식물에 집중하는 것으로 충분할까? 자연 세계의 크고 아름다운 종을 구하는 것이 인류에게 얼마나 도움이 될까? 이미 사람들이 그 안이나 주변에 살고 있는 지역을 자연 보호 구역으로 정해서 사람들로부터 격리시키는 것은 잘못된(그리고 궁극적으로 소용없는) 방식임이 분명했다.

우리의 해결책은 두 단계에 걸쳐 채택되었다. 우선 우리는 판다와 호랑이 같은 스타 종들뿐 아니라 생태계 전체에까지 관심을 두기로 했다. 대중에게 친숙한 종이 없는 생태계도 포함시켰다. 그다음에 우리는 자연 보호 구역 안과 그 주변에 사는 사람들의 경제와 보건을 돕는 정책도 채택했다.

다른 보전 기관들도 비슷하게 인간을 중심 무대로 옮기는 쪽으로 활동 방향을 전환했다. 예를 들어, 국제 보전 협회는 지역 경제와 삶의 질을 개선하는 노력의 일환으로 생물 다양성을 보호하는 방안을 제시함으로써, 개발 도상국의 정부 지도자들을 지원하는 데 초점을 맞추었다. 국제 자연 보호 협회는 늘 인간을 염두에 두어 왔다. 그들은 자신들을 생물학적으로 풍부한 땅의 청지기라고 여기면서 생태학자와 생물 다양성 연구자를 포함한 대중에게 그 땅을 개방하는 쪽으로 활동을 해 왔다. 드물게 성공한 소규모 보전 기관들도 있는데, 스타 종과 자연 생태계가 지역민 사회의 핵심 요소라는 점에 초점을 맞추어 활동을 해 온 단체들이었다.

생물 다양성 연구와 보전 분야의 지도자들은 살아남은 세계 야생지들이 예술 박물관이 아니라는 것을 오래전부터 인식하고 있었다. 세계 야생지들은 우리의 즐거움을 위해 마련되고 가꾸어지는 정원이 아니다. 휴양지도, 천연 자원의 보관소도, 요양소도, 사업 기회를 제공할 미개발지도 아니다. 야생지와 그 안에서 보호를 받는 풍부한 생물 다양성은 인류가 아무것이나 마구 집어넣은 세계와는 다른 세계다. 그 세계로부터 우리가 받는 것은 무엇일까? 야생지가 제공하는 지구 환경의 안정성과 야생지의 존재 자체가 야생지가 우리에게 주는 선물이다. 우리는 야생지의 주인이 아니라, 청지기다.

인류세 이념론자들이 제시하는 과정들, 특히 반야생 정원, 외래종과 새로운 잡종, 기업 친화적 경관이 얼마나 피해를 줄지는 아직 예측할 수가 없다. 그들의 참고 문헌이 빈약하다는 것은 그런 수단들을 제시한 저술가들이 우리 수중에 넣어야 한다고 권고하는 바로 그 생태계의 구조와 내용을 대체로 알지 못하고 있음을 시사한다. 여기에서 미국의 보호 구역 가운데 가장 잘 연구된 곳 중 하나인 그레이트스모키 산맥 국립 공원에서 일어난 일과 각 생물 집단에서 알려진 종들의 수를 상세히 조사한 자료를 잠시 살펴보는 것이 교훈이 될 듯하다. 134쪽과 137쪽 사이에 그 자료를 표로 요약했다. 연구자들과 훈련을 받은 자원 봉사자들은 5만 인시(person-hour)에 걸쳐 1만 8200종을 찾아냈다. 있다고 추정되지만 아직 기록되지 않은 일시적인 종들과 미생물까지 모두 추가하면, 실제 종 수는 6만~8만 종 사이가 될 것이라고 추정된다.

알려진 1만 8200종 가운데 어느 종이 불필요한 것처럼 보인다면, 제발 다시 생각하기를. 그들은 그저 당신에게 낯설 뿐이다. 가장 헌신적인 과학자들 중 많은 이들에게도 그렇다.

그레이트스모키 산맥 국립 공원에는 끈벌레, 좀벌레, 결합류처럼 제거해도 나머지 생물상에 별 영향을 미치지 않을 법한 생물들도 있지만, (이 말도 틀렸을 가능성이 높다.) 나는 그 나머지 생물 중에서 다른 어떤 종 집단의 수를 크게 줄이지 않은 채 제거가 가능한 종은 거의 없다고 확신한다. 이 원리를 자세히 설명해 보겠다. 134쪽의 표에 실린 목록 중에서 아무 집단이나 다섯 가지를 골라서 제거할 때 어떤 결과가 나올지 생각해 보라. 이를테면 끈벌레, 연체동물, 환형동물, 완보동물, 절지동물이라고 하자. 그런 다섯 집단 중 어느 하나를 절멸시키면 생태계는 교란될 것이고, 결국 전체가 붕괴될 수도 있다.

그레이트스모키 산맥 국립 공원에서 진행되고 있는 형태의 생물 다양성 전수 조사 없이는 자족적인 자연 생태계를 살펴보는 그 어떤 연구도 온전하다고 할 수 없다. 게다가 그 전수 조사는 시작에 불과하다. 각 종이 어디에 살고 언제 어디에서 활동하는지, 한살이는 어떤지, 개체군 동태는 어떤지, 생태계 안팎에서 다른 종들과 어떤 상호 작용을 하는지 등등도 알아야 한다. 그리고 호랑나비류 전체, 맹금류 전체, 달팽이류 전체, 왕거미류 전체 등 어떤 분류군이든 간에, 그 안에서도 대개 종마다 생물학적 기본 특성과 다른 생물들에 미치는 영향이 크게 다르다.

그레이트스모키 산맥 국립 공원에 처음 갔던 대학원생 시절에, 나는 톡토기에 매료되었다. 눈에 잘 띄지 않는 이 톡토기목의 작은 동물은 배 밑에 일종의 지렛대가 하나 달려 있다. 한쪽 끝만 몸에 붙어 있는 지렛대다. 마치 접이칼처럼 접었다가 펼칠 수 있다. 포식자가 접근하면, 톡토기는 지렛대의 열린 끝을 탁 펼친다. 그러면 지렛대가 바닥을 때린다. 몸무게 밀리그램당 비교할 때, 이 타격은 동물계에서 가장 강한 움직임을 일으키는 힘에 속한다. 그 힘으로 톡토기는 공중 높이 튀어 오른다. 사람으로 치면 축구장 길이에 해당하는 높이만큼 뛰어오르는 셈이다.

하지만 자연사라는 더 큰 그림에 놓고 보면, 이 전술은 전체의 일부에 불과하다. 흔히 말하듯이, 포식자와 먹이의 진화는 군비 경쟁과 같다. 몇몇 개미들은 톡토기와의 싸움에서 우위에 설 전략들을 개발해 왔다. 그들은 두 가지 기술 중 하나를 써서 먹이의 높이 뛰어오르기 전술에 대처한다. 하나는 많은 사냥꾼들을 현장에 불러 모아서 톡토기가 어디로 뛰든 간에, 내려앉는 근처에 누구인가가 있게끔 하는 방식이다.

다른 또 하나의 적응 형질은 동물계에서 가장 정확하면서 절묘한 사냥 기법에 속한다. 나는 비늘개미(Dacetini)라는 분류군에 속한 몇몇 개미 종을 연구한 바 있다. 이 개미는 허리에 있는 조직 덩어리에서 톡토기를 꾀는 냄새 물질을 분비한다. 톡토기의 접근을 감지하면, 개미는 꼼짝하지 않고 기다린다. 그런 다음 두 더듬이 끝에 붙은 냄새 감지기를 좌우로 흔들면서 방향을 알아내어, 아주 천천히 먹이에게 다가간다. 긴 톱니가 달린 턱을 쫙 펼쳐서(턱이 180도 이상 벌어지는 종도 있다.) 겨냥을 한 뒤, 덮칠 준비를 한다. 벌린 턱 앞쪽으로 두 개의 긴 털이 나 있다. 방아쇠 역할을 하는 털이다. 톡토기가 이 두 털 중 하나에 닿으면, 턱이 와락 닫힌다. 눈이 따라갈 수 없을 만큼 빨리, 톡토기가 튀어서 달아날 수 없을 만큼 빨리 닫힌다. 그러면 턱 안쪽 표면에 죽 나 있는 긴 톱니가 먹이를 꿰뚫는다. 톡토기는 거의 즉시 지렛대를 펼치지만, 아무 소용이 없다. 포식자와 먹이가 결합된 채로 공중으로 튀어 오르기 때문이다.

최근에 그 공원에 갔을 때, 나는 쓰러진 나무의 껍질 한 조각을 들어 올렸다. (관리자의 허락을 받았다.) 작은 결합류 세 마리가 보였다. 결합류는 좀벌레처럼 생긴 눈에 잘 안 띄는 집단으로서, 톡토기를 사냥하는 개미들은 이들도 가끔 잡아먹는다. 결합류 중에서 집게좀붙잇과라는 집단에 속한 이들은 꽁무니에 집게가 달려 있다. 이들은 전 세계에 많은 종이 있지만, 생물학적으로 알려진 것이 거의 없다시피 하다. 어떤 먹이를 선호하고, 한살이는 어떠하고, 집게는 왜 그런 특이한 곳에 달려 있는지 나는 전혀 모른다. 나뿐 아니라 그 어떤 생물학자도 이들이 모두 사라진다면 어떤 일이 일어날지 추측조차 할 수 없을 것이다. 당시 나는 또 다른 삶이 주어진다면, 결합류 연구에 전념할 수도 있겠다고 생각했다.

마찬가지로 여름날 식생에 대고 포충망을 좌우로 쓱 휘두르기만 해도 다양한 종류의 파리를 잡을 수 있다는 사실을 생각해 보라. (한번 해 보라. 정말 놀랄 것이다.) 또 원한다면, 특정한 과일이나 꽃가루, 균류, 배설물, 사체, 또는 그냥 놓아두면 당신의 신선한 피를 먹을, 다양하게 분화한 종들도 생각해 보라. 어떤 파리는 다른 곤충에 기생한다. 아무 곤충에나 기생하는 것이 아니라, 기생 가능한 수천 종 가운데 어느 한 종에서 서너 종에 특화해 있다. 10대 때 이 사실을 깨닫고서, 나는 파리학자가 될 뻔했다. 장다리파릿과의 섬세한 작은 파리들에 푹 빠졌던 것이다. 여름 햇살 아래 식물 잎에 앉아서, 금속 느낌의 파란색과 초록색으로 반들거리는 종류였다. 몇 종이나 있었을까? 왜 그들은 최대한 잘 보이게끔(적어도 내게 보이게끔) 춤을 추고 있었을까? 그들은 유충 때 어디에서 어떻게 살아갈까? 그 뒤에 나는 개미에게 홀렸다. 비록 당시 열대에서 멀리 떨어진 앨라배마 주 북부에 살고 있었지만, 우리 집 뒤뜰을 군대개미가 가로지르는 광경을 목격한 적이 있다. 그들은 고유종으로서, 중앙 아메리카와 남아메리카의 숲을 파죽지세로 돌아다니는 군대개미의 축소판이었다. 나는 그들을 따라가 보았다. 그들은 빠른 속도로 이웃집 뜰을 지나서 포장도로를 건너 작은 숲으로 들어갔다. 그 행렬의 꼬리 쪽에는 기생성 좀을 비롯한 곤충들이 따라가고 있었다. 아름다운 작은 장다리파리는 이런 장관을 결코 보여 줄 수가 없기에, 나는 개미를 연구하기로 결심했다. 당시 나는 내가 들어가려는 그 세계가 얼마나 폭넓고, 한없는 아름다움을 지니고 있는지를 전혀 알지 못했다.

연못이든 풀밭이든 산호초든, 전 세계에서 발견할 수 있는 수천 가지의 생태계 각각은 독특한 생물들이 엮어서 짠 그물과 같다. 자유롭게 상호 교배하는 개체들의 집단인 종은 그 생태계의 다른 종들과 강하게 또는 약하게 상호 작용을 하거나, 전혀 상호 작용을 하지 않을 수도 있다. 대다수의 생태계에서 구성 종들의 대부분이 정체조차 알려져 있지 않은데, 그들의 상호 작용을 생물학자들이 어떻게 파악하겠는가? 전에 없던 종이 침입하면서 있던 종들이 일부 사라질 때 생태계에 어떤 변화가 일어날지 어떻게 예측할 수 있겠는가? 우리는 기껏해야 부분적인 자료와 단서를 토대로 모든 것을 추측하기만 할 뿐이다.

야외에서 실제로 종 수준까지 생태계를 분석해 본 우리 같은 이들은 가장 제한적이고 초보적인 영역에서만, 그 동식물상의 일부에서만 진정한 성과를 냈을 뿐이다. 우리는 맹그로브 섬, 작은 연못, 조석 웅덩이, 남극 대륙의 암석이 노출된 메마른 오아시스를 대강 기술해 왔다. 우리는 이 축소판 서식지들로부터 이주 정착 과정에 관한 몇 가지 원리를 알아냈고, 포식 및 이주 정착과 생물 다양성의 평형 사이의 관계를 알려 주는 놀라운 사실들을 발견했다. 우리는 계절과 기후 변화가 어떤 영향을 미치며, 인간이 일으키는 몇몇 형태의 교란이 어떤 영향을 미치는지도 조금은 말할 수 있다. 하지만 우리는 생태계 분석이라는 분야가 20세기 초, 즉 분자 유전학과 세포학 혁명이 일어나기 전의 생리학이나 생화학과 별 다를 바 없는 수준이라고 인정할 수밖에 없다.

자연이 어떻게 돌아가는지를 더 깊이 이해하면 보전과 인류세에 관해 무엇인가 교훈을 얻을 수 있을까? 한 가지는 명확하다. 생물 다양성을 구하려면, 지구 자연 생태계를 대할 때 예방 원칙을 따라야 하며, 그것도 엄격하게 지켜야 한다는 것이다. 과학자와 대중 모두가 생태계를 훨씬 더 많이 알게 될 때까지 우리는 현재 입장을 고수해야 한다. 세심하게 일을 진행해야 한다. 연구하고 토의하고 계획을 세

위야 한다. 지구의 나머지 생명에게 기회를 주자. 급조한 대책이나 별난 묘책을 경솔하게 내놓는 짓거리는 피하자. 자연계에 돌이킬 수 없는 피해를 주려 하는 대책들은 더욱 그렇다.

미국 그레이트스모키 산맥 국립 공원의 종 목록*

분류군	기존 자료 (생물 다양성 전수 조사 이전)	새로 추가된 종 (생물 다양성 전수 조사 이후)	학계 보고 신종	총계
미생물				
세균	0	206	270	476
고세균	0	0	44	44
미포자충	0	3	5	8
원생생물	1	41	2	44
바이러스	0	17	7	24
변형균	128	143	18	289
식물				
관다발	1,598	116	0	1,714
비관다발(이끼 등)	463	11	0	474
조류	358	566	78	1,002
균류	2,157	583	58	2,798
지의류	344	435	32	811
자포동물 (해파리, 히드라)	0	3	0	3
편형동물	6	30	1	37
태형동물	0	1	0	1
구두동물	0	1	0	1
유선형동물	1	3	0	4
선형동물	11	69	2	82
유형동물	0	1	0	1

분류군	기존 자료 (생물 다양성 전수 조사 이전)	새로 추가된 종 (생물 다양성 전수 조사 이후)	학계 보고 신종	총계
연체동물 (고둥, 조개 등)	111	56	6	173
환형동물 (갯지렁이, 거머리, 지렁이)	22	65	5	92
완보동물 (곰벌레)	3	59	18	80
거미류				
진드기류	22	227	32	281
참진드기류	7	4	0	11
장님거미류	1	21	2	24
거미류	229	256	42	527
전갈류, 의갈류	2	15	0	17
갑각류				
가재류	5	3	3	11
요각류, 패충류 등	10	64	26	100
지네류	20	17	0	37
결합류	0	0	2	2
소각류	7	25	17	49
노래기류	38	29	3	70
낫발이류	11	5	10	26
톡토기류	64	129	59	252
좀붙이류	4	5	5	14

다음 쪽에 계속

분류군	기존 자료 (생물 다양성 전수 조사 이전)	새로 추가된 종 (생물 다양성 전수 조사 이후)	학계 보고 신종	총계
돌좀류	1	2	1	4
좀류	1	0	0	1
하루살이류	75	51	8	134
잠자리류	58	35	0	93
메뚜기류	65	37	2	104
기타 메뚜기류 (바퀴, 사마귀, 대벌레)	6	7	0	13
집게벌레류	2	0	0	2
강도래류	70	48	3	121
흰개미류	0	2	0	2
노린재류	276	361	3	640
총채벌레류	0	47	0	47
다듬이벌레류	16	52	7	75
이류	8	47	0	55
딱정벌레류	887	1,580	59	2,526

분류군	기존 자료 (생물 다양성 전수 조사 이전)	새로 추가된 종 (생물 다양성 전수 조사 이후)	학계 보고 신종	총계
풀잠자리류	12	38	0	50
벌류 (벌, 개미 등)	245	574	21	840
날도래류	153	82	4	239
나비류 (나비, 나방 등)	891	944	36	1,871
벼룩류	17	9	1	27
밑들이류	15	2	1	18
파리류	599	651	38	1,288
척추동물				
어류	70	6	0	76
양서류	41	2	0	43
파충류	38	2	0	40
조류	237	10	0	247
포유류	64	1	0	65
총계	9,470	7,799	931	18,200

* 이 표는 곤충학자 베키 니콜스(Becky Nichols)가 그레이트스모키 산맥 국립 공원에서 연구한 결과(2014년 3월 기준)를 바탕으로 했다.

마크 캐츠비(Mark Catesby, 1683~1749년), 「버들참나무에 앉아 있는 흰부리딱따구리」(1729년).

11
'세상에, 저게 뭐지?'
종

생물 다양성 연구가 기존 생물학과 다른 문화에서 수행된다는 인상을 받을지도 모르겠다. 하지만 유사점이 있다. 세포와 뇌는 생태계와 비슷하다. 우림이나 사바나, 산호초, 고산 초원에 대응하는 것이다. 그 다양한 부위들의 위치와 기능을 먼저 찾아내고 기술해야 하며, 그런 뒤에야 그것들을 연관 지어서 전체 그림을 그릴 수 있다. 하지만 생체 기관 연구는 주로 실험실이라는 한정된 공간에서 이루어진다. 1제곱미터의 탁자 위에서도 충분히 위대한 과학적 발견이 이루어질 수 있다. 대조적으로 생물 다양성 연구(생물 다양성 연구 또는 과학적 자연사, 진화 생물학)는 지표면 전체에 걸쳐서 이루어진다.

과학자는 두 부류로 나눌 수 있다. 첫 번째 부류는 생계를 위해 과학을 한다. 두 번째 부류는 정반대다. 그들은 과학을 하기 위해 생계를 유지할 방법을 찾는다. 내가 아는 과학적 자연사 학자는 거의 다 두 번째 집단에 속한다. 그들은 모든 과학자 중에 가장 열심히 일하지만 가장 경쟁심이 없는 이들에 속한다. 또 가장 낮은 보수를 받고, 화려한 영예를 얻을 가능성이 가장 적은 부류에 속하며, 따라서 과학을 하고 싶다는 것 외에 다른 동기는 거의 없다. 자연사 학자들은 만나면, 없는 동료의 험담을 하는 일이 거의 없다. 대신에 그들은 새로운 발견과 놀라운 소식을 주고받는다. ("엘살바도르에서 피터가 계곡에 떨어졌다는데? 괜찮은지 소식 들었어요?")

누가 비밀을 혼자 간직하는 일은 거의 없다. 정반대다. 소식을 널리 퍼뜨리는 것이 이 분야의 기본 자세다. 엿듣고 있다 보면 이런 이야기가 들릴 것이다. "바버라가 오로펜돌라(oropendola) 둥지에서 공생하는 별난 여치를 발견했다는 소식 들었어요? 수리남에서였던 것 같은데요." 혹은 이런 식일 것이다. "밥이 알타이 산맥으로 지의류를 조사하러 갔는데, 러시아 정부가 중턱쯤에서 6개월 동안 야영해도 좋다고 허가했대요. 나도 가면 얼마나 좋을까요. 한 일주일만이라도 나무좀을 채집하면서 지냈으면! 거기는 아직도 미개

척지예요. 적어도 나무좀 쪽으로는요.″

실제 사례를 하나 들어 보자.

2014년 4월 27일, 앨라배마 주 남부 모빌텐소 삼각주의 범람원 숲에서 에드 윌슨이 《모빌 프레스 레지스터(*Mobile Press Register*)》 신문의 벤 레인스(Ben Raines)에게 말했다. "여기 자가란디(jaguarundi)가 있다는 소문이 돌아요. 그렇다면 포유류 동물상에 큰 게 하나 추가되는 거죠."(자가란디는 본래 서식 범위가 미국 열대의 북동부부터 텍사스 주까지 이른다고 하는, 잘 보이지 않는 희귀한 야생 고양이의 일종이다. 미국 플로리다 주와 멕시코 만 중부로 유입되었을 가능성이 있다.)

레인스: "어, 그렇대요? 사진은요? 본 적 있어요?"

윌슨: "아니요. 사진도 털가죽도 없으면 꽝이라는 거죠? 하지만 적어도 소문 자체는 흥미롭지요."

레인스: "퓨마가 여기 산다는 건 알아요. 본 사람이 거의 없지만요. 그러니까 자가란디도 언젠가는 나타날지 모르죠. 희망은 품을 수 있지요."

자연사 학자가 이렇게 쉽게 동료애를 느끼는 이유는 약간의 야심, 식별력 있는 눈, 무한정 공급되는 모기 기피제를 갖춘, 훈련된 자연사 학자를 기다리는 발견들이 거의 무한히 있기 때문이라고 나는 본다. 일주일 동안 열심히 일했을 때 발견을 통해 얻는 보상은 평균적으로 아주 높다. 미국 루이지애나 주의 메기 연못에 미끼를 단 낚싯줄을 드리우기만 하면 입질이 오는 것과 비슷하다. 호흡을 세 번 한 뒤에 잡아당기라. 과학적 자연사 분야에서는 야생지로 야외 조사를 가거나 박물관 표본들을 한번 죽 훑을 때마다 거의 예외 없이 가치 있는 발견이 이루어진다. 물론 당신이 마주치는 종을 알고 있다고 할 때 그렇다.

다른 과학자들처럼 자연사 학자들도 위대한 발견을 이루겠다는 꿈을 갖고 있다. "알았다!"라고 외치게 되는 소중한 순간이 찾아올 때까지, 미처 상상도 하지 못했거나 기껏해야 어렴풋이 그림자만 비치던 현상을 찾아내겠다고 말이다. 우리에게도 아직 찾지 못한 성배(聖杯)가 있다. 진화의 빠진 고리가 가장 잘 알려진 사례에 속한다. 조류로 넘어가는 단계에 있는 공룡이나 양서류로 변화하는 단계에 있는 폐어, 인간으로 변모하는 단계에 있는 유인원 같은 것들도 그렇다.

멸종했다고 여겼던 종의 재발견도 마찬가지로 흥분을 불러일으킨다. 이 이야기를 하니, 내가 즐겨 떠올리는 상상 중 하나가 생각난다.

나는 어느 해안 범람원 숲의 숨겨진 수로를 배를 타고서 노를 저어 간다. 이 숲은 촉타워치 강을 끼고 있다. 촉타

위치 강은 플로리다 주 팬핸들을 지나서 멕시코 만으로 흘러든다. 어느 순간 갑자기 기이하게 익숙한 새소리가 들린다. "핏핏." 그리고 부리로 활엽수를 딱딱 두 번 두드리는 소리가 들린다. 나는 생각한다. '저 소리는……. 아냐, 그럴 리가 없어. 아냐…….' 맞다. 그럴 수도 있다. 아닐 이유가 없지 않은가?

내 환상 속에서 바로 앞 약 6미터쯤 떨어진 측백나무 줄기에 커다란 딱따구리 한 쌍이 앉아서 소리를 낸다. 곧 다시 딱딱 두 번 두드리는 소리가 나고, 한 마리가 딱정벌레 유충을 집어서 꺼낸다.

나는 쌍안경을 들이댄다. 틀림없다. 몸통과 꼬리가 검고 날개에 선명하게 대비되는 하양 1차 깃털이 보인다. 수컷에게는 새빨간 볏이 달려 있다. 흰부리딱따구리다! 하지만 나는 생각한다. '불가능해! 아마 내가 야외 도감 내용을 잘못 기억하고 있을 수도 있어.' 아니다. 내 눈을 믿어야 한다. 흰부리딱따구리가 마지막으로 목격된 것은 1944년 루이지애나 주의 싱어트랙에서였다. 환상 속에서 나는 그렇다는 것을 안다. 또 2004년 미국 아칸소 주의 빅우즈 습지에서 목격된 사례는 착각이었다는 것도 기억한다. 흰부리딱따구리와 아주 흡사한 도가머리딱따구리였다. 그리고 더 뒤에 한 조류 관찰자 무리가 플로리다 주 촉타워치 강 연안의 범람원 숲에서 흰부리딱따구리 집단의 서식 흔적을 찾아냈다고 알렸지만, 검증이 안 되었다는 사실도 떠올린다. 어쨌든 아직까지는 그렇다.

몽상에서 현실로 돌아오기 위해, 나는 그 조류 관찰자들이 흰부리딱따구리의 흔적을 보았다고 보고한 지 몇 년 뒤에 촉타워치 강으로 갔다. 감동적인 여행이었다. 흰부리딱따구리가 없었어도 말이다. 촉타워치 강은 그 지역의 전형적인 연안 강이다. 강어귀에는 울창한 아열대 범람원 숲이 있고, 어디에나 생명이 우글거린다. 가까이 다가가자 붉은귀거북 같은 몇몇 거북들이 떨어진 나뭇가지들 사이로 미끄러지면서 사라졌다. 멀리 상류 쪽에서 악어들이 물로 첨벙 뛰어든다. 커다란 녀석들도 가끔 보였다.

나는 흰부리딱따구리를 볼 수 있지 않을까 하는 막연한 희망을 홀로 품고 있었다. 내 동료이자 초대자인 매리언 클리프턴 데이비스(Marion Clifton Davis, 1944~2015년)는 지극히 회의적이었다. 멕시코 만 연안의 넓은 토지를 소유한 지주이자 환경 보전주의자인 그는 이 지역을 속속들이 잘 알고 있었다. "내가 흰부리딱따구리에 관해 확실히 알고 싶다면 강을 따라 죽 올라가면서 이 지역에 빌붙어 사는 생쥐 같은 친구들에게 물어볼 겁니다. 흰부리딱따구리가 있다는 증거를 가져오면 상당한 보상을 하겠다고 하는 거죠. 새 사체를 들고 오라는 말은 아닙니다."

어느 날 데이비스가 새로 수리한 헛간에서 한 무리의 자연사 학자들과 아침을 먹으면서 조사에 나설 준비를 하고 있을 때, 촉타워치 범람원에 흰부리딱따구리가 있을 가능성이 있을까 하는 이야기가 화제로 올랐다. 전반적으로 회의적이었다. 누구든 잘 속아 넘어가는 사람처럼 보이고 싶지는 않을 테니까. 그때 누구인가가 새소리를 녹음한 테이프를 틀어 주고 싶다고 했다. "핏핏, 핏핏." 하는 소리가 들렸다. 그 자리에 있던 경험 많은 조류 관찰자가 나직하게 말했다. "흰부리딱따구리 소리네요." 그럴 수도 있었지만, 나는 현실주의자다. 나는 그 테이프가 60년 전에 싱어트랙에서 녹음된 것이 아닐까 추측한다. 아메리카흰두루미와 캘리포니아콘도르와 더불어 미국에서 가장 장관을 이루는 새 중 하나인 흰부리딱따구리는 의지하던 측백나무를 비롯한 커다란 나무들이 벌목됨에 따라 멸종으로 내몰렸다. 싱어트랙은 마지막 남은 피신처였고, 그곳까지 벌목되자 흰부리딱따구리는 사라졌다.

이제 그 몽상으로 되돌아가서, 자신이 이 역사적 발견을 하면 처음에 무엇을 말할지 상상해 보라. 당신은 이런저런 것들을 알고 있다. 당신이 흰부리딱따구리가 이미 드물어진 상태이지만 그래도 이따금 보이던 100년 전에 미국 남부에 살고 있다고 하자. 당신은 한번도 본 적이 없던 그 새를 보는 순간, 당시 흔히 쓰이던 말로 반응했을 것이다. "세상에(Lord God), 저게 뭐지?" 나처럼 (코스타리카에서) 약 3미터 떨어진 곳에서 갑자기 커다란 딱따구리 한 쌍이 내 눈높이에 해당하는 곳으로 내려앉는 바람에 놀란 경험이 있는 사람이라면, 이 흥분을 이해할 것이다.

그래서 그 옛날 흰부리딱따구리는 으레 '세상에, 저게 뭐지?' 새라고 불렸다.

이 이야기를 하는 이유는 촉타워치를 가 보라는 뜻이 아니라, 자연사 학자의 열정을 전달하는 데 도움이 되었으면 하는 마음 때문이다. 우리 각자는 대개 적어도 한 종을 발견한다. 학계에 새로운 종이든, 망각에서 꺼낸 종이든, 또는 그저 희귀한 종을 뜻밖에 발견하는 것이든 간에 말이다. 바로 그럴 때를 '세상에, 저게 뭐지?' 순간이라고 불러도 될 것이다. 야외에서는 언제든 어디에서든 그런 순간이 닥칠 수 있다. 자신의 전문 분야에 따라서, 자신의 앞에 나타난 생물은 '세상에, 저게 뭐지?' 도롱뇽이나 '세상에, 저게 뭐지?' 나비, '세상에, 저게 뭐지?' 거미, 심지어 생물 다양성의 드넓은 배열을 끝까지 죽 따라간 곳에 있는 '세상에, 저게 뭐지?' 바이러스일 수도 있다. 현재 살아 있는 모든 종은 우리에게 소중하다. 자연사 학자들은 '세상에, 저게 뭐지?' 순간을 위해 산다. 우리는 앞으로 올 모든 세대들이 그 경험을 할 수 있게 하고 싶다.

C.B.Ford.   W.West imp.

1.Thamnocenchris aurifer
2.Hyla holochlora.

「검은눈나무개구리(*Agalychnis moreletii*)를 잡은 중앙아메리카의
노란점살무사(*Thamnocentris* [*Bothriechis*] *aurifer*)」,《런던 동물학 회보》(1848~1860년).

12
알려지지 않은
생명의 그물

생물 다양성을 구하려면 종들이 어떻게 상호 작용해 생태계를 형성하는지를 이해할 필요가 있다는 것을 과학자와 일반 대중 모두 확실히 알아야 한다. 하지만 생태계 연구가 여전히 덜 발달했기에, 그 상호 작용에 관한 우리의 지식은 너무나 부족하다. 가장 단순한 보전 문제를 해결할 수 있는 답조차 거의 제시하지 못하는 상황이다.

야외 조사와 이론 양쪽으로 생태계를 연구한 경험이 많은 과학자로서, 나는 생태학의 이 중요한 분야가 계속 미흡하고 허약한 상태로 남아 있다는 것을 좀 상세히 되짚어 줄 의무를 느낀다. 기존 생태계 연구는 종들이 어떻게 상호 작용하는지를 설명하는 일에 특히 더 미흡하다. 물론 정교한 수학 모형들이 나와 있기는 하다. 하지만 모형은 자료가 거의 없을 때 구축하기가 더 쉽다. 너무나 쉽다.

오해하지 말기를. 생태 연구는 모든 수준에서 필요하며, 매력적이기도 하다. 수학적 배경이 탄탄한 젊은 연구자들에게 생태 연구는 밝은 미래를, 심지어 "알았다!" 하고 외치는 순간까지 제공한다. 그렇기는 해도 현대의 순수한 과학 연구 분야치고는 경제학보다 못하다. 이 변두리 과학에 걸맞게, 생태계를 이루는 종들의 정체와 자연사에 관한 데이터베이스도 부족하다. 경제학에 개별 행위자의 타고난 행동과 학습된 행동에 관한 데이터베이스가 부족한 것과 별 다를 바 없다. 게다가 실제 참가자들의 행동을 묶으면, 달아나는 뱀장어처럼 이리저리 구부러지고 뒤틀리는 비선형성이 흔하게 나타난다. 전반적으로 이론가들은 현실 세계의 거의 끝없는 복잡성을 이해할 수가 없었다. 단 두세 참가자가 아니라 대개 막연할 만치 많은 수의 참가자, 즉 종이나 인간이 관여하는 상황에서는 더욱 그렇다.

생태학자들은 몇몇 사례에서는 데이터베이스를 이용해 환경 변화의 원인들을 밝혀 줄 일부 상관 관계를 찾아낼 수 있다. 지구 온난화로 침엽수림에 나무좀이 늘어나고, 이어서 숲 불이 더 잦아진다는 일반 원리가 그중 하나다. 북부 온대와 한대 생태계에서 보이듯이, 생태계에 속한 종의 수가 감소할 때 각 종의 생태적 지위는 평균적으로 확장된다는 것도 그렇다. 평균적으로 개별 종이 차지하는 서식지의 수는 더 늘어난다. 또 더 다양한 먹이를 소비한다. 전 세계적으로 북쪽으로 갈수록 지의류, 침엽수, 진드기의 다양성은 커지는 반면, 난초, 나비, 파충류의 다양성은 줄어드는 것도 지구 전체에서 나타나는 경향성이다. 하지만 대체로 생물 다양성에 변화를 일으키는 핵심 환경 요인들은 아주 작고 비교적 단순한 생물 다양성을 지닌 생태계를 연구해 파악한 것들이었다.

다른 모든 과학 분야들처럼 생태학도 밑에서부터 터득하는 쪽이 가장 좋은 주제들로 구성되어 있다. 먼저 특정한 현상을 발견하거나 그런 현상이 있을 것이라고 추론한 다음, 수중에 넣은 자료를 관련이 있어 보이는 이런저런 설명들에 끼워 맞추면서 원인과 결과를 해석한다. 기존 설명에 상식이나 영감을 적용해, 가능한 연구(가설)를 고안한다. 이때 서로 경쟁하는 여러 설명을 제시하는 편이 더 낫다. 그런 가설을 지침으로 삼아서 더 많은 자료를 모으고, 세부적인 각각의 현상이나 패턴을 드러내도록 이론을 개선한다. 그렇게 하고도 여전히 전체를 설명할 수 없다고 해도, 적어도 새로운 연구 분야를 열 수는 있다.

따라서 과학적 연구는 직선적으로 이루어지는 일이 거

의 없다. 꼭대기까지 곧바로 성큼 도약하는 일은 거의 일어나지 않는다. 비스듬하게, 좌우로 빗겨 가면서, 재정립하고, 꼬이고, 내용을 늘리고, 대기하고, 주위를 돌아보고, 부분들을 더 정확히 기술하고, 인과 관계를 더 확고히 기술하면서 나아간다. 그러다 보면 동굴 벽에 난 틈새에서처럼, 우리를 인도할 빛줄기가 하나 뚫고 들어온다.

성공한 과학은 거의 모두 이런 식으로 이루어진다. 그리고 생태학에서는 그런 일이 충분히 이루어지지 않고 있다는 점도 명백하다. 생태계의 구조와 기능 연구를 발전시키는 데 필요한 자료가 대다수의 사례에서는 존재하지 않는다. 만나는 생태학자마다 붙들고 물어보라. 에너지와 물질을 순환시키는 엔진을 세밀하게 조정해 가동시키는 곤충, 선충, 기타 작은 동물들의 정체조차 거의 알지 못하는데, 숲이나 강의 지속 가능성에 관한 심오한 원리들을 어떻게 이해할 수 있을까? 바다는 어떨까? 바다에 바이러스 포식자인 박테리오파지가 엄청나게 많다는 사실을 어떻게 이해해야 할까? 그 사실은 2013년에야 처음으로 알려졌다. 그리고 콜로이드를 먹어 치우는 바다의 '암흑 물질' 중 핵심을 차지할 수도 있는 극도로 작은 생물인 피코동물(Picozoa)도 2013년에야 처음으로 해부학적으로 기재되면서 새로운 문으로 자리매김했다는 점을 생각해 보라. 해양 생태계를 이해했다고 어떻게 믿을 수 있겠는가?

생태학이 과학으로서 미흡하다는 이 사실을 다른 식으로 표현해 보겠다. 모든 과학 분야는 자연사 단계를 거친 뒤에야 성숙한 이론을 닮은 무엇인가로 종합될 수 있다. 생태학의 대다수 영역에서는 생물 다양성을 이루는 종들의 정체와 생물학이 과학적 자연사 단계인데, 바로 그 연구가 미흡하다. 지구에 있는 종의 적어도 3분의 2는 알려지지도 이름도 붙지 않았고, 나머지 3분의 1만이 알려진 상태다. 그리고 집중적인 생물학 연구의 대상이 된 종은 1,000종에 한 종꼴도 안 된다. 생리학과 의학이 인체의 조직과 기관에 관한 탄탄한 지식 없이는 발전할 수 없었던(게다가 제대로 가르칠 수조차 없었던) 것과 마찬가지로, 진지한 생태계 분석도 한 생태계를 이루는 종들에 관한 탄탄한 지식이 없다면 발전할 수 없으리라고 보아야 한다.

인류세 철학을 옹호하는 저자들과 대변자들은 생태계에 초점을 맞추며, 종 수준의 생물 다양성이 지닌 의미와 특성은 아예 배우지 않는 모양이다. 종 수준에서 생물학을 연구하는 이들은 뇌의 세세한 부분을 연구하는 신경 생물학자에 해당하는 반면, 종을 생태계를 채우는 교체 가능한 부품이라고 보는 인류세 열광자들은 머리뼈 모양을 통해 마음을 연구하겠다고 주장하는 19세기의 골상학자와 별 다를 바

없다.

따라서 생태학에 당장 필요한 것은 주로 종 수준에서의 생물 다양성 연구다. 그리고 언제나 그렇듯이, 생물 다양성 탐사는 분류학에서 시작한다. 분류학자들은 종을 발견하고, 해부 구조, DNA, 행동, 서식지, 기타 생물학적 형질들의 차이를 통해 종을 분류하는 법을 배운다. 이 모든 정보는 실질적인 가치를 지닌다. 아직 알려지지 않은 곳에서 온 새로운 종류의 초파리가 미국 서부 알팔파 경작지를 위협한다고 하자. 이 침입자의 정체와 이름은 무엇일까? 이들은 어디에서 왔을까? 이 초파리는 자신의 고향에서 어떤 천적과 기생 생물에 시달릴까? 이 초파리에 관해 알아낸 생물학 지식 중에서 방역 조치를 하는 데 도움이 될 만한 것으로는 또 무엇이 있을까? 그런 시급한 상황이 도래하기를 기다렸다가 필요한 연구를 밑바닥부터 시작한다는 것은 현명하지 못하다. 세계 각지에서 그런 침입 종의 수가 기하 급수적으로 늘어나고 있다는 점을 명심하자. 밀려드는 침입 종 중에는 심각한 피해를 줄 가능성이 있는 것들도 소수 있다. 질병을 일으키는 미생물도 일부 있다. 또 사람 사이에, 또는 가축 사이에 병원성 미생물을 옮길 곤충 등의 생물도 일부 있다.

보전 분야에서 점점 시급해지고 있는 두 번째 유형의

문제를 생각해 보자. 2014년, 기름야자 산업을 담당하는 공무원들은 보르네오 섬의 우림 절반을 없애서 기름야자 밭으로 바꾸고, 나머지 절반만 보전 구역으로 남기자고 주장했다. 이 대규모 파괴가 보르네오 섬의 생물 다양성에 어떤 영향을 미칠까? 쪼그라든 보전 구역에서 섬의 모든 종들이 살아남을 수 있을까? 아니면 80퍼센트, 혹은 50퍼센트? 그리고 우림을 없애는 과정에서 전 세계의 다른 곳에서는 찾을 수 없는 종들이 얼마나 많이 사슬톱에 쓰러질까? 자연 환경을 경작지로 전환한 이전의 사례들을 볼 때, 사라지는 종은 절반 이하일 것이다. 그래도 10~20퍼센트일 것이고, 파괴된 절반 지역에서만 살던 종들 중 상당수는 과학계에 알려지기도 전에 영구히 사라지거나 일찍 멸종할 운명에 처한다.

또 다른 문제는 야생이란 더는 없으며, 지구는 이미 중고품 행성이고, 자유로운 자연은 죽었거나 죽어 가고 있다는 인류세 열광자들의 주장이다. 그들은 인류가 더 전면적으로 경관에 끼어듦으로써, 사람과 야생종이 서로 공생을 통해 혜택을 보는 것과 같은 식으로 뒤섞이는 날이 올 것이라고 말한다. 그렇다면 얼마나 많은 종이, 얼마나 많은 자연이 살아남을까? 인류세 지지자들은 아무 생각도 없다. 자격을 갖춘 과학자들은 답을 알아내려 애쓰고 있다.

나는 전체를 구한다는 실질적인 목표를 갖고 종을 생물 다양성 계층 구조(생태계, 종, 유전자)의 단위로 여기며 연구할 수 있고, 그래야 한다고 역설해 왔다. 그런 연구를 하려면 무엇이 필요할까? 각 종의 역사는 하나의 서사시라고 볼 수 있다. 한 과학자는 한 종의 생물학을 연구하면서 평생을 보낼 수도 있다. 과학자 100명이 그 종의 연구에 몰두한다고 해도, 우리의 지식은 여전히 불완전할 것이다. 생태적 지위도 있다. 그 종이 다른 종들(먹이, 포식자, 몸 안팎의 공생체, 토양 가공자, 식생)과 긴밀하게 상호 작용하면서 살아가는 공간이다. 그 속에서 우리는 그 어떤 종도 홀로 살아가지 않는다는 것을 알 수 있다. 한 종이 죽어 나가도록 방치할 때 우리는 그 종이 살면서 유지하던 관계의 그물을 지우는 것이며, 그리하여 어떤 결과가 빚어질지 과학자들은 거의 이해하지 못하고 있다. 야생을 대체하는 우리 행동은 무지할 뿐 아니라, 영구적인 파괴를 일으킨다. 우리는 많은 실을 끊어 내고 있고, 그런 행동이 생태계에 어떤 변화를 일으킬지 아직도 예측하지 못한다. 선구적인 환경 보호론자인 배리 커머너(Barry Commoner, 1917~2012년)는 그 점을 간파하고서, "우리는 한 가지만 할 수는 없다."라는 것을 생태학의 제2법칙으로 삼았다.

생태계의 주된 결속 매듭은 먹이 그물이다. 생태학 개

론 과목에서 가르치듯이 곤충은 식물을 먹고, 새는 곤충을 먹고, 식물은 새에게 씨와 씨가 든 열매를 먹이고, 새는 배설물을 통해 씨를 퍼뜨림으로써 식물의 번식을 촉진한다. 이렇게 단순한 포식자-먹이 및 공생 관계를 지닌 몇 종으로 이루어진 작은 생태계에서는 개체군 주기, 분산, 종의 지속 가능성을 예측하는 수학 모형을 구축하는 것이 가능하다. 하지만 그 모형이 참일까?

예측 오차 범위를 아주 넓게 잡을 때 외에는 참으로 입증될 가능성이 아주 낮다. 생태학자들은 그런 단순한 그물이 자연에 드물다는 것을 잘 알고 있다. 앞서 강조한 이유들 때문이다. 과학적 자연사라는 형태로 탐구할 때, 현실 세계는 인간의 일상적인 경험과 동떨어진, 대개 놀라우면서 때로 기이하기까지 한 종들의 관계를 드러낸다. 다음 사례들을 보면 고개를 끄덕이게 될 것이다.

흡혈귀 사냥꾼 | 알려진 전 세계의 깡충거미 5,000종은 대개 다리가 짧고 통통하고 털이 많다. 이들은 그물을 만드는 대신에, 바닥과 식생 위를 돌아다니면서 커다란 눈으로 먹이를 찾는다. 먹이를 찾아내면 고양이처럼 슬그머니 다가가서 덮친다. 가장 작은 것이 집고양이만 하다면, 가장 큰 것은 사자만 할 만큼 이 거미들은 크기가 제각각이다.

뒤뜰에서 느긋하게 신문을 읽고 있을 때, 작고 통통한 거미 한 마리가 신문에 올라와서 짧게 갈지자 형태로 돌아다니기 시작한다면 깡충거미가 거의 확실하다. 이들은 서로 다른 먹이를 사냥하는 쪽으로 분화해 있다. 개미를 선호하는 종류도 있고 다른 종의 거미를 사냥하는 종류도 있다. 동아프리카의 모기잡이깡충거미(*Evarcha culicivora*)는 모기를 선호한다. 아무 모기나 먹는 것이 아니라, 사람이나 다른 척추동물의 피를 막 빤 흡혈귀 같은 암컷을 좋아한다. 흡혈깡충거미는 집 주변에 특히 많으며, 나름의 방식으로 말라리아 억제에 기여한다. (쿨리키보라는 '모기를 잡아먹는 자'라는 뜻이다.)

좀비 주인 | 독특하게 진화한 형질의 두 번째 사례로, 기생 생물의 창의성을 생각해 보자. 유럽회색가지나방의 애벌레는 낮에는 나무껍질 속에 몸을 숨김으로써 새를 비롯한 포식자들을 피한다. 어둠이 깔리면 애벌레는 수관으로 기어올라 나뭇잎으로 저녁 식사를 한다. 하지만 바이러스(특히 핵다각체병바이러스)에 감염되면 낮 시간 행동이 뒤집힌다. 이 바이러스는 때로 회색가지나방 집단 전체로 퍼져서 치명적인 피해를 주기도 한다. 이 바이러스는 애벌레의 뇌에 변화를 일으킨다. 그러면 애벌레는 낮에 나무 꼭대기로 기어오른다. 그곳에서 몸이 녹아내리고 바이러스들이 구름

처럼 퍼지면서 다른 애벌레에 감염한다. 비가 내릴 때 더욱 그렇다. 동충하초 균도 비슷하게 좀비 만들기 전략을 쓴다. 개미는 식생 위를 돌아다니다가 동충하초 균에 감염된다. 감염된 개미는 마지막 숨이 다할 때 턱으로 잎맥을 꽉 문다. 사체를 한 자리에 고정시키기 위한 행동이다. 그러면 몸에서 균이 밖으로 자라 나와 포자를 공중에 퍼뜨린다. 포자는 떨어져서 다른 개미들의 몸에 들어간다.

사기꾼 | 종의 진화는 속임수까지 포함할 정도로 정밀하게 일어나기도 한다. 자연 세계에는 자신의 한살이를 완결 짓기 위해 거짓 단서를 방출하는 동식물들이 많다. 미국 남서부에 사는 가뢰 한 종인 멜로에 프란키스카누스(*Meloe franciscanus*)는 가장 정교한 전략을 쓰는 편에 속한다. 일련의 교묘한 속임수를 써서 같은 서식지에 사는 단독 생활을 하는 흔한 벌 하브로포다 팔리다(*Habropoda pallida*)의 자원을 훔친다. 이 가뢰 암컷은 벌이 꽃가루와 꿀을 모으기 위해 으레 찾는 식물의 밑동에 알을 낳는다. 부화한 유충은 식물을 기어올라서 서로 뭉쳐서 작은 공 모양을 만든다. 그런 다음, 이 어린 사기꾼들은 벌 암컷이 자기 종의 수컷을 유혹할 때 쓰는 냄새 물질을 분비한다. 벌 수컷이 속아서 오면 가뢰 유충들은 벌의 등에 올라탄다. 수벌이 자기 종의 진짜

암컷을 만나 짝짓기를 할 때, 가뢰 유충들은 암벌의 등으로 옮겨 탄다. 암벌이 자기 집으로 돌아가면, 유충들은 내려와서 암벌이 모아 둔 꽃가루와 꿀을 먹어 치운다. 물론 암컷이 낳은 알도 예외가 아니다.

난초는 식물계에서 사기의 대가다. 그들의 속임수만 다룬 백과사전을 쓸 수 있을 정도다. 난초는 1만 7000종이 넘으며 모든 꽃식물 과 중에서 가장 규모가 크다. 난초는 아주 다양한 속임수를 써서 자기 종의 다른 개체로 곤충이 꽃가루를 옮기게끔 한다. 예를 들어 어떤 종은 꽃이 특정한 말벌 종의 암컷처럼 생겼다. 수벌이 날아와서 짝짓기를 시도할 때, 난초의 끈끈한 꽃가루 덩어리가 수벌의 몸에 들러붙는다. 한편 암벌의 냄새를 풍겨서 수벌을 꾀는 난초 종도 있다. 적어도 한 종은 화난 벌의 냄새를 풍긴다. 그러면 그 벌을 잡아먹는 말벌이 모여든다. 벌 흉내를 내는 난초의 꽃가루 덩어리는 말벌의 몸에 달라붙고, 말벌은 자기 종의 짝을 찾거나 먹이를 찾으러 돌아다니다가 그 꽃가루를 다른 난초에 옮긴다.

노예 생산자 | 사회성 곤충은 여러 기묘한 극단적인 적응 양상을 보여 준다. 북반구 온대 지역에서는 수백만 년 동안 이어진 개미 노예제 속에서 정교한 기만의 드라마가

펼쳐진다. 다른 종의 개미집을 습격해 방어하는 성체들을 내쫓고 번데기 단계의 무력한 새끼들을 납치하는 개미 종은 많다. 습격자들은 (번데기에서 부화한) 그 포로들을 노예로 키워서 자기 노동력을 보충한다. 옛 스파르타 전사들처럼, 일상적인 일들을 전적으로 노예 노동력에 맡기는 극단적인 사례도 있다. 이 기만은 개미의 한 가지 보편적인 형질에 토대를 둔다. 일개미가 번데기에서 부화해 성체가 될 때, 처음 며칠에 걸쳐 자기 군체의 냄새가 몸에 밴다. 그때부터 죽을 때까지 포로들은 노예 생산자를 억압자가 아니라 자신의 자매로 인식한다.

노예 생산자는 사나운 전사들이다. 초승달 모양의 강한 턱으로 표적으로 삼은 군체의 방어자들을 죽이거나 불구로 만드는 종도 있다. 내가 연구한 한 종은 '선전' 물질을 이용해 동일한 결과를 얻는다. 습격자들은 공격할 때 방어자에게 경보 신호 역할을 하는 화학 물질을 대량으로 분비한다. 포위된 일개미들은 공황 상태에 빠진다. 갑자기 사방에서 요란하게 화재 경보가 울리면 사람들이 당황해 우왕좌왕하는 것과 마찬가지다. 공격자들은 그 물질에 당황하지 않는다. 오히려 자기 페로몬의 그 냄새에 끌린다.

노예 생산자를 포로의 노동력이 없는 상태에서 지내게 하면 어떻게 될까? 실제로 어떻게 될지 알아보기 위해, 어느 날 나는 연구실에서 키우던 노예 생산자 군체에서 노예를 모두 제거했다. 한번도 홀로 있어 본 적이 없던 그 전사들은 앞서 노예가 했던 일들을 스스로 하려고 시도했다. 하지만 그들은 일을 잘 못했다. 유충을 집고 고치를 꺼내고 하는 등 새끼를 돌보는 일도 엉망진창이었다. 짧은 거리를 운반하는 일조차 제대로 못해서 유충을 엉뚱한 곳에 떨구고는 했다. 입구에 먹이 부스러기를 떨구어 보았더니, 그것을 집으로 들여가는 일조차 못했다.

많은 생태계에서 노예 생산자들이 사라진다면, 그곳에 사는 다양한 종들은 어떻게 될까? 또 기생 생물이 사라진다면?

거인 살해자 | 자연사 학자들은 여태껏 알려지지 않았던 종을 처음 연구할 때면 놀라고는 한다. 예를 들어, 동물 사이의 포식이라는 보편적인 현상을 생각할 때, 자연사 학자들은 으레 포식자와 먹이의 크기가 거의 비슷하거나 포식자가 훨씬 더 크다고 가정하는 경향이 있다. 하지만 예외가 있다. 새는 곤충을 쪼아 먹는다. 늑대 무리는 깊이 쌓인 눈밭에서 말코손바닥사슴을 덮치고, 위풍당당한 사자는 이따금 코끼리도 쓰러뜨릴 수 있다. 그렇기는 해도 포식자와 먹이의 몸무게 차이는 대개 10배 이내다. 그런데 개미에게서

는 수많은 예외 사례들이 발견된다. 남아메리카의 아즈테카개미(*Azteca andreae*)만큼 극적인 드라마를 펼치는 종은 또 없다. 이들은 남아메리카 우림에 자라는 활엽수인 케크로피아 옵투사(*Cecropia obtusa*)에 산다. 이들은 케크로피아 나뭇잎 뒷면의 가장자리를 따라 많으면 8,000마리까지 나란히 늘어선다. 그곳에서 턱을 쫙 벌리고 당장 행동할 태세를 갖춘 채 마냥 기다린다. 그러다 어떤 곤충이 그 잎에 내려앉으면 매복조가 사방에서 튀어나와 달려들어서 함께 그 곤충을 쓰러뜨린다. 이 말은 거의 어떤 크기의 곤충이라도 잡을 수 있다는 의미다. 한번은 이들이 잡은 먹이를 안전한 곳으로 꺼내어 측정했더니, 일개미 한 마리보다 몸무게가 1만 3350배 더 나갔다. 초기 인류가 매머드 사냥꾼이 된 것에 상응하는 이 놀라운 혁신은 자연에서 드물게 나타나는 듯하다.

너무나 특이한 이 종 상호 작용 사례들을 고른 데에는 나름의 목적이 있다. 물론 일차적으로는 독자의 주의를 끌기 위해서다. 곤충이 모두가 선호하는 동물은 아니다. 하지만 그들은 생태계 연구의 중요한 원리 중 하나를 보여 준다. 이 행성에서 물리적으로 가능한 범위 내에서 진화했을 만한 생태적 지위를 무엇이든 간에 상상해 보라. (예를 들어 시속 170킬로미터로 달리거나 철광석을 소화할 수 있는 동물은 없다.) 지구에 사는 수백만 종 중에서 아마도 적어도 어느 한 종은 당신이 고른 생태적 지위를 차지하고 있을 것이다. 이 원리를 종에서 생태계로 확장해 보자. 찰스 다윈(Charles Darwin, 1809~1882년)이 『종의 기원(On the Origin of Species)』에서 감탄하는 어조로 적은 대목만큼 이 원리를 잘 표현한 글은 찾기 어렵다.

온갖 종류의 많은 식물들로 뒤덮이고, 덤불에서는 새들이 노래하고, 온갖 곤충들이 날아다니고, 축축한 흙 속에서 벌레들이 기어 다니는 무성한 강둑을 찬찬히 살펴보면서, 이 정교하게 구축된 형태들, 서로 너무나 다르면서도 그토록 복잡한 방식으로 서로 의지하고 있는 생물들이 모두 우리 주변에서 작용하는 법칙의 산물이라는 점을 곰곰이 생각하면 흥미롭기 그지없다.

자연이 주로 식물과 몸집 큰 척추동물로 이루어진다고 생각하는 이들에게, 나는 땅 위를 기어 다니는 작은 것들로 시선을 돌리라고 말하련다. 소수의 종을 대상으로 한 수학 모형으로 생태계의 활동을 깊이 파악할 수 있다고 믿는 이들에게, 나는 여러분이 꿈속에 살고 있다고 말하련다. 훼손된 생태계가 스스로 치유되거나, 나름의 기능을 하는 외래

종이 사라진 토착종을 대체함으로써 별 탈 없이 회복될 수 있다고 믿는 이들에게는, 자연을 훼손하기 전에 다시 한번 생각하라고 말하고 싶다. 성공한 의학이 해부학과 생리학 지식에 토대를 두는 것처럼, 보전 과학도 분류학과 자연사 지식에 의존한다.

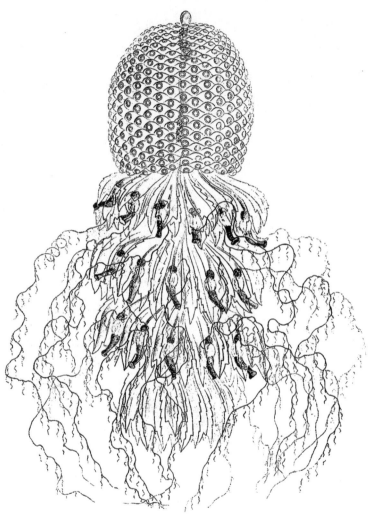

「관해파리인 포르스칼리아 톨로이데스(*Forskalia tholoides*)」,
에른스트 헤켈(Ernst Haeckel, 1834~1919년)이 1873~1876년에 그린 그림을 수정한 것.

13
전혀 다른
수생 세계

지구는 두 가지 서로 다른 생물 세계, 근본적으로 다른 양상을 띠는 두 생태계 집합으로 이루어져 있다. 양쪽은 생물 다양성의 기본 계층 구조, 즉 생태계에서 종을 거쳐 유전자에 이르는 구조가 동일하며, 멸종 위협에 처해 있다는 점도 같다. 하지만 나머지는 다 다르다.

설명을 위해 짧게 여행을 하자고 제안하겠다. 나와 함께 바닷가로 향하자. 육지와 하늘로부터 동떨어진, 마치 다른 행성인 양 보이는 환경을 내다보자. 생명 유지 장치 없이 잠수한다면, 당신은 10분도 채 안 되어 사망할 것이다. 사실 해저에는 인류가 자세히 관찰하기는커녕 거의 들른 적조차 없는 드넓은 세계가 펼쳐져 있다.

지금까지 해양 세계는 대부분 인류세의 사건들에 별 영향을 받지 않았지만, 21세기 초에 들어서 상황은 급변하고 있다. 인류는 가장 멀고 가장 깊은 대양까지 습격하고 있다. 수익을 뽑아낼 수 있을 만한 식량과 자원이 있는 곳들은 더욱 심하게 약탈되어 왔다. 우리의 생태 발자국은 점점 커지고 있다. 바닷물은 데워지고 산성화하고 있다. 산호초는 죽어 사라지고 있고, 아예 다이너마이트로 터뜨려서 파괴하는 곳도 있다. 공해에서는 으레 남획이 이루어진다. 저인망 어선은 해저를 마구 훑어서 헐벗은 진흙탕으로 만들며, 오염된 강의 삼각주 바닥 위에는 죽은 해역이 형성되어 확산되고 있다.

　　하지만 해양 생물 다양성은 대부분 존속하고 있다. 많은 종들은 개체군 크기가 줄어들고 지리적 분포 범위도 점점 축소되고 있지만, 완전한 멸종까지 내몰린 종은 거의 없다. 바다에는 아직 종들이 조합되어 건강한 생태계를 이루고 있는 곳들이 있다. 이제 설명하겠지만, 그중 대부분은 온전하며, 아직 탐사 초기인 곳도 있다.

　　해변에서 출발하자. 원한다면 썰물 때 파도가 부서지는 곳의 젖은 모래를 밟고 서서, 파도에 점점 발 주변과 발밑의 모래가 쓸려 내려가고 발 위에는 모래가 쌓이기 시작하는 광경을 지켜보라. 이제 생물을 생각해 보자. 언뜻 쇄파대는 물과 씻겨 간 모래로 이루어지는, 생명이 없는 곳처럼 보일 수 있다. 하지만 정반대다. 쇄파대는 이 서식지 특유의 수많은 무척추동물들이 사는 곳이다. 엄지손가락만 한 게가재사촌(sand flea)부터 맨눈으로는 거의 보이지 않는 대다수의 생물에 이르기까지 온갖 동물들이 산다.

서식지가 단순하다는 점을 생각할 때, 이 미소 동물상(meiofauna, '더 작은'이라는 뜻의 그리스 어 'meior'에서 유래했다.)은 구성 종 자체뿐 아니라, 그 종들이 대변하는 많은 상위 분류군들의 범위 측면에서도 기이하다. 육지 쪽으로 해안가 숲의 가장자리로 걸어가서 그 안의 동물 다양성을 꼼꼼하게 조사한다면, 다음의 일곱 문에 속한 동물들을 찾을 가능성이 높다. 척삭동물(조류, 포유류, 양서류), 절지동물(곤충, 거미, 진드기, 지네, 노래기, 갑각류), 연체동물(달팽이, 민달팽이), 환형동물(지렁이), 선형동물(선충), 완보동물(곰벌레), 윤형동물(윤충)이다. 쇄파대의 모래알 사이에서는 이보다 2배나 더 많은 문을 발견할 것이다. ("세상에, 저게 뭐지?"를 계속 중얼거리기 시작할 것이다.) 내항동물, 복모동물, 악구동물, 동문동물, 선형동물, 유형동물, 새예동물, 성구동물, 완보동물 등이다. 이들은 우리에게 더 친숙한 연체동물, 다모류, 윤형동물, 갑각류 사이에서 우글거린다. 미소 동물상의 한 가지 흔한 체형은 지렁이 형태다. 빽빽하게 들어찬 모래 알갱이 사이로 빠르게 움직일 수 있게 해 주는 체형이다. 그들은 먹기 위해, 먹히지 않기 위해, 짝짓기를 하고 번식하기 위해 미끄러지며 다닌다.

미소 동물상, 그리고 그들이 사는 전 세계 연안 생태계의 연구는 이제 초기 단계다. 그 종들이 상호 작용하는 다양한 방식은 아직 거의 연구가 안 되어 있다. 하지만 물리학적으로 지구에서 가장 역동적인 생태계에 속하는 이곳의 기이한 거주자들은 생물권에서 중요한 역할을 한다. 그리고 그들은 우리가 상상하는 것보다 수가 더 많다. 비록 미소 동물상은 폭이 1킬로미터에 불과한 띠 모양의 서식지 내에서 살지만, 지구 해안선의 총 길이는 57만 3000킬로미터다. 지구에서 달까지의 거리와 거의 정확히 같다. 평균 폭을 1킬로미터로 잡고 이 길이를 곱하면, 미소 동물상 세계의 총 면적은 독일의 면적과 거의 같다.

이미 친숙한 연안의 산호초를 지나치자. 산호초는 엄청나게 복잡한 구조와 생물 다양성을 지니고 있어서 바다의 우림이라고 불리고는 한다. 이제 먼바다로 나가서 수면의 더껑이를 채취해 보자. 이곳에서는 부표생물을 찾을 수 있다. 이곳은 전혀 다른 서식지이며, 많은 해양 생물학자에게도 낯설다. 공기와 바다가 만나는 곳에는 표면 장력으로 형성된 층이나 그 바로 밑에 사는 쪽으로 분화한 생물들이 있다. 비록 성기게 분포해 있지만, 그들은 바다 어디에나 있다. 주로 동물의 몸에서 나온 떠다니는 섬에 살아간다. 이 섬은 물고기나 바닷새의 사체부터 너무 작아서 맨눈으로는 거의 보이지 않는 조류와 점액 조각에 이르기까지 크기가 다양하다. 그 조각 하나하나에 생물 군집이 살아간다. 여기에는 다양한 세균 종들이 늘 포함되며, 아마 고세균도 있을 것이다. 고세균은 세균을 닮았지만, DNA를 보면 큰 차이가 있다. 먼바다의 진짜 섬에 새로 들어온 동식물처럼, 그들도 가용 양분을 모조리 먹어 치울 때까지 증식하면서 번성한다.

대양과 내해 전역에서 세균과 고세균은 수면의 잔해들에 들러붙고, 그 아래의 물에 떠다니거나 헤엄치기도 한다. 광합성으로 물질과 에너지를 스스로 얻는 것도 있다. 전체적으로 보면, 물이 아무리 수정처럼 맑아 보일지라도 그 속에는 생명이 우글거린다.

나는 곤충학이 전공이므로 해양 곤충에 특히 관심이 많다. 육지의 동물상을 지배하는 것은 수백만 종의 곤충들과 그들의 엄청난 생물량이므로, 해양 환경에는 곤충이 얼마나 많이 있을지도 상당한 관심거리다. '거의 없다.'가 바로 답이다. 거기에는 한 가지 흥미로운 과학적 수수께끼가 있다. 나는 섬을 연구하면서, 붉은맹그로브의 물에 잠긴 지주근에 사는 모충을 발견한 바 있다. 붉은맹그로브는 맹그로브 중 가장 바다로 멀리까지 나간, 전 세계에 널리 퍼진 종이다. 그렇기는 해도 이 서식지는 육지 가까이 있으며 산호 정원과 아주 멀리 떨어져 있고, 그 너머의 푸른 바다와는 더욱더 떨어져 있다. 수면을 제외하고 해양 세계에는 곤충이 전혀 없으며, 바다로 나아가는 별난 항해자는 극도로 드물다. 바다에서 살아 있는 곤충을 본 해양 생물학자는 거의 없다. 나도 보지 못했다. 린네와 다윈도 그런 곤충이 있는지 전혀 알지 못했다. 그나마 알려진 해양 곤충은 소금쟁이밖에 없다. '진정한 곤충(반시목의 곤충)'의 일원인 소금쟁이는 민물 하천, 연못과 호수에 흔하며, 물을 밀어내는 긴 다리로 수면 위를 돌아다닌다. 민물 소금쟁이는 모기 유충 같은 곤충을 잡아먹는다. 모기 유충은 수면이나 수면 가까이에 산다. 모든 해양 소금쟁이는 할로바테스 속(*Halobates*)이라는 단일 속에 속한다. 이 집단 중에서 먼바다에 사는 것은 지금까지 다섯 종만 발견되었다. 그들이 어떤 먹이를 사냥하는지도 알려져 있지 않다.

먼바다에 할로바테스 속 소금쟁이가 있다는 사실은 수수께끼를 더하기만 할 뿐이다. 곤충은 4억여 년 전에 육지와 연못을 비롯한 다양한 민물 서식지에서 진화하고 있었다. 그 시기에 곤충은 식물이 있는 곳 어디에서든 동물의 주류가 되었다. 급격히 진화하는 양상이 반복되는 동안 수백만 종이 진화하고 증식했다. 하지만 바다로 진출한 것은 할로바테스밖에 없었다. 내가 아는 한, 갑각류, 바다거미, 다모류 등 다른 무척추동물 종들이 차지한 수천 가지의 해양 생태적 지위 중에서 곤충은 협소한 한 자리조차 점유하고 있지 않다.

손꼽히는 고생물학자이자 곤충 생태학자인 콘래드 래번데이라(Conrad Labandeira)는 육상 곤충이 번성할 토대가 된 나무나 잎이 무성한 식생 같은 것이 바다에는 전혀 없어서 해양 곤충이 전혀 진화하지 않았다고 주장한 바 있다. 아마 그럴 것이다. 하지만 태평양 연안의 켈프(kelp) 숲처럼 얕은 바닷물에는 여러 층의 식생들이 무성하게 조성되어 있다. 그런데 곤충은 웬일인지 그런 서식지에도 진출하지 않았다. 대신 다른 무척추동물에 속한 포식자, 기생 생물, 청소 동물이 우글거린다.

바다의 또 다른 생명 세계, 심해 산란층에서는 전혀 다른 동물상이 다른 유형의 놀라움을 안겨 준다. 당신이 공해상의 어부로서 청새치, 다랑어 같은 대형 어류만을 찾아다니지 않는다면, 밤에 출항할 때 대단히 다양한 어류를 만날 것이다. 해가 질 때면 수심 약 270~360미터에서 조밀하게 모여 있던 어류들과 오징어, 갑각류가 위로 올라온다. 낮에는 어둠 속에 몸을 숨기기 위해 그곳에 모여 있다. 하지만 깊은 물로 내려간다고 해서 완전히 숨을 수 있는 것은 아니다. 더 깊은 곳에서 헤엄치고 있는 포식자들은 먼 위쪽의 햇빛을 배경으로 그들의 윤곽을 볼 수 있기 때문이다. 그래서 일부 종은 반대 조명을 이용하는 두 번째 방어 수단을 채택했다. 자기 조직이나 몸속의 공생 세균이 내는 빛인 생물 발광을 통해 배 부분을 밝게 만드는 것이다. 그 조명은 햇빛이나 달빛과 밝기가 거의 같아서, 아래에서 어슬렁거리는 포식자의 눈에 덜 띄게 된다.

생물학 법칙에 따라서, 심해 산란층의 포식자와 먹이 사이에 펼쳐지는 게임은 모두 진화적 군비 경쟁이다. 적어도 몇몇 심해 상어는 포식성 앨퉁이, 짧은꼬리오징어와 함께 게임을 한 단계 더 높은 차원으로 끌어올렸다. 그들도 접근할 때 먹이가 알아차리지 못하게 자체 발광 능력을 획득했다.

심해 산란층 자체의 발견 외에, 최근 해양 생물학이 심해 산란층에서 발견한 놀라운 것 중 하나는 그곳에 진짜 괴물이 산다는 사실이다. 메가마우스상어(megamouth shark)는 1976년에야 하와이 주 연안의 심해에서 처음 발견되었다. 2014년까지 잡혔거나 적어도 신뢰할 만한 목격담이 나온 개체는 50마리가 넘었다. 비록 메가마우스상어가 길이가 적어도 5.5미터에 몸무게가 500킬로그램 이상 나간다고 할지라도, 두려움을 일으킬 만큼 거대하지는 않다. 역설적으로 그 거대한 입에 난 이빨은 아주 작고, 어찌 되었든 물어뜯는 용도는 아니다. 이 상어는 입을 크게 벌려서 깔때기처럼 작은 갑각류를 비롯한 플랑크톤을 빨아들인다. 마찬가지로 무해한 쥐가오리, 고래상어, 돌묵상어, 수염고래가 먹이를 먹는 것과 같은 방법이다.

달빛이 없는 밤에 드넓은 바다를 가로지르는 배 밑에서 거인들이 여전히 눈에 띄지 않게 헤엄치고 있다면, 그들 사이에서 우글거리는 더 작은 생물들도 어떤 놀라운 점을 간직하고 있지 않을까? 과학자들도 바로 그 의문을 품고 있다. 그들은 가장 극단적이면서 가장 덜 알려진 생물을 찾기 위해 해양 미생물을 철저히 사냥하기 시작했다. 그중에는 알려진 생물 가운데 지구에서 가장 작은 생물로 드러난 것도 있다.

알프레트 에드문트 브렘, 「썩어 가는 나무에 사는 딱정벌레들」(1883~1884년).

14
보이지 않는
제국

금세기 초에 뉴욕 탐험가 클럽(Explorers Club)은 오른 적 없는 산봉우리가, 걸은 적 없는 극지방 빙원이, 만난 적 없는 아마존 부족이 점점 줄어드는 상황에 직면했다. 2009년에 그들은 탐험 범위에 생물 다양성을 추가하는 규정을 채택했다. 그 선택은 현명했다. 생물 다양성 탐사는 과학자들과 탐험가들에게 지구에 남아 있는 가장 위대한 육체적 모험을 제공한다.

주목할 점은 생물 다양성에 새롭게 초점이 맞추어지면서, 우리 몸에 있는 동식물상을 조사하는 일에도 관심이 쏟아지고 있다는 것이다. 미생물의 DNA 서열을 빠르게 분석하는 능력에 힘입어서 건강한 사람의 몸에 주로 세균으로 이루어진 균형 잡힌 일련의 생태계들이 있다는 것이 드러났다. 다른 생물에 사는 미생물처럼, 우리 몸에 사는 미생물들도 대부분 자신의 인간 숙주에게 우호적이다. 생물학자들이 '상리 공생체'라고 부르는 미생물들은 자신이 깃들어 사는 식물이나 동물로부터 혜택을 얻고, 보답으로 혜택을 제공한다.

사람의 입과 식도에는 그런 세균이 평균 500종 이상 산다. 잘 적응한 미생물 우림을 조성함으로써, 세균들은 입과 식도를 해로운 기생성 세균 종으로부터 보호한다. 이 공생이 파탄 나면 외래종의 침입이라는 대가를 치르게 된다. 치태, 충치, 잇몸 염증이 생긴다.

위창자길을 따라 더 내려가면, 다른 특화한 세균 군체들이 소화와 노폐물 처리에 중요한 역할을 맡는다. 우리 몸에 있는 사람 세포의 수는 평균적으로 적어도 수십조 개에 달한다. 여러 추정값을 토대로 계산한 결과 중에는 40조 개도 있다. 우리 미생물총(microbiome)을 이루는 세균의 평균 수는 적어도 그보다 10배는 많다. 그 점을 강조하기 위해, 미생물학자들은 생물을 몸속에 든 DNA의 수에 따라 분류한다면 인간이 세균으로 분류될 것이라고 농담을 하고는 한다.

미생물총 연구가 의학과 의료 분야에서 유망하게 여겨

진다고 해도 놀랄 필요는 없다. 연구자들은 위창자길에서 생기는 문제뿐 아니라 비만, 당뇨병, 감염 취약성, 심지어 일부 정신 질환까지 포함해 다양한 건강 문제에서 공생체가 어떤 역할을 하는지를 점점 더 밝혀내고 있다. 미생물총은 다양성을 갖추고 균형을 유지하는 데 필요한 종들로 이루어진 생태계들이 상호 연결된 전체다. 한마디로, 미래의 치료 중 상당수는 일종의 세균 정원을 가꾸는 일이 될 것이다.

사람이나 다른 동물의 몸속에서 자라는 정원은 몸 안팎의 어디에나 있는 복잡한 생태계의 전형적인 사례다. 전 세계 동식물 속에 사는 미생물총이 전부 몇 종류나 되는지 우리는 전혀 모른다. 하지만 엄청나리라는 것은 분명하다. 미생물학자들은 나무를 먹는 흰개미의 몸속 미생물총이 육식성 개미의 미생물총과 전혀 다르며, 개구리와 지렁이 같은 다양한 동물들의 것과는 더욱더 다르다는 사실을 알아냈다. 이런 생태계들을 포함하는 공생 미생물학이 과학의 흥분 가득한 최전선이 되었음은 분명하며, 앞으로 수십 년은 더 그럴 것이다.

과학으로서의 미생물학은 1600년대 말 안톤 판 레이우엔훅(Anton van Leeuwenhoek, 1632~1723년)이 세균을 볼 수 있을 만큼의 성능을 지닌 현미경을 발명하면서 시작되었다. 하지만 생물학자들이 세균처럼 생겼지만 세균과는 DNA가

근본적으로 다른 집단인 고세균이 있다는 사실을 처음 알아차린 것은 그로부터 거의 400년이 흐른 뒤였다. 미국의 칼 워스(Carl Woese, 1928~2012년)의 연구에 힘입어서였다. 그 발견으로 생명의 나무의 기본 배열과 생명의 초기 진화를 보는 기존 관점에 의구심이 제기되었다. 생명의 나무는 종들과 종 집단들의 혈연 관계를 보여 주는 분지도다. 따라서 어떤 생물이 다른 어떤 생물로부터 출현했는지 그 진화 경로를 추적할 수 있다. 수백만 년에 걸쳐 딸 종을 낳은 종이 있는 반면, 수천 년 사이에 딸 종을 낳은 소수의 종도 있고, 분화하지 않고 그대로 남아 있는 종도 있음을 보여 준다.

워스와 동료들의 연구 결과가 나오기 전까지는 생물을 다섯 계로 분류하는 것이 표준 방식이었다. 원핵생물계(세균과 고세균을 포함한다.)와 원생생물계(짚신벌레, 아메바 등 많은 단세포 생물들), 균계, 식물계, 동물계였다. 워스의 연구 이후에는 포괄적인 세 '역(domain)'이 설정되었다. 세포핵이 없는 미생물들로 이루어진 세균역, 세균과 구조가 비슷하며 마찬가지로 세포핵이 없는 미생물들로 이루어진, 새로 설정된 고세균역, 세포핵을 지닌 다른 모든 생명체들(원생생물, 균류, 동물, 조류, 식물)을 통합한 진핵생물역이다. DNA 비교로 드러난 사실은 진핵생물역이 대체로 몸집(우리가 다른 모든 것을 거의 다 배제한 채 주시하고 관심을 갖는 특성이다.)은 크지만, 수와 세계적인 분포 측면에서 보면 세균과 고세균이 세상을 지배하고 있다는 것이다. 그들은 생명의 기원 이래로 죽 세상을 지배해 왔다.

미생물은 광물을 만들고 쌓는다. 유기 화합물을 분해하고 분비하고, 식물의 생장에 영향을 미친다. 어디에나 있고, 유독성 폐기물을 정화하고, 햇빛의 에너지를 포획하고 모으며, 물과 탄소를 결합한다. 그들은 먹이 사슬의 토대를 지배한다. 요컨대 미생물학자 로베르토 콜터(Roberto Kolter)가 생물권을 요약한 말을 빌리자면, 우리 행성은 "보이지 않는 세계가 빚어 냈다."

미생물 세계의 유전적 다양성은 나머지 생물들의 것과 확연히 다르다. 서로 다른 세균 종 사이의 DNA 서열 차이에 비하면, 사람과 감자의 DNA 서열이 서로 더 비슷할 정도다. 생물학자들은 지구의 종 수가 얼마나 될지 알지 못한다. 수천만 종이 있을 수도 있고, 수억 종이 있을 수도 있다. 현재로서는 세균 종과 고세균 종의 정확한 정의조차 나와 있지 않다. 게다가 미생물 개체마다 온갖 방식으로 난교를 하기 때문에 상황은 훨씬 더 복잡해진다. 세균 세포는 유연 관계가 가깝든 멀든 가리지 않고, 다양한 방식으로 다른 세포에서 유전자를 얻는다. 환경에서 DNA 조각을 수거함으로써 그 첨단 기술을 수행한다. 레트로바이러스가 자신의 숙주이자 더 큰 생물의 세포로 DNA를 전달할 때 그 유전자 조각을 훔치기도 한다. 마지막으로 두 세포가 결합해 자기 DNA의 비슷한 조각들을 교환하는 놀라울 만치 복잡한 작업인 접합을 통해서도 유전자를 얻는다.

세균 다양성은 동식물의 다양성과 근본적으로 다른 양상을 띨 수도 있다. 많은 세균들은 1934년에 선구적인 생태학자 라우렌스 바스 베킹(Lourens Baas Becking, 1895~1963년)이 처음 제시한 원리를 이런저런 식으로 따른다. "만물은 어디에나 있지만, 환경이 선택을 한다." 즉 세균은 유전체나 그에 아주 가까운 형태로 거의 전 세계에 흩어져 있지만, 대개 휴면 상태다. 그들은 일종의 미생물 종자 은행을 형성하며, 그 은행에 보관된 종들은 각각 자신의 DNA 암호에 들어맞는 환경 변화가 일어날 때에만 증식을 시작한다. 잠자는 세포는 적절한 산성도, 적절한 양분, 적절한 온도가 갖추어질 때 깨어난다. 종자 은행들은 육지와 수역 전체에 존재한다. 아주 멀리 떨어져야만, 아마도 대륙 수준만큼 거리가 떨어져야만 동식물 종에게 나타나는 규모의 종 형성과 비슷한 유전적 차이가 출현하는 듯하다.

DNA 기술이 발전함에 따라, 새로운 세균들과 다른 미생물들을 발견하는 속도도 빨라지고 있다. 그저 눈에 보이지 않을 뿐인 것들도 있다. 풍부하면서 뻔히 드러나 있지만, 너무 작아서 기존의 광학 현미경으로 보이지 않는 것들이다. 그래서 이들은 미생물학계의 표준 선별 검사법에서 제외되기 쉽다.

지금까지 발견된 그런 생물 중 가장 중요한 것은 프로클로로코쿠스(*Prochlorococcus*) 세균일지 모른다. 1988년에야 처음 알려졌지만, 프로클로로코쿠스는 결코 드물지 않다. 사실 전 세계의 열대와 아열대 해역에서 가장 풍부한 생물이다. 이들은 수심 200미터의 깊은 물에도 살며, 바닷물 1밀리리터에 10만 마리가 넘게 들어 있다. 이 작은 세포는 광합성을 통해 햇빛의 에너지로 살아가기 때문에, 먼바다에서 남북위 40도 사이에 있는 모든 광합성 생물의 생물량 중 20~40퍼센트를 차지한다. 그리고 이들은 지역 순 1차 생산량의 절반까지도 차지하고는 한다. 적어도 따뜻한 바닷물에서는 보이지 않는 것이 보이는 것을 지탱한다.

하지만 프로클로로코쿠스와 두 번째로 많은 세균인 펠라기박테르(*Pelagibacter*)가 가장 풍부한 기존 생물이라면, 그들도 더욱 작은 바이러스의 먹이가 되지는 않을까? 앞서 전문가들은 그런 아주 작은 포식자들이 기껏해야 상대적으로 드물 것이라고 생각했다. 하지만 2013년 초현미경 연구라는 급속히 발전하는 분야에서 출현한 새로운 방법을 통해 바닷물 1리터에 평균 수십억 개의 바이러스가 들어 있다는 사실이 드러났다. 모두 박테리오파지('세균을 먹는 자'라는 뜻이다.)이며, 그중에 HTVC010P가 가장 풍부하다. 생물학자들은 바이러스가 진정한 생물인지를 놓고 견해가 갈린다. 숙주의 분자 기구가 있어야만 번식할 수 있기 때문이다. 하지만 HTVC010P가 생물로 분류된다면, 지구에 알려진 종 가운데 가장 풍부할 것이다.

그뿐만이 아니다. 햇빛을 포획하는 프로클로로코쿠스 세균과 그 박테리오파지 포식자가 알려진 바다의 물질 중 많은 부분을 차지하기는 하지만, 아직 알려지지 않은 청소 동물과 포식자로 이루어진 바다의 '암흑 물질'도 그에 못지않게 많을 가능성이 있다. 그들도 기존의 현미경을 통해서는 검출할 수 없다. 가장 큰 것조차 지름이 100만분의 1미터의 2~3배에 불과한, 대단히 다양한 피코빌리조류(picobiliphyte)는 적어도 그 역할을 일부 하는 듯하다. 2013년에 상세히 연구된 종 중 하나는 새로운 문으로 보아야 한다고 인정되어서, 연구자들은 피코동물이라는 이름을 붙였다. 극도로 작은 이 생물은 편모를 앞뒤로 채찍질해 씰룩거리면서 물속을 돌아다니며 콜로이드 조각을 먹는다. 잘 연구된 한 종은 미생물 중에서도 해부 구조가 독특하다. 타원형의 몸 절반은 섭식 기구가 차지하고, 나머지 세포 소기관들은 나머지 절반에 빽빽하게 들어가 있다.

바다로 더 깊숙이, 빛이 끝나는 지점에 있는 산란층을 지나 칠흑처럼 컴컴하고 수압이 강한 곳으로 들어간 과학자들은 어류, 무척추동물, 미생물로 이루어진 또 다른 세계를 발견했다. 이 세계의 종들은 자신이 진화한 특정한 수심에서 살고 번식하도록 분화해 있다.

그러다가 갑작스럽게 바닥이 모습을 드러낸다. 심해저라는, 시적이면서 음험한 분위기를 풍기는 이름이 붙어 있는 곳이다. 수 킬로미터 위쪽, 광합성에 쓰일 빛이 들어오는 곳에서 떨어져 내린 찌꺼기들이 곱게 쌓인 이 특징 없는 평원에는 생물이 거의 없을 것이라고 생각할지도 모르겠다. 틀린 생각이다. 심해저에는 생물이 우글거린다. 이곳은 1차 생산자가 식물과 광합성 세균이 아니라 청소 동물인 사냥터다. 이 생물들은 모든 사체, 모든 살과 뼈, 모든 찌끼와 소금 알갱이 크기의 입자를 먹어 치우고, 바로 위에서 헤엄쳐 돌아다니는 바이퍼피시(viper fish), 풍선장어 같은 사냥꾼들에게 먹힌다. 바닥에서 먹이를 찾는 이들 중에는 독특한 어류, 무척추동물, 세균 종들이 있다. 이들은 모두 위에서 떨어지는, 썩어 가는 먹이를 기다린다. 이들은 먼바다의 최종 청소 동물, 청소 동물의 포식자, 청소 동물의 포식자의 포식자다. 먹이가 극도로 적지만, 서식자들이 모두 경이로운 후각을 지니고 있기 때문에 이 생태계는 돌아간다.

이들은 비교적 정체된 물에서도 모든 먹이 조각들이 풍기는 극도로 희미한 냄새까지도 추적할 수 있다.

바다에 침몰한 나무배의 운명을 생각해 보라. 배가 바닥에 가라앉자마자 배좀벌레조개(배좀벌레조갯과) 유충이 표면에 달라붙는다. 이 '바다의 흰개미'는 목재를 구멍 내고 먹어 치우면서 자라난다. 배좀벌레조개는 겉모습은 지렁이를 닮았지만, 환형동물이 아니라 유전적으로 따개비와 가장 가까운 연체동물이다.

어찌어찌해서 바다까지 내려온 고기 조각의 운명은 시각화하기가 쉽다. 몇 분 지나지 않아서 심해 민태와 장어처럼 생긴 턱이 없는 먹장어가 고기 조각을 발견하고서 마구 먹어 치울 가능성이 높다. 이어서 청소 동물인 무척추동물들이 오고, 뒤질세라 세균도 따라오고, 곧 아무것도 남지 않게 된다. 최종 유기 산물은 얼음처럼 차갑고 정체된 물에서 확산되어 흩어진다.

남은 목재와 고기 찌꺼기들은 무척추동물과 세균의 표적이 된다. 그들 중에는 특수하게 분화한 청소 동물도 있다. 적어도 인간의 기준에서 '가장 기괴한' 생물을 선정한다면, 나는 오세닥스(Osedax) 벌레를 찍어 주련다. 이들은 해저에 가라앉은 고래 뼈에 함유된 지질을 먹는다. 먹이도 특이하지만, 먹는 방법도 도저히 믿기지가 않을 정도다. 사람의 손가락만 한 크기로 자라는 오세닥스 암컷은 입도 창자도 없다. 대신에 그들은 공생 세균이 담긴, 부풀어 오른 부위를 이용해 뼛속으로 침투한다. 이 미생물 동반자는 지질을 대사하며, 그 과정에서 생산된 물질과 에너지를 숙주와 공유한다. 그렇다면 오세닥스 수컷은 어떠할까? 더욱 기이하다. 수컷 성체는 구더기처럼 생겼고, 몸길이가 3분의 1밀리미터에 불과하다. 당신이 손에 쥔 펜으로 찍은 점만 하다. 수컷은 기생 생물이며, 이들은 암컷의 표피 밑에 100마리 이상이 무리를 지어 살면서 암컷의 난자에 든 노른자를 먹는다. 즉 장래 자신의 형제자매가 될 것들을 먹는다. 오세닥스가 차지한 생태적 지위가 찾기 힘든 것처럼 보일지 몰라도 실제로는 그렇지 않다. 지구의 해저에는 약 60만 개의 고래 뼈대가 가라앉아 있다고 추정되기 때문이다.

오세닥스라는 고래 뼈를 먹는 생물을 더 지켜보고 싶을지 모르겠지만, 여기서 멈추지 말자. 더욱 깊은 곳에도 생물이 있다. 바닥의 표면 밑, 즉 해저 표면 밑에서도 생명은 번성한다. 그곳의 해양 생물들에 상응하는 생물들도 있다. 육지의 토양과 암석 밑으로 깊숙이 들어간 곳에서 지구를 망토처럼 덮은 심층 생물권을 형성하는 생물들이 그렇다. 세균과 세균처럼 생긴 고세균이 대부분을 차지하므로, 그곳은 미생물이 주도하는 세계다. 적어도 해양의 몇몇 지역에서는 해저 표면 밑으로 500미터 들어간 곳에서 1세제 곱센티미터당 미생물 세포 수가 100만 개에 달하기도 한다. 전 세계에서 비슷한 수준으로 세포들이 밀집되어 살고 있음이 드러난다면, 해양 심층 생물권의 미생물이 지구 미생물 전체의 절반 이상을 차지한다는 의미가 된다. 지표면의 광합성 식물을 모두 합친 것에 맞먹는 수준의 생물량을 지닌 셈이다.

이 추정값이 대강이라도 들어맞는다면, 심층 생물권은 미생물 종과 그들이 조성한 생태계 양쪽으로 우리의 관점에 근본적인 변화를 일으킬 것이다. 해저와 그 아래 1미터 이내의 지하에 사는 미생물들과 성긴 무척추동물들은 물과 그 위에 있는 육지의 탄소 순환에도 참여한다. 그들은 태양 에너지로 만들어진 생물의 잔해에서 에너지를 얻는다. 하지만 더 깊은 심층 생물권에서는 이 연결이 약해지며, 다른 방식으로 뽑아낸 화학 에너지가 태양 에너지를 확연히 대체한다. 토양과 암석의 무기물에서 에너지를 추출하는 지구 화학적 과정이 그것이다. 그런 미생물이 발견된 가장 깊은 곳은 지하 2.8킬로미터에 있다. 남아프리카 공화국 요하네스버그 인근 음포넹 금광의 벽에서였다. 빛도 산소도 없이, 늘 섭씨 60도를 유지하는 그곳에서 데술포루디스 아우닥스비아토르(*Desulforudis audaxviator*)라는 종이 새로 발견되었다. 이들은 황산염을 환원시키고 주변의 무기 환경에서 탄소를 추출하고 질소를 고정하면서 살아간다. 더 깊이 들어갈수록 온도는 계속 증가한다. 우리가 아는 한 지금까지 그 깊이에서 발견된 종은 데술포루디스 아우닥스비아토르뿐이다. 그 서식지는 지구 생명의 안쪽 경계를 표시하는 듯하다.

더 복잡한 다세포 생명체는 어떨까? 이 글을 쓰는 현재, 심층 생물권의 아래쪽에서 미생물을 먹고 사는 선충 한 종이 발견되었다. 생물 다양성이 상당히 있음을 보여 주는 그런 무척추동물은 앞으로 더 발견될 가능성이 있다.

독자적인 생명 층이 존재한다는 사실을 염두에 두고서 아마겟돈과 세계의 종말을 상상해 보자. 스스로를 지구의 주인으로 임명한 우리 종이 실수로 지표면을 바짝 그을릴 정도로 태우거나, 거대한 소행성이 충돌해 지표면의 모든 생물을 전멸시킨다면, 생명은 심층 생물권에서 삶을 이어 갈 수 있을 것이다. 컴컴한 피신처에서 보호받고, 지열을 견디면서 암석에서 에너지와 물질을 추출하면서 태평하게 살아가는 그 미생물들과 무척추동물 포식자들은 아마 수억 년에 걸쳐 진화하면서 이윽고 지표면으로 올라와서 다양한 다세포 생물을 낳을 것이고, 다시금 인간 수준의 후생동물을 탄생시키는 힘든 일에 도전할 것이다. 우주의 거대한 순환을 통해 다시금 지구에 지적 생명체가 탄생할지도 모른다.

알프레트 에드문트 브렘,
「깍도요(*Gallinago gallinago*) 두 마리가 돌아다니는 유럽의 숲」(1883~1884년).

15
생물권
최고의 장소

도시나 인구 밀도가 높은 교외 지역에서 살아 온 많은 이들은 통째로 인류에게 넘어온 세계를 그리 어렵지 않게 상상할 수 있다. 극단적인 인류세 세계관은 자연을 원래 상태로 보호하기보다는 남은 자연을 인류에게 봉사하도록 재가공하는 것이 더 논리적이라고 보는 듯하다. 인류세 세계관 지지자들은 묻는다. 사라진 대의에 공간과 자원을 쏟아 부을 이유가 어디 있는가? 자연 세계는 이미 심하게 훼손된 상태다. 그 생물 다양성은 돌아올 수 없는 지점을 건넜다. 원시적인 서식지는 더는 존재하지 않는다는 식이다. 우리는 이 패배주의적 견해를 명확히 파악해야 한다. 존 스튜어트 밀(John Stuart Mill, 1806~1873년)이 담론의 본질을 이야기하면서 말했듯이, 논쟁의 장에 적이 아예 없을 때 교사와 학생 모두 잠이 드는 법이니까.

물론 자연사 학자와 집단 생물학자는 세계를 전혀 다른 방식으로 본다. 돌아오지 못할 지점이 존재하기는 하지만, 인류가 자기 종의 필요와 쾌락을 위해 지구 환경의 너무 많은 부분을 전용할 때에만 그 지점이 나타난다고 본다. 사람들로 가득 들어찬 지구는 생명의 장기 생존이 인류의 향후 지성과 지혜에 달려 있는 행성 우주선이나 다름없을 것이다. 그럴 때 다른 생물들만이 아니라 우리 자신의 장기 생존도 큰 위험에 처할 것이다.

보전 기관들 자체도 인류세 세계관에 면역이 되어 있지 않다. 국제 자연 보호 협회의 최근 연례 보고서에는 이 사고의 전환이 우려할 만치 담겨 있다. 국제 자연 보호 협회는 수백만 헥타르의 땅을 구입해 영구 보전 지역으로 설정하는 등 자연 보호 구역 확보에 앞장선 가장 탄복할 만한 비정부 기구 중 하나였다. 그 활동이 계속되리라는 점에는 의심의 여지가 없지만, 이 기관은 서서히 다른 관점을 채택하려 해 온 듯하다. '자연이 인간과 경제를 위해 무엇을 할 수 있는가?'라는 문제가 무대 중앙으로 옮겨 오는 사이에, 생물 다양성이라는 주제는 퇴색해 갔다. 한 예로, 2013년 연례 보고서의 표지는 이 우려스러운 추세를 상징적으로 보여 준다. 이 표지에는 몽골에서 웃음을 띤 채 말을 타고서 염소 떼를 몰고 있는 소년의 모습이 담긴 사진이 실려 있다. 소년 뒤로는 기하학적으로 편평한 초원이 지평선까지 펼쳐져 있다. 따라서 이 안에서 생물 다양성 전체는 네 생물 종으로 요약된다. 사람, 가축 두 종, 식물 한 종이다. 본문의 사진들도 거의 다 인물, 주거, 가축의 모습을 담고 있다. 첫째 사진에는 코끼리, 둘째 사진에는 펭귄, 셋째 사진에는 캐나다두루미, 넷째 사진에는 알래스카 훈제소에 널어놓은 연어 살이 찍혀 있다. 사람에게 유용하기 때문에 실린 것이 분명하다.

대조적으로, 노련한 자연사 학자와 보전 생물학자는 지구에 알려진 200만 종과 아직 발견되지 않은 600만 이상의 종에 초점을 맞춘다. 건강한 생물권이 경제에 좋다는 점은 분명하므로, 우리는 대중과 경영자들, 정치 지도자들이 생명 세계를 인류의 복지에도 필수적인, 독자적인 도덕 명령으로서 존중하기를 기대한다.

생물 다양성 연구에서 나온 명확한 교훈은 육지와 바다의 무수한 자연 생태계들에 있는 종 다양성이 위협을 받고 있다는 것이다. 그 데이터베이스를 가장 꼼꼼히 연구한 이들은 멸종 속도를 인류 이전 수준보다 1,000배 이상 끌어올린 인간 활동이, 금세기까지 살아남은 종들의 절반 이상을 멸종시키려 하거나 멸종 직전으로 내몰고 있다는 데 동의한다. 하지만 면적이 몇 제곱킬로미터에 불과한 곳부터 수천 제곱킬로미터가 넘는 진정한 원래의 야생이 보전된 지역에 이르기까지, 지구 생물 다양성을 보전한 많은 구역들이 아직 전 세계에 흩어져 있는 것도 사실이다. 자연 환경이 살아 있는 이 마지막으로 남은 영역들은 거의 다 얼마간 위협을 받고 있지만, 지금 살고 있는 이들이 그 지역들을 위해 행동할 의지를 지니고 있다면 미래 세대를 위해 그곳들을 구할 수 있다.

지구 전체의 보전 지역들을 확장해 하나로 연결하는 것이 중요하다는 점을 명확히 알리기 위해, 나는 세계의 노장 자연사 학자 18명에게 편지를 썼다. 모두 생물 다양성과 생태학 분야에서 전문성과 국제적인 경험을 쌓은 분들이다. 매우 독특하면서 가치 있는 식물, 동물, 미생물 종들이 모여 있는, 최고의 보전 지역이 어디라고 생각하는지 그들에게 말해 달라고 했다. 내용은 다음과 같다. 이곳에서는 조금 다듬었다.

자연사 학자들이 경험하고, 자연사 학자들에게 알려진 방식으로 현실 세계와 생물 다양성을 기술하는 것이 중요합니다. 그러함으로써 종 복원 열광자들, 자연은 죽었다는 패배

주의자들, 잡다한 인류세 이데올로그들이 상상하는 것을 논박하는 일도요. 세계 생물 다양성 보전은 그 다양성을 가장 잘 아는 이들이 판단하고 주도해야 합니다. 그뿐 아니라, 우리는 그 노력을 극적으로 하나로 모을 필요가 있습니다.

그래서 다음과 같이 요청합니다. 풍부함, 독특함, 연구와 보호의 필요성을 토대로 최고의 보전 지역이라고 생각하는 지역, 다시 말해 가장 관심이 가는 지역을 한 곳에서 다섯 곳 사이로 골라 주세요. 원하신다면, 고른 이유도 말해 주세요.

'생물권 최고의 장소'는 지극히 개인적이고 주관적인 선택이다. 1980년대에 영국 생태학자 노먼 마이어스(Norman Myers)를 비롯한 연구자들이 처음 제시한 개념인 지구 생물 다양성 '중점 지역(hot spot)'과는 다르다. 물론 상당히 겹치기는 한다. 중점 지역은 서식지를 보호하면 구할 수 있을, 가장 큰 위험에 처한 종의 수가 얼마나 되느냐에 따라 선정한다. 내가 자문한 분들과 나는 우리의 '최고의 장소' 목록이 중복될 수 있음을 잘 알고 있다. 하지만 나는 가장 좋은 곳들을 대부분 우리가 파악했다고 믿는다. 종합하자면 설령 멸종률이 치솟고 있다고 할지라도, 아직 지구 생물 다양성의 아주 많은 부분을 구할 수 있다는 것이 요지다. 우리가 고른 '생물권 최고의 장소'는 다음과 같다.

북아메리카 대륙

미국 캘리포니아 주 레드우드 숲 | 저술가이자 생물 다양성 전문가인 마크 모펏(Mark Moffett)은 이렇게 적고 있다. "이른바 캘리포니아 식물 지구(California Floristic Province)에 있는 가장 놀라운 이 생태계는 종 다양성의 중점 지역입니다. 나는 그곳에서 일하는 연구자들과 함께 레드우드와 세쿼이아를 기어 올라가 보았어요. 이 거대한 나무들의 수관에 경외심을 느꼈어요. 땅에서는 보이지 않는 작은 나무들이 숲을 이루고 있습니다. 거대한 굵은 가지들에 쌓인 흙에서 그런 나무들이 자라날 수 있을 만큼 생태학적으로 대단히 풍성한 곳입니다." 요컨대 성숙한 레드우드 숲은 새롭고 대체로 탐사되지 않은 생명의 층을 구축해 왔으며, 그 안에는 다른 곳에는 없거나 희귀한 종들이 살고 있다. 과학자들과 탐험가들은 그곳에서 야영을 하면서, 하늘 높이 있는 신비한 세계까지 뻗어 올라간 거대한 나무의 원형에 푹 빠질 수 있다.

북아메리카 대륙 남부의 왕솔나무 사바나 | 겉보기에는 평범하지만 놀라울 만치 풍부하고 복잡한 이 생태계에 주목하는 과학자들과 저술가들이 점점 늘고 있다. 한때 미국 캐롤라이나 주에서 텍사스 주 동부에 이르는 땅의 60퍼센트

를 뒤덮은 우점종이었던 왕솔나무의 사바나 식생은 번갯불로 일어나는 잦은 화재에 적응해 있다. 이곳의 지면 식물상은 북아메리카 대륙에서 가장 풍부한 축에 속한다. 1헥타르에 50종의 초본과 관목 종이 자라기도 한다. 왕솔나무 숲 전역에 흩어져 있는 벌레잡이통풀이 자라는 습지는 세계에서 가장 종 다양성이 높은 곳이다. 가느다란 줄기를 지닌 종이 1제곱미터에 50종까지도 빽빽하게 모여 있다. 왕솔나무는 지난 150년에 걸쳐 거의 전부 베였지만, 현재 복원이 이루어지면서 한동안 사라졌던 지면 동식물상이 다시 돌아오고 있다. 인격 형성기인 소년기에 나는 그 지역의 무수한 하천들 사이에 쪼개진 채로 남아 있던 왕솔나무 숲과 범람원의 활엽수림을 쏘다니면서 보냈다.

멕시코 마드레 산맥의 소나무, 참나무 숲 | 멕시코의 울퉁불퉁한 마드레 산맥과 미국 남서부의 고지대는 주로 키 작은 소나무와 참나무로 된 건조한 숲으로 덮여 있다. 멕시코 고유종의 4분의 1이 이 고대 숲에 산다. 다른 곳에는 없는 종도 많다. 멕시코 미초아칸 주의 소나무 숲은 미국에서 날아온 제왕나비의 월동지로 유명하다. 가장 중요한 점은 이곳의 숲이 미국, 멕시코 고원, 중앙아메리카의 코르디예라 산계 사이를 이어서 종들이 남북으로 퍼져 나갈 수 있도록

허용하는 통로 역할을 한다는 것이다. 이런 서식지 통로를 만드는 것이 기후 변화가 생물 다양성에 미치는 영향을 완화시키는 한 가지 방법이다.

서인도 제도

쿠바와 히스파니올라 | 대앤틸리스 제도에서 가장 큰 이 두 섬에는 모든 서인도 제도의 생물 다양성이 집중된 무성한 동식물상이 있다. 이 동식물상은 궁극적으로 중앙아메리카의 동식물상과 유연 관계가 있다. 수천 년 전 대륙 이동으로 중앙아메리카에서 앤틸리스 땅덩어리가 쪼개져 나왔기 때문이다. 오랫동안 격리된 결과, 이곳에서는 다른 곳에 없는 많은 종들이 기원했다. 기이한 식충 포유류인 솔레노돈(Solenodon)처럼, 이 섬들이 거쳐 온 초기 역사의 유물인 종도 있다. 한편, 적응 방산의 산물인 종도 있다. 본토보다 경쟁이 덜하고 빈 생태적 지위가 더 많다는 것을 알아차린 소수의 이주 종에서 나온 종들이다. 이런 상황에서 일부 종은 오늘날 각각 나름의 생태적 지위를 채우고 있는 종들의 집단으로 불어날 수 있었다. 다양한 형태의 아놀도마뱀과, 파란색과 초록색의 다채로운 금속 빛깔로 반들거리는 기이한 개미가 두드러진 사례다. 어느 날 나는 쿠바 중부의 에스캄브라이 산맥을 탐사하다가, 바위 틈새에 집을 짓는 금

속 느낌을 주는 초록색 개미 종과 낮은 덤불에서 먹이를 찾는 반짝이는 금색 개미 종을 발견했다. 게다가 쿠바와 인근의 도미니카 공화국에는 산호초가 온전히 보전된, 비교적 교란되지 않은 해안선이 있다.

남아메리카 대륙과 중앙아메리카

아마존 유역 | 세계 최대의 수계(水系)이자 끝없이 이어지는 생태계들의 세계인 이곳에는 세계에서 가장 넓은 우림과 그 주변으로 생물 다양성이 가장 높은 사바나가 있다. 아마존 강의 1차 지류와 2차 지류 1만 5000개에서 물이 흘러든다. 면적은 750만 제곱킬로미터로서, 남아메리카 대륙의 40퍼센트를 차지한다. 안데스 산맥의 수원까지 포함하면, 세계 최대의 생물 다양성을 지닌 곳이다. 본류는 페루 안데스 산맥의 고지대 개울에서 시작된다. 아마존 강은 평균 시속이 2.4킬로미터이고, 평균 수심은 45.7미터를 넘는다. 매일 폭 402킬로미터에 이르는 삼각주 어귀로 30조 리터의 물이 흘러간다. 방류량은 미시시피 강의 11배, 나일 강의 60배에 달한다. 지류까지 다 합치면, 규모에 걸맞게 대단히 다양한 어류를 비롯한 수생 동식물이 산다. 강변을 뒤덮고 있으면서 땅과 나무 밑동이 우기에 물에 잠기는 범람원 숲과 그 바깥의 우림을 더하면, 동식물의 다양성이 훨

씬 더 높아진다.

기아나 순상지 | 작은 나라인 기아나와 수리남, 그 옆의 프랑스령 기아나는 아마존 강과 관련이 있기는 하지만 나름의 독특한 원시적인 우림이 아직 국토의 70~90퍼센트를 차지한다. 이곳의 동식물상은 유달리 풍부하며, 세계에서 가장 탐사가 덜 된 채로 남아 있다.

테푸이스 | 허버트 조지 웰스(Herbert George Wells, 1866~1946년)와 할리우드가 상상한 '잃어버린 세계'의 실제 모형인 탁상지로 이루어진 산이다. 베네수엘라와 기아나 서부에 걸쳐 있는 이곳은 고대의 석영질 아레나이트 사암 덩어리가 주변의 우림 위로 높이 솟아올라서 형성되었다. 꼭대기는 다소 편평하며, 고도가 1,000미터에서 3,000미터에 달한다. 이 정상부는 더 낮은 지대와 날씨가 전혀 다르며, 나름의 독특한 세계를 형성한다. 그리고 지층과 폭포(앙헬 폭포는 세계에서 가장 높다.)가 장관을 이루며, 그 아래의 저지대뿐 아니라 인접한 테푸이와도 동식물상이 서로 다르다.

페루 마누 지역 | 손꼽히는 열대 생물학자인 에이드리언 포사이스(Adrian Forsyth)는 이 지역의 매력을 이렇게 요약

한다. "바위 비탈과 건조한 고지대 초원 위로 장엄한 아우 상가테 산이 높이 솟아 있고, 그 위를 세계 최대의 적도 빙모가 덮고 있습니다. 초원 아래로는 길조차 없는 우림이 쭉 펼쳐져 있고, 그 밑으로 저지대 숲이 이어집니다. 마드레데디오스의 아마존 저지대에 서면 이 모든 경관이 압축되어 눈앞에 죽 펼쳐집니다." 아마존 강의 북쪽은 신대륙에서 몸집이 좀 큰 포유동물들이 전부 다 살고 있는 것을 비롯해, 지구에서 생물 다양성이 가장 집중되어 있는 곳이다. 아무 곳이든 1제곱킬로미터 안에, 미국 전역에서 발견되는 것과 같은 수의 개구리 종이 살고 있을 것이다. 그리고 새와 나비의 종 수는 2배에 달할 것이다. 더 북쪽에 있는, 에콰도르의 유명한 야수니 국립 공원에 있는 우림도 생물 다양성이 그에 못지않거나 그보다 더 낫다.

중앙아메리카와 북부 안데스 산맥의 운무림과 정상림 | 비에 젖은 이 추운 환경은 기후와 생물 다양성 양쪽에서 저지대의 숲과 다르다. 제대로 탐사가 이루어지지 않은 곳이 많고, 아직 밝혀지지 않은 종도 많이 있다. 한 세기 만에 새로 발견된, 몸집이 꽤 큰 육식성 포유동물인 올링기토(olinguito)는 아직 많은 것이 숨겨져 있음을 말해 주는 상징적인 존재다.

파라모스 | 남아메리카의 이 고지대(2,800~4,700미터) 초원에는 많은 독특한 초본, 관목이 자란다. 또 신종의 진화 속도가 높다는 점에서도 두드러진다. 아마 파편화한 산꼭대기 환경의 기후가 요동치기 때문인지도 모른다. 주변의 저지대 우림과 고도가 겨우 1킬로미터밖에 차이 나지 않지만, 이 고지대는 물리적으로나 생물학적으로나 전혀 다른 세계다. 이곳의 식물상은 독특하다. 하지만 면적이 좁기에 생물다양성은 취약한 상태다.

남아메리카 대서양림 | 포르투갈 어로 마타아틀란티카(Mata Atlântica)라고 하는 이 숲은 한때 드넓게 장관을 이루고 있었지만, 지금은 크게 축소되어 브라질 북부의 히우그란지두노르치 주에서 남부의 히우그란지두술 주까지 이르는 대서양 연안, 파라과이와 아르헨티나의 일부(브라질의 '코' 끝에 해당하는 곳에서부터 파라과이 남동부에 이르는 지역)에만 남아 있다. 위도 차이와 큰 폭의 지역별 강수량 차이 때문에 유달리 다양한 생태계들이 조성되어 있다. 습하거나 건조한 열대림과 아열대림이 있고, 관목림과 초원도 있다. 이곳에는 희귀하고 독특한 다양한 동물들이 산다. 마크 모펏은 몇 종류를 기술했다. "가장 원시적인 호저, 춤추는 개구리와 과일 먹는 개구리, 두 조류 애호가의 사유지에 남아서 돌아다

니고 있는 극소수의 미투보관조, 신대륙 영장류 중 가장 큰 양털거미원숭이, 영장류 중에 가장 화려한 색깔을 지닌 황금사자타마린, 뱀의 서식 밀도가 가장 높은 케마다그란지섬(이 '뱀 섬'에 사람이 전혀 살지 않는 것도 놀랄 일은 아니다.)의 황금창촉독사."

세하두 | 브라질 중동부의 넓은 지역에 펼쳐진 세하두는 남아메리카 최대의 사바나이자 전 세계의 그런 열대 서식지 중에서 생물 다양성이 가장 풍부한 곳이다. 경계가 뚜렷한 생태계들이 모자이크를 이루고 있기에 이렇게 온갖 다양한 생물들이 살아갈 수 있다. 군데군데 작은 숲이 흩어져 있는 전형적인 탁 트인 초원과, 우림 같은 키 큰 나무들이 옹기종기 모여 있는 곳, 강을 따라 펼쳐진 대상림에 이르기까지 다양한 생태계가 섞여 있다. 생물 다양성 측면에서는 불행하게도, 이곳의 토양은 농사를 짓기에 적합하다. 그래서 세하두 서식지는 거의 보호가 안 된 상태에서 빠르게 개간되고 있다.

판타나우 | 주로 브라질 남부에 속하지만 볼리비아까지도 뻗어 있는 지구 최대의 습지 중 하나다. 이 장엄한 범람원은 우기에 80퍼센트가 물에 잠기며, 대단히 다양한 물새

와 곤충뿐 아니라 재규어, 카피바라 등 위엄이 넘치는 대형 포유류가 돌아다니며, 악어처럼 생긴 카이만도 우글거린다. 세계 문화 유산으로 등록되어 있고 관광객들이 점점 더 몰려들고 있지만, 판타나우는 여전히 농업과 방목에 심하게 시달리고 있다.

갈라파고스 제도 | 에콰도르 본토에서 서쪽으로 926킬로미터 떨어진 적도상의 이 제도는 다윈이 1835년에 5주 동안 머물렀다는 점에 힘입어서 상징적인 지위에 올랐다. 다윈은 고국으로 돌아가는 길에, 흉내지빠귀들의 생김새가 섬마다 다르다는 점을 알아차렸다. 진화를 생각하게 된 계기였다. 하지만 갈라파고스가 특별한 이유는 또 있다. 대양을 건너 섬에 정착할 수 있는 극소수의 종에서 헐벗은 화산 경관에 적응한 많은 종들이 진화했다는 사실이다. 거대한 육지거북, 바다이구아나, 나무로 변한 국화과 식물, 하나의 조상에서 진화해 여섯 가지 조류 생태적 지위를 채운 핀치 외에도 여러 생물들이 이 제도를 진화 생물학의 실험실이자 교실로 만들었다.

유럽 대륙

폴란드와 벨라루스의 비아워비에자 숲 | 신석기 시대의 여

명기까지 유럽 북서부 평지를 뒤덮었던 원시림의 잔해 중 가장 큰 것이다. 폴란드와 벨라루스 사이의 국경에 걸쳐 있는 이 보호림은 면적이 거의 2,000제곱킬로미터에 이른다. (두 차례 이상 가까스로 멸종을 피한) 유럽들소, 노루, 말코손바닥사슴, 멧돼지, 타르판(tarpan, 폴란드 숲의 야생말), 스라소니, 늑대, 수달, 흰담비를 비롯해 유럽에 살아 있는 대형 포유류 중 상당히 많은 종이 이곳에 산다. 관다발식물도 900종이 있으며, 기록상 가장 큰 참나무도 이곳에 있다.

러시아 시베리아의 바이칼 호 | 면적 3만 1722제곱킬로미터에 최저 수심 1,642미터인 바이칼 호는 세계에서 가장 오래되고 가장 깊은 민물 호수다. 용적이 커서, 고위도 지방의 고립된 수역임에도 놀라울 만치 다양한 동식물들이 산다. 약 2,500종의 동식물 중 3분의 2는 다른 곳에는 없는 것들이다. 스컬핀(sculpin, 둑중개과의 어류), 해면, 고둥, 단각류 등 특정한 집단의 종들이 아주 많다. 갈라파고스 제도처럼, 바이칼 호도 생물 다양성의 성소이자 진화의 실험실이다. 민물 호수라는 점이 다를 뿐이다.

아프리카 대륙과 마다가스카르

에티오피아의 기독교 정교회 숲 | 에티오피아 북부의 토

착 숲 중 남아 있는 것은 5퍼센트도 안 되며, 거의 다 정교회 사유지에 속해 있다. 하늘에서 보면 자급 농업이 이루어지는 갈색 경관 사이에 점점이 녹색 지대가 흩뿌려져 있다. 마거릿 로먼(Margaret Lowman)이 썼듯이, 이곳은 "고유 식물의 종자 은행, 많은 원예 작물의 꽃가루 매개자, 민물 샘, 약초, 열매와 씨에서 얻는 교회 벽화용 물감, 뿌리를 통한 물 저장고, 교회의 중심부로서의 영적인 성소, 탄소 저장고, 마지막으로 남은 고유종의 유전적 도서관"이다.

소코트라 | 예멘 남쪽으로 352킬로미터 떨어진 인도양의 고립된 (작은 위성 섬들이 딸린) 섬이다. 소코트라는 모양과 잎이 너무나 기이한 나무와 관목이 가득하다. 그래서 '또 하나의 갈라파고스'나 '지구에서 가장 외계처럼 보이는 곳'이라는 수식어가 붙어 있다. 용혈수, 벽처럼 우뚝 선 소코트라무화과(Socotran fig), 가시 달린 알로에뿐 아니라, 다른 곳에 자라는 식생의 일반적인 형태와 비교하기조차 어려운 식물들이 있다. 또 소코트라에는 약 200종의 새가 사는데, 여덟 종이 고유종이다.

세렝게티 초원 생태계 | 세계에서 가장 유명한 육지 야생 생태계라고 할 수 있는 세렝게티(마사이 족 언어로 '끝없는 평원'

이라는 뜻이다.)는 탄자니아 북부에서 케냐 남서부까지 드넓게 펼쳐져 있다. 케냐 지역을 비롯해 이 지역의 상당 부분은 국립 공원, 보전 지역, 수렵 금지 구역으로 지정되어 보호받고 있다. 대형 포유류를 비롯해, 플라이스토세 이후로 아프리카 열대 초원과 사바나에 우글거렸던 원래의 동식물들에 가장 가까운 동식물상을 볼 수 있다.

모잠비크의 고롱고사 국립 공원 | 이 나라의 최우선 보전 지역인 이곳에는 아프리카 남동부의 생물 다양성이 고스란히 담겨 있다. 거의 2,000미터까지 치솟고 우림으로 덮인 산등성이, 미옴보(miombo) 건조림, 여러 하천, 바닥이 우림으로 덮이고 석회암 절벽으로 에워싸인 골짜기 등 다양한 서식지들이 섞여 있기 때문이다. 석회암 절벽에는 아직 거의 탐사되지 않은 동굴들이 있다. 고롱고사 거대 동물상은 1978년부터 1992년까지의 내전과 그 뒤에 만연한 밀렵 때문에 거의 멸종 직전까지 내몰렸다가 빠르게 복원되고 있다.

남아프리카 공화국 | 이 나라 전체는 동물과 식물 양쪽으로 세계에서 가장 풍부하고 독특한 종들이 모인 곳 중 하나다. 북동쪽의 휴크루거 국립 공원과 다른 보전 구역들은 아프리카에서 몸무게가 10킬로그램이 넘는 야생 동물들(멸종

위급종인 흰코뿔소와 검은코뿔소 둘 다 포함해서)이 가장 온전히 갖추어져 있다. 케이프 식물구에는 9,000종이 살며, 그중 다른 곳에는 없는 것이 69퍼센트다. 또 아프리카의 식물 종 중 5분의 1이 이곳에 산다. 이곳에는 핀보스 2차 초원(fynbos heathland), 다육 식물이 많은 (나미비아로도 뻗어 있는) 카루 사막, 림포포 성의 오래된 소철 숲을 포함한 몇몇 독특한 주요 서식지들이 형성되어 있다.

콩고 분지의 숲 | 콩고 공화국, 콩고 민주 공화국, 중앙아프리카 공화국, 카메룬, 가봉, 앙골라, 잠비아, 탄자니아에 걸쳐 있는 340만 제곱킬로미터의 콩고 강 분지는 아마존 다음으로 세계에서 두 번째로 큰 수계다. 열대 우림이 들어서 있고, 세계 3대 야생 우림에 속한다. (나머지 두 곳은 아마존과 뉴기니다.) 비록 벌목과 농경지로의 전환에 심하게 시달리고 있지만, 아직 3,000종이 넘는 고유 식물들과 엄청난 동물상이 남아 있다. 고릴라, 오카피, 숲코끼리 등 널리 알려진 장엄한 대형 동물 종들이 살고 있다. 콩고 우림 국립 공원 중 다섯 곳은 유엔 세계 문화 유산으로 등록되어 있다.

가나의 아테와 숲 | 아프리카의 서부 산맥을 덮은 습한 숲 중 상당수는 인간의 침범으로 크게 줄어들어 왔지만, 예

전에 대단히 풍부한 식물상과 숲이었던 곳의 일부가 섬처럼 살아남아 있다. 원시적인 아테와 숲은 대표적인 사례다. 적어도 1500만 년 된 이 숲은 다른 곳에서는 80퍼센트까지 사라진 우림의 잔해다. 아테와는 고지대 상록수림(Upland Evergreen Forest)이라고 하는 생물군계의 대표적인 형태다.

마다가스카르 | 캘리포니아 주와 애리조나 주를 합친 것만 한 이 거대한 섬은 아프리카 동부 해안에서 400킬로미터 떨어진 인도양에 있다. 1억 5000만 년 전 곤드와나(Gondwana)라는 초대륙의 남부에서 쪼개진 이래로 쭉 고립되어 있었다. 아주 크고 오래된 열대의 마다가스카르에는 아주 많은 독특한 동식물이 자라며, 다른 곳에는 없는 종의 비율이 70퍼센트를 넘는다. (가장 최근의 자료에 따르면, 식물 1만 4000종 가운데 90퍼센트가 그렇다.) 쿠바, 히스파니올라, 갈라파고스 제도처럼, 마다가스카르도 적응 방산의 살아 있는 실험실이다. 운 좋게 섬에 정착한 한 종에서 많은 종이 생겨난 사례다. (대부분 아프리카에서 날아오거나 표류해 들어왔다.) 여우원숭이(원시적인 영장류), 카멜레온, 마다가스카르때까치, 참개구리 등 서로 가까운 친척인 많은 종들로 이루어진 집단들은 진화적 방산을 보여 주는 마다가스카르 동물의 사례다. 또 야자나무, 난초, 바오밥, 선인장처럼 생긴 용수과 식물

등 1만 2000종도 그렇다.

아시아 대륙

알타이 산맥 | 러시아, 중국, 몽골, 카자흐스탄의 국경이
만나는 중앙아시아에 솟아 있으며 고도가 최고 4,509미터
에 달하는, 사람의 발길이 거의 닿지 않은 아름다운 곳이
다. 고도에 따라 스텝, 북부 침엽수림, 고지대 식생이 들어
서 있는 이곳은 한·온대와 극지방 포유동물들의 살아 있
는 백과사전이며, 유라시아 전역에서 진정한 빙하기 동물
상이 남아 있는 몇 군데 중 하나다. 비탈에는 와피티, 말코
손바닥사슴, 순록, 사향노루, 노루, 멧돼지를 비롯한 초식
동물들이 많이 있다. 그들을 잡아먹는 갈색곰, 늑대, 스라소
니, 눈표범, 울버린도 있다. 데니소바인의 화석이 처음 발견
된 곳도 이곳이다.

보르네오 섬 | 인도네시아의 섬 1만 8307개(기준과 기술에
따라 추정값이 달라진다.)는 수마트라 서쪽 끝에서 뉴기니의 서
쪽 절반인 이리안자야에 이르기까지, 동서로 5,120킬로미
터에 걸쳐 있다. 섬들을 다 합치면 엄청난 양의 생물 다양
성을 지닌다. 세계에서 세 번째로 큰 섬인 보르네오의 남쪽
4분의 3은 인도네시아 영토이고, 북쪽 4분의 1은 말레이시

아와 독립 군주국인 브루나이에 속한다. 이 섬 전체는 주거지가 만들어지고 기름야자 농장으로 전환되어서 상당한 비율의 우림을 잃었다. 2007년 《사이언스(Science)》에는 이 훼손이 어떻게 일어나는지가 실려 있다. "바이오 연료 수요가 급증함에 따라 기름야자 농장이 늘어나고, 아카시아나무가 마구 번식하고, 해마다 들불이 섬을 휩쓴다." 하지만 이 거대한 섬의 내부, '보르네오의 심장부'는 아시아 열대 생물다양성의 주된 보고로 남아 있다.

인도 서부 산맥 | 마다가스카르, 뉴칼레도니아, 뉴질랜드 같은 큰 섬들처럼, 인도 아대륙도 곤드와나의 한 조각이었다. 계속 북쪽으로 흘러가서 아시아 본토와 만나 융합되었다는 점만이 다를 뿐이다. 인도 서부 해안을 따라 나란히 뻗어 있는 서부 산맥은 지리적으로 인도의 등뼈에 해당한다. 고도가 최고 2,695미터에 이르고, 거기에 열대 기후가 결합되어 아주 다양한 육상 서식지가 형성되어 있으며, 생물 다양성 수준도 매우 높다. 대체로 굽이치는 낮은 산들을 뒤덮은 숲에는 5,000종의 식물이 살며, 그중 1,700종은 고유종이다. 그리고 세계 최대의 야생 아시아코끼리 개체군과 생존한 세계의 호랑이 중 10퍼센트를 비롯한 대형 포유동물들의 주된 서식처다.

부탄 | 이 목가적인 산악 국가는 토착 서식지와 생물 다양성의 상당 부분을 보전해 왔다는 점에서 찬사를 받아 마땅하다. 이 동식물상은 드넓은 히말라야 산맥과 그 자락에 원래 있던 것 중에서 온전히 남은 조각이다. 부탄은 영토의 70퍼센트가 세 주요 기후대, 즉 열대, 온대, 고지대를 대변하는 숲으로 덮여 있다. 알려진 식물 5,000종 가운데 철쭉류가 46종, 난초류가 600종이다.

미얀마 | 아직 외국인의 발길이 뜸한 이 나라의 북부에는 네 개의 보호 구역이 있으며, 다 합치면 면적이 약 3만 1000제곱킬로미터에 달한다. 코끼리, 곰, 레서판다, 호랑이, 긴팔원숭이를 비롯한 다양한 동물들이 산다. 열대림, 침엽수림도 있고, 수목 한계선 위의 한대 초원도 있다.

오스트레일리아와 멜라네시아

오스트레일리아 남서부의 관목지 | 남서부 해안의 에스퍼런스에서 동쪽 널라버 평원의 가장자리까지, 지구에서 가장 풍부한 고유 식물상 중 하나가 펼쳐져 있다. 온화한 지중해성 기후와 몰리브덴이 부족한 토양이 특징인 이곳은 몰리브덴 결핍에 적응한 종들만이 산다. 이 관목지는 대양섬의 식물상과 아주 흡사하게 진화해 왔다. 오스트레일리

아와 세계 전체의 생물 다양성에는 불행하게도, 이 토양에 몰리브덴을 추가하면 경작이 가능해진다. 그래서 이 관목지의 상당 부분은 농경지와 방목지로 전환되었고, 침입 종인 잡초가 덩달아 퍼지고 있다.

오스트레일리아 북서부의 킴벌리 지역 | 킴벌리 지역에 있는 국립 공원을 비롯한 외진 지역들은 생물학적으로 가장 다양하면서 가장 덜 교란된 곳에 속한다. 다른 곳에서는 멸종 위기에 처한 독특한 유대류 동물상이 이곳에서는 회복되고 있기에, 킴벌리는 오스트레일리아의 "마지막 넓은 야생지"라고 한다.

기버 평원 | 오스트레일리아의 극도로 메마른 중심지에서 편평하게 굽이치는 스터트스토니 사막에는 여러 해가 지난 뒤에 한 차례 홍수가 일어나는 형태로만 물이 공급된다. 그럴 때마다 휴면 상태에 있던 생물들이 폭발적으로 깨어나고, 멀리서 수많은 물새들이 몰려든다. 비가 내리지 않는 시기에 땅은 바짝 그을고 무릎 높이의 경엽 식생이 들어선다. 하지만 가뭄이 극심한 시기에도, 주로 숨어 사는 동물 종들이 여전히 살고 있다. 브루스 민스(Bruce Means)는 기버 서식지를 이렇게 묘사했다. "생물 다양성의 기적은 우리

가 어디에 있든 간에 우리가 알아차리는 것보다 훨씬 더 자주 우리 코앞에서 펼쳐진다."

뉴기니 | 면적 약 80만 제곱킬로미터인 세계에서 두 번째로(그린란드 다음으로) 큰 이 섬은 아직 대부분 우림, 습지, 고지대 초원으로 덮여 있다. 일반적으로 이곳의 육상 생물 다양성이 세계에서 가장 풍부하면서 가장 탐사가 덜 되어 있다고 여겨진다. 복잡하게 뻗은 산맥들, 해발 4,700미터 이상까지 가장 높이 솟은 고산 지대, 만년설로 덮인 봉우리 등은 생물 다양성을 드높이는 요인들이다. 뉴기니는 최대 500만 년 전까지 거슬러 올라가는 작은 섬들의 군도였고, 그것이 종 형성을 촉진한 또 하나의 힘이었다. 1955년 당시 스물다섯이었던 나는 뉴기니 전역을 체계적으로 탐사하면서 개미를 채집했다. 내게 다시금 60년 동안 건강한 삶을 살 기회가 주어지면서 자연사 학자로서 어느 한 곳을 골라 그 시간을 써야 한다고 말한다면, 나는 뉴기니를 택하련다. 다른 곳은 생각할 필요도 없다.

뉴칼레도니아 | 아열대의 산악 지형인 이 놀라운 섬은 곤드와나에서 쪼개져서 8000만 년 동안 고립되어 있었다. 그러다가 뉴질랜드와 연결되었다가 다시 쪼개져서, 완전히

홀로 적도 쪽으로 흘러갔다. 현재 다른 곳에는 없는 동식물 고유종의 비율이 80퍼센트를 넘으며, 다른 곳에 있는 모든 종과 확연히 다른 종도 많다. 뉴칼레도니아에는 오스트레일리아-남극 대륙 땅덩어리와 쪼개지기 전에 있었던 동식물들까지 아직 존재한다. 식물 중에서 고유 과의 수가 가장 많다. 고대의 특징을 지닌 것 중에는 지구에서 가장 원시적인 꽃식물이라고 알려진 암보렐라(*Amborella*)가 가장 유명하다. 산등성이를 따라 아직도 아라우카리아(*Araucaria*)와 포도카르푸스(*Podocarpus*)가 자라는 혼합림이 있다. 중생대에 지구 대부분에 무성했던 것과 비슷한 환경이다. 나는 1954년 대학원생일 때 이 섬에서 연구를 했다. 그 뒤로 종종 이 섬이 꿈에 나왔다. 이윽고 57년 뒤인 2011년에 나는 다시 이 섬에 갈 기회를 얻었다. 1954년과 똑같은 세계가 마법처럼 다시 내 눈앞에 펼쳐졌다.

남극 대륙

맥머도 드라이 밸리 | 비 한 방울 내리지 않는 바짝 마른 칠레 아타카마 사막에 견줄 만큼 생물 다양성이 빈약한, 지구에서 얼음으로 덮이지 않은 땅 중에서 가장 황량한 곳이다. 그래도 이곳에는 균형 잡힌 생태계를 형성하기에 충분한 종들이 살고 있다. 드문드문 흩어진 조류가 식물이고,

선충 서너 종이 초식 동물과 포식자 역할을 맡는다. 미국 콜로라도 주립 대학교의 다이애나 월(Diana Wall)은 이들을 남극 대륙 토양의 '코끼리와 호랑이'라고 부른다. 물질과 에너지 순환의 이 단순함을 보면서, 나는 거의 어디든 간에 그곳에 터를 잡고 살아갈 수 있는 생물들이 있다는 생각이 든다. 하지만 인류가 지구 생태계를 점점 줄일수록, 생명은 서서히 덜 흥미로운 것으로 변하고 생명 유지 체계를 구축하기는 더욱 어려워질 것이다.

폴리네시아

하와이 | 마찬가지로 멀리 떨어진 이스터 섬, 핏케언 섬, 마키저스 제도처럼 하와이 제도도 어느 정도는 과거에 지녔던 생물 다양성에 힘입어서 여기에 실릴 자격이 있다. 열대 기후, 비교적 큰 면적, 다양한 서식지를 갖춘 산악 지형에 힘입어서, 육상 동식물은 엄청난 다양성을 갖추었다. 그중에는 적응 방산을 통해 생성된 것의 비율이 높았다. 작은 새 중에는 꿀빨이새류, 곤충 중에는 긴꼬리귀뚜라미류, 꽃식물 중에는 숫잔대류가 그런 종 무리의 극적인 사례다. 그 아름다운 생물들은 대체로 전멸했거나, 농경지 전환과 침입 종을 통한 반야생 정원화로 중앙 산맥의 외진 고지대로 밀려났다. 부당하게도, 후자는 인류세 지지자들이 찬미하는

'새로운 생태계'를 대변하는 사례로 홍보되어 왔다.

그렇기는 해도 하와이 제도에는 '최고의 장소'가 있다. 조류 고유종의 멸종과 생존을 연구하는, 손꼽히는 전문가인 미국 듀크 대학교의 스튜어트 핌(Stuart Pimm)은 그곳을 감동적으로 묘사한다.

마우이 섬의 수목 한계선 바로 위에서 내려다보면, 바로 밑에 보이는 숲은 키 작고 왜소하고 아주 습하며, 아주 드물게 맑은 날에는 저지대까지 보입니다. 저지대는 관광객이 득실거리고 거의 다 외래종 나무들이 자라는 곳이지요. 하지만 이곳에서는 다른 어느 곳과도 달랐던 세계를 상상할 수 있습니다. 모든 생물이 고유종이었던 세계를요. 이곳은 독자적으로 진화한 세계입니다. 아코헤코에, 오오, 아키알로아, 누쿠푸우 같은 별난 이름의 새들이 있었어요. 그들의 부리는 더욱 기묘했어요. 그들이 꿀을 빨아먹는 숫잔대류의 고유종들도 그렇고요. 맞아요, 개미는 없어요. 이 숲은 유령들의 세계예요. 아코헤코에만 살아남았으니까요. 하지만 남아 있는 생물들은 그곳이 얼마나 특별했는지를 상기시키는 중요한 역할을 합니다. 남아 있는 것을 지키려면 무엇을 해야 하고, 다른 곳에서 벌어지고 있는 짓을 막으려면 어떻게 해야 하는지를요.

마음의 눈을 통해 이 최고의 육상 야생지들을 지구 전체에 걸친 하나의 회로로 연결할 수 있다. 그 모든 곳을 거의 죽 이어서 여행하는 상상도 할 수 있다. 그러면 이 끊겨 있는 생명의 회로 내에서 자연 세계는 1만 년 전의 모습처럼 보일지도 모른다. 인류가 아직 지구의 일부 지역에만 드문드문 퍼져 있고, 농경이 새로 출현해 퍼지지 않았을 때다.

그런 여행은 현재의 일반적인 여행을 뒤집은 것이다. 야생지를 건너뛰어 도시에서 도시로 옮겨 가는 대신에, 도시를 건너뛰어 야생지를 옮겨 다니는 것이다.

선택한 경로가 6만여 년 전에 우리 조상들이 나아가기 시작한 경로와 똑같다면 이 모험 여행은 더욱 교훈적이다. 여행은 인류의 탄생지에서 시작한다. 아프리카 중부와 남부의 사바나와 미옴보 건조림이다. 아직 야생 상태로 남아 있는 곳이 꽤 된다. 옆으로 가는 길을 택해서 콩고 분지와 서아프리카의 우림으로 향하자. 그런 다음 나일 강을 따라 북쪽으로 나아가서, 바브엘만데브(Bab-el-Mandeb) 해협을 건너 아프리카를 떠나 유라시아로 들어간다. 이 길은 중동 전역을 포함해, 넓은 지중해 지역에 빽빽하게 들어찬 정착지들 때문에 끊길 수밖에 없다. 여기서 다시 위로 길을 잡아서, 유럽 중위도에 남아 있는 가장 큰 원시림인 폴란드와 벨라루스의 비아워비에자 숲으로 간다. 이어서 타이가, 즉 북부 침엽수림으로 들어간다. 스칸디나비아 반도와 핀란드에서 시작해 거의 끊임없이 동쪽으로 7,000킬로미터를 가로질러 유라시아 초대륙을 거쳐 태평양까지 이어지는 숲이다. 도중에 바이칼 호를 지난다. 세계 최대의 민물 수역이자, 북부 온대 수생 동물 중 고유종이 가장 많은 곳이다.

야생의 길은 시베리아와 중국 북부의 아무르 강 유역에서 중앙아시아의 알타이 산맥, 티베트 고원, 히말라야 산맥 남쪽 비탈의 오지로 이어진다. 그런 다음 다시 미얀마와 인도 서부 산맥의 산림과 열대림으로 나온다.

길은 인도네시아로 이어지고, 갈수록 교란되지 않은 채로 남은 섬의 수는 급감한다. 동쪽으로 더 가서 울창한 숲이 있는 뉴기니 섬으로 들어간다. 서쪽의 인도네시아 이리안과 동쪽의 독립 국가인 파푸아뉴기니를 다 거친다. 인도네시아 소순다 열도의 최남단에서 동티모르를 거쳐, 티모르 해를 가로지른다. 최초의 원주민들이 그곳을 건너 오스트레일리아의 노던테리터리와 북서부 킴벌리 지역으로 들어갔듯이 말이다. 양쪽 다 원래의 생태적 조건이 거의 그대로 남아 있다.

여기서 길은 끊긴다. 다시 북쪽으로 멀리 시베리아의 북동부로 향하자. 여전히 대부분 텅 비어 있는 알류샨 열도를 지나서 알래스카로 들어가자. 내륙을 향해서 드넓게 펼쳐진 한대와 아한대의 덤불 서식지를 지나, 남쪽으로 방향을 돌려서 캐나다 타이가 지역으로 향한다. 북아메리카 대륙 서부에서 해안을 따라 죽 내려가면, 중앙아메리카와 남아메리카의 아직 잘 보존된 산지 서식지와 저지대 열대 서식지가 나온다. 그곳에서 내륙으로 방향을 돌리면 드넓게 펼쳐진 원래의 서식지가 보인다. 마지막으로 페루의 고지대에서 벨렝으로 향한다. 우림을 거쳐 열대 초원으로, 가장 장엄한 강이 세계 최대의 유역을 흘러간다.

생명의 파편화한 회로는 안데스 산맥의 동쪽 비탈과 산자락에서 끝난다. 인류가 남아메리카 대륙에서 마지막으로 다다른 지역과, 한 장소를 아름답게 꾸미는 가장 많은 수의 야생 동식물 종을 그곳에서 만난다.

a HYDROLEA *crispa*.　　　　*b* HYDROLEA *dichotoma.*

이폴리토 루이스 로페스(Hipólito Ruiz López, 1754~1816년)와

호세포 파본(Josepho Pavon, 1754~1840년),

「페루의 위간디아 크리스파(*Wigandia crispa*)와 히드롤레아 디아토마(*Hydrolea diatoma*)」(1798~1802년).

16
재정의된
역사

역사는 사람 종만의 특권이 아니다. 생명 세계에는 수백만 가지의 역사가 있다. 각 종은 어떤 고대 계통의 후손이다. 역사는 진화의 미로를 지나는 기나긴 여행 끝에 있는 시공간의 한 점에 존재한다. 각각의 전환점과 굽이는 종의 존속을 놓고 벌인 한 판의 게임이었다. 참가자는 개체군 내의 다양한 유전자 조합들이었다. 그 개체군이 사는 환경을 헤쳐 나가는 것이 게임이다. 보상은 다음 세대에 번식할 개체를 남기는 것이다. 과거 세대를 만족시켰던 유전자들이 만든 형질은 앞으로도 계속 만족시킬 수도 있고 만족시키지 않을 수도 있다. 환경도 변하고 있다. 그 유전자들은 새로운 환경에서도 계속 승리함으로써, 종이 계속 살아남도록 할 수도 있고 그렇지 않을 수도 있다. 그 유전자들의 변이체, 즉 돌연변이를 통해 생성되거나 새로운 조합을 형성함으로써 나온 것들 중 일부는 그 종의 개체군이 불어나고 퍼지게 할 수도 있다. 하지만 환경이 계속 변하므로 언제든 그 종은 이 진화 게임에서 질 수도 있고, 그러면 그 개체군은 멸종의 나락으로 굴러떨어질 것이다.

한 종의 평균 수명은 분류 집단에 따라 다르다. 개미와 나무처럼 수천만 년에 이를 수도 있고, 포유동물처럼 50만 년에 불과할 수도 있다. 모든 집단들을 평균한 값은 (매우 대략적으로) 100만 년인 듯하다. 그때쯤 종은 다른 종으로 불릴 만큼 충분히 변화하거나 둘 이상의 종으로 갈라질 수도 있다. 아니면 생명이 기원한 이래로 출현했다가 사라진 99퍼센트 이상의 종들과 같은 운명에 처한다. 따라서 (우리를 포함해서) 생존한 모든 종은 우승자 집단 속의 우승자임을 명심하자. 우리 모두는 최고 중의 최고, 미로에서 결코 모퉁이를 잘못 돈 적이 없는, 결코 길을 잃은 적이 없는 종들의 후손이다. 아직까지는 그렇다.

따라서 한 종의 역사는 하나의 서사시다. 생물권에 아직 엄청나게 많은 수의 종이 살아 있다는 점을 고려할 때 금세기에는 아닐지 몰라도, 과학자들이 무작위로 고른 어느 한 종을 생물학적으로 철저히 연구할 날이 올지도 모른다. 과학자들은 그 종의 한살이, 해부 구조, 생리, 유전, 생태적 지위를 다 탐구할 것이다. 지질사도 가능한 한 많이 알아낼 것이다. 화석을 이용할 수 있다면 엄청난 도움이 될 것이다. 하지만 유연 관계가 가장 가까운 다른 종들과 비교함으로써 역사를 추정하는 방식이 쓰일 가능성이 가장 높다. 즉 유연 관계가 가장 가까운 종들의 계통수 안에 그 종을 배치한다는 것이다. DNA 서열 분석의 도움을 받아서 연구자들은 한 현생 종이 어느 종에서 기원했는지 알아낼 것이다. 그리고 인간의 족보를 살펴보듯이, 그들의 공통 조상을 계속 추적한다. 계통수의 많은 잔가지와 가지를 따라 점점 더 안쪽으로 향한다. 유전적 분석을 종이 물려받은 생물학적 형질이라는 증거와 결부시키면, 친척 종들이 지금 어디에 살고 과거에는 어디에 살았으며, 그들의 생물학적 형질이 예전에는 어떠했을지도 드러날 것이다. 이런 유형의 진화 가계도를 계통도라고 한다. 계통도를 재구성하는 것이야말로 그 종의 서사시를 가장 상세히 들려주는 방법일지도 모른다. 하지만 그런 이야기들이 점점 더 많이 적힐수록, 생명의 역사를 구성하는 기본 원리들이 명확히 드러날 것이다. 우리는 주변의 살아 있는 세계를 점점 더 이해하게 될 것이고, 이 과정은 영구히 계속될 것이다.

물론 인류 종은 하나의 진화 역사를 지니며, 그 역사는 기존에 기록된 역사보다 훨씬 더 먼 과거로 이어진다. 우리도 한 계통수의 잔가지 끝에 달려 있다. 인류 문화의 다양한 이야기들은 통상적인 의미에서의 서사시이지만, 그 이야기들을 빚어 낸 인간 본성의 형질들이 진화의 산물이라는 점도 우리는 이해하게 될 것이다. 우리에게는 오스트랄로피테쿠스 사촌들과 오스트랄로피테쿠스 선조들이 있고, 할머니인 호모 하빌리스와 어머니인 호모 에렉투스도 있다. 생물학과 문화라는 두 수준에서는 한쪽에서 다른 쪽으로의 흐름이 있다. 그것이 바로 선사 시대 없이는 역사를 결코 이해할 수 없고, 생물학 없이는 선사 시대를 결코 이해할 수 없는 이유다.

최초의 단세포 원핵생물에 이르기까지 지질학적 역사를 가장 멀리까지 살펴본다면, 모든 현생 종이 같은 계통수를 이루는 거대 가족의 일원임을 알게 된다. 38억 년 전부터 5500만 년 전까지 죽 내려오면, 모든 구대륙 영장류의 팔다리(예를 들면)가 보인다. 시간을 따라 더 내려오고 계통수를 따라 더 바깥으로 향하면, 사람과의 가지에 도달하고, 마지막으로 인간이 나온다.

우리의 핵심 적응 형질, 우리에게 찾아온 진화적 행운은 상대적으로 강력한 마음이다. 그 마음을 이용해 우리는 과거의 일화들을 재구성한다. 우리는 미래를 위해 여러 일화를 창안하고, 그중 하나를 골라 우리 이야기의 일부로 삼을지 결정할 것이다. 우리는 이 행성에서 지식 자체를 위해 지식을 축적하는 유일한 존재이며, 서로 지식을 결합하고 협력함으로써 미래를 위한 결정을 한다. 슬기로운 결정을 내릴 때도 있지만, 재앙을 일으키는 결정을 내리는 일도 그에 못지않게 많다.

그래서 우리는 다른 생물들에 관해 가능한 한 모든 것을 배우는 쪽을 선택해 왔다. 모든 생명, 생물권 전체를 알기 위해서다. 지구의 모든 생물 종을 발견하고 그들에 관해 가능한 한 모든 것을 알아내는 일은 물론 가장 벅찬 과제에 속한다. 하지만 우리는 그 일을 할 것이다. 여러 기초 과학적이고 실용적인 이유로 인류에게는 그 정보가 필요하기 때문이다. 더 근원적인 이유도 있는데, 미지의 것을 탐사하려는 거부할 수 없는 욕구가 우리 유전자에 있기 때문이다. 때가 되면 지구 생물 다양성의 지도를 작성하는 거대 과학 계획이 시작될 것이다. 현재의 암 연구와 뇌 활성 지도 작성 계획에 상응하는 계획이다. 현재의 생물 다양성 추정값이 크게 어긋나지 않는다면, 지구에는 생물 한 종당 사람약 1,000명이 있다. 따라서 이론상 모든 종에 후원자를 맺어 주기가 어렵지 않을 것이다. 초연결되고 디지털화한, 인류의 집단 마음은 예전에 가능했던 것보다 훨씬 더 빨리 생명 전체로 흐를 것이다. 그러면 우리는 멸종의 의미를 온전히 이해하게 될 것이고, 인류가 부주의하게 전멸시킬 모든 종을 몹시 애도하게 될 것이다.

모든 생물학적 지식은 이름과 분류로 시작한다. 어떤 표본이 어느 종인지를 알아낼 수 있을 때, 그 종에 관해 쌓인 모든 정보를 즉시 이용할 수 있게 된다. 초파리의 학명인 드로소필라 멜라노가스테르(*Drosophila melanogaster*)와 흰머리수리의 학명인 할리아이에투스 레우코케팔루스(*Haliaeetus leucocephalus*)같이 린네의 이명법을 따르는 학명에는 마법이 담겨 있다. 그 이름은 과학이 그 종에 관해 밝혀낸 모든 것을 찾는 열쇠다. 우리가 개인적으로 알거나 안다고 생각하는 것을 불러낸다. 두 단어로 된 학명은 인간의 마음이 실제로 작동하는 방식에 적합한 계층 구조의 토대가 된다. 그 이름을 반복하면서 그 소리에 귀를 기울이고 모르던 것을 알게 될 때, 그 이름은 과학의 시가 된다.

생물학자들은 종을 자연적인 조건에서 서로 번식하는 개체들의 집단이라고 정의한다. 앞서 사례로 든 사자를 보자. 사자의 학명은 판테라 레오(*Panthera leo*)다. 사자는 호랑이, 즉 판테라 티그리스(*Panthera tigris*)의 가까운 친척이다. 판테라는 유전적으로 서로, 그리고 사자 및 호랑이와 가까운 대형 고양이류의 종들을 포괄하는 속명이다. 고전적인 분류 체계는 계층 구조를 따라 위로, 바깥으로 계속 이어진다. 잎에서 잔가지로, 가지로 이어지는 것과 마찬가지다. 판테라 속의 고양이 종들은 집고양이, 살쾡이, 스라소니, 자가란디 등 다른 고양이 속의 종들과 모여서 고양잇과를 이룬다. 고양잇과의 종들은 갯과의 종들, 유연 관계가 가까운 다른 포유동물 과들과 모여서 식육목이 된다. 그런 식으로 분류 계층 구조를 따라 죽 올라가면, 살아 있거나 사라진 모든 동물, 식물, 미생물 종을 포괄할 수 있다.

이것이 250여 년 전 칼 폰 린네에게서 비롯된 전통적인 분류 체계이며, 이 체계는 잘 작동한다. 분류의 토대이자 뼈대일 뿐 아니라 과학적 자연사의 언어이기도 하다. 두 단어로 된 학명 자체는 의미론적으로 라틴 어와 그리스 어를 토대로 하며, 모든 문화에 통용된다. 학명은 우리가 각자에게 이름을 붙이듯이 각 표본에 이름을 부여하며, 그 덕분에 우리는 그 표본이 속한 계층 구조의 모든 수준을 수월하게 파악할 수 있다. 표본의 이름을 앎으로써 우리는 그 종에 관해 현재까지 쌓인 모든 지식을 이용할 수 있게 된다.

분류학적 이름은 뇌가 작동하는 방식과 우리 모두가 가장 쉽게 의사소통을 하는 방식에 맞추어서 흐른다. 우리는 린네의 이명법을 써서 쉽게 대화를 할 수 있다. 야외 생물학자는 바나나 위를 맴도는 작은 파리를 보고서 이렇게 말할지 모른다. "초파리의 일종이야. 초파릿과에 속하고, 초파리속의 종이 거의 확실해. 내가 보기에는 드로소필라 멜라노가스테르 같지만, 확실히 하려면 현미경으로 주요 형질을 살펴보아야 해." 그리고 다리를 넓게 펼치고 뒤쪽으로 꼬리처럼 두 개의 긴 방적돌기가 뻗어 있는 작은 거미가 붉은맹그로브(Rhizophora mangle) 나무껍질에 앉아 있는 것이 보인다. "나무줄기거미(hersiliid)의 일종이야. 나무줄기거밋과의 어느 속인지, 어느 종인지는 모르겠지만, 나무줄기거미라는 것은 확실해." 그 다음에 다리가 여럿인 긴 동물이 보인다. "저건 지네의 일종이야. 그냥 지네가 아니라 돌지넷과의 지네야. 돌지네의 일종이고, 왕지네나 그리마, 땅지네 종류는 아닌 것이 분명해. 전 세계에 알려진 다른 지네류 10개 과에 속한 것도 아니야."

내가 최근에 야외 조사를 했던 모잠비크의 고롱고사 국립 공원에서, 커다란 개미들이 한 줄기를 이루어서 비포장 도로를 행군해 건너는 장면을 본다고 하자. 나는 방문객에게 이렇게 설명할지 모른다.

아프리카의 이 지역에서는 마타벨레(matabele)개미라고 불러요. 옛 짐바브웨의 마타벨레 족 전사의 이름을 땄어요. 우리는 여기서 이 개미를 더 자세히 조사하기 시작했어요. 학명은 파키콘딜라 아날리스(*Pachycondyla analis*)지요. 이렇게 잘 모여서 한 줄기를 이루어서 모두가 한 방향으로 행군하는 개미는 이들밖에 없어요. 먹이를 구하려면 이런 식으로 행군을 해야 해요. 이 개미는 흰개미만 먹는데, 모든 흰개미 종은 집 입구를 강한 병정 계급이 지키고 있거든요. 이 개미는 흰개미 병정을 쉽게 이겨요. 그리고 각자 흰개미 서너 마리씩 턱으로 물고서 자기 집으로 돌아옵니다. 대단하죠! 마타벨레개미가 싸우는 이유는 단 하나예요. 죽은 흰개미 병정이 유일한 먹이 거든요.

어느 종을 과학적으로 연구해 쌓는 지식은 계층 구조에 서 그 종이 놓인 자리에 맞게 체계화한다. 그 자리에 따라 유전적 관계와 진화 역사가 정해지고, 자리를 바꾸라고 명 하는 새로운 증거가 나오면 이름도 바뀔 수 있다. 이 계층 체계가 없다면, 국제적으로 정해진 엄밀한 동물학과 식물 학 명명 규약도 없었을 것이고, 지구의 생물 다양성 지식은 곧 혼돈의 나락으로 굴러떨어졌을 것이다.

계층 체계와 명명 규약은 쉽게 바꿀 수 없지만, 그것을 써서 정보를 전달하는 방식은 디지털 혁명에 힘입어서 크 게 개선되어 왔다. 개미의 분류학적 연구를 전공으로 삼아 서 연구 활동을 하는 내내, 나는 어떤 종의 이름과 분류의 기준이 된 표본을 빌리거나, 그 표본을 소장한 박물관을 찾아서 멀리 유럽과 미국을 돌아다녀야 했다. 문헌을 참조하려면, 오래되었거나 고도로 전문적인 분야의 학술지를 뒤적거려야 했다. 나는 하버드 대학교에 있었기에 운이 좋았다. 개미 표본을 가장 많이 소장한 기관이었기 때문이다. 하버드에는 약 7,000종의 표본 수백만 점이 있다. 너무 많아서 다 셀 수 없을 정도다! 또 세계 최고 수준의 동물학 도서관도 있다. 나는 동료들보다 여행을 덜 해도 되었다. 그래도 분류학 연구는 여전히 진척이 느렸다.

방금 묘사한 갑갑하기 그지없는 병목 지점은 모든 동물, 조류, 균류, 식물 분류학에서 지금은 대체로 제거된 상태다. 지금은 원래 종의 이름을 붙일 때 썼던 '기준' 표본뿐 아니라, 중요한 표본들을 고해상도로 사진을 찍는다. 컴퓨터 소프트웨어를 써서 그 사진에서 형질들이 3차원으로 명확히 드러나게 하고, 기재문 및 참고 문헌과 함께 웹사이트에 올린다. 따라서 전 세계의 어느 누구든 간에 손가락을 몇 번 까딱여서 표본을 살펴볼 수 있다. 현재 주요 대학교들과 연구소들이 공동으로 생물 다양성 문헌 전체를 전자 문서화해 온라인에서 이용할 수 있게 하는 작업을 진행 중이다. 그 최종 결과물인 생물 다양성 유산 도서관(Biodiversity Heritage Library)에는 5억 페이지에 달하는 자료가 쌓일 것이다. 한편 기재된 모든 종에 관한 가용 정보의 대부분을 요약해 웹사이트에서 무료로 이용할 수 있도록 한다는 생명의 백과사전(Encyclopedia of Life) 사업도 순탄하게 진행되고 있다. 2015년에는 140만 페이지가 구축되었으며 전 세계에 알려진 모든 종의 50퍼센트 이상이 올라가 있다. 새로운 자료가 추가되면서 늘어나는 지식을 담는 보완적인 계획들도 나와 있다. 세계 생물 다양성 정보 기구(Global Biodiversity Information Facility), 생명의 지도(Map of Life), 바이탈 사이언스(Vital Signs), 미국 국가 생물 계절학 네트워크(USA National Phenology Network), 앤트위키(AntWiki), 피시베이스(FishBase), 엄청난 양의 DNA 서열을 공개 이용할 수 있게 한 진뱅크(GenBank)가 그렇다. 한마디로, 디지털 혁명은 생명의 분류 연구를 수십 년, 아마 수백 년쯤 앞당긴 것이다.

이 모든 사업에서 데이터베이스가 늘어남에 따라, 표본을 빨리 분류할 수 있게끔 그 내용을 검색 엔진으로 전환하는 새로운 방법들이 개발되고 있다. 가장 유망한 방법은 바코드를 붙이는 것이다. 여기에는 미토콘드리아 유전자의 DNA 서열이 열쇠로 쓰인다. 미토콘드리아 유전자는 세포의 세포핵 바깥에 있고, 모계를 통해서만 유전된다. 시토크롬 산화 효소 1(CO1)이라는 유전자에서 염기쌍 650개에 해당하는 부분이 매우 유용하다. 일관성 있게 종마다 다르기 때문이다. 어떤 생물의 CO1을 읽으면 대개 아니 아마 예외 없이 종의 이름을 알 수 있을 것이다. 그 종이 과학계에 알려져 있다면 말이다. 이 방법을 쓰면 애벌레와 탈바꿈을 거친 나비 성체처럼, 모습이 전혀 다른 단계들도 같은 종의 한살이로 연결할 수 있다. 법의학에서 하듯이, 생물의 아주 작은 조각만으로도 어떤 종인지 알아낼 수 있다. 그리고 역사상 최초로, 해부 구조가 너무나 비슷해서 표준 분류 방법으로는 구별할 수 없는 종들도 구분하는 것이 가능하다.

하지만 좋은 것은 과열 양상을 띠고는 하며, 바코드 이용도 그렇다. 일부 사용자는 바코드가 과학계에 분류학 전공자가 부족한 현상을 해결해 줄 것이고, 지구 생물 다양성의 지도를 작성하는 쪽으로 곧바로 활용될 수 있을 뿐 아니라, 현재 주류인 이름 기반의 계층적 분류 체계를 대체할 것이라고 여긴다. 하지만 헛된 기대가 아닐 수 없다. 바코드 방법은 하나의 기술이지, 과학이나 과학 지식의 발전을 가져오는 것이 아니다.

게다가 지구 생물 다양성 탐사가 23세기 이전에 완결될 수 있다는 보장이 없다. 문제는 전문 연구자가 심각하게 부족하다는 것이다. 과학 없는 기술은 바퀴와 도로 지도 없는 자동차와 같다. 이 문제는 자연사 학자, 더 정확히 말하자면 과학적 자연사 학자가 더 많아져야 해결된다. 특정한 생물 집단을 연구하는 전문가가 더 많아져야 한다. 종의 분류와 종의 자연사에 관한 독창적인 연구를 수행하고, 다른 과학자들과 협력해 자신이 선호하는 집단에 속한 종들의 모든 생물학적 사실들을 규명하는 데 헌신하는 이들이 더 늘어나야 한다. 이 과학자들은 더 나아가 역사학자, 즉 각 종의 생물학이 논의될 때 들려줄 이야기를 간직한 관리자다. 과학적 자연사 학자는 한때 생물학을 이끌던 부류였다. 그들은 예전이나 지금이나 소수이며, 로고스(logos, 아리스토텔레스 철학에서 '이성적인 담론'을 지칭한다.)의 대가다. 포유동물학자, 파충류학자, 양서류학자, 식물학자, 균학자 등 린네 분류 체계의 각 분류군마다 전문가가 있다. 그런데 생물 환경이 무생물 환경보다 인류에게 덜 중요하다는 잘못된 믿음 때문에 그들의 수는 줄어들어 왔다.

과학적 자연사 학자는 예전이나 지금이나 특수한 부류다. 그들은 특정한 과정이나 눈에 띄는 문제를 골라서 그것에 집중하지 않는다. 그들은 생화학 회로를 추적하거나, 핵막 안팎의 이동을 살펴보거나, 뇌 회로의 지도를 작성하거나, 그에 상응하는 어떤 주된 목표를 달성하기 위해 연구에 몰두할 준비를 하고 있지 않다. 대신에 그들은 모든 것을 배우고자 한다. 말 그대로 모든 것이다. 자신이 선택한 집단의 모든 생물학을 말한다. 그 집단은 모든 새가 아니라,

남아메리카의 참새류일 수도 있다. 모든 꽃식물이 아니라, 북아메리카 동부의 참나무류일 수도 있다. 그들은 자신들이 그러모으는 모든 정보가 가치가 있고 어딘가에 발표할 수 있는 것이라고 여긴다. 그저 온라인에 올리는 것에 불과할지라도 말이다.

그러함으로써 자연사 학자는 가장 놀라운 발견을 하고, 때로 가장 중요한 발견도 하는 사람이 된다. 그들은 모형 생물 수십 종의 세세한 분자 및 세포 기구에 몰두하는 다른 생물학자들이 결코 상상도 못할 현상들을 으레 접한다. 한번은 내가 행동 생물학 분야의 큰 학술 대회에서 기조 연설을 하기로 했다. 한 저명한 분자 생물학자가 이런 말로 나를 소개했다. "에드는 우리 연구의 토대를 이루는 발견을 하는 쪽의 생물학자입니다." 그때 나는 내 자신과 동료들의 연구에 자부심을 느꼈다고 인정하련다.

진정한 과학적 자연사 학자는 자기 종 집단에 전념한다. 그는 그 집단에 책임을 느낀다. 그 집단을 사랑한다. 자신이 연구하는 지렁이나 간흡충, 동굴에 사는 이끼를 말 그대로 사랑한다는 뜻이 아니라, 그 생물의 비밀과 그 생물의 세계 내 위치를 드러내는 연구를 사랑한다는 의미다. 나는 오래전부터 생물학자들이 세계관과 연구 방법론에 따라 두 부류로 나뉜다는 것을 간파했다. 한 부류는 생물학의 모든 문제에는 그 해답을 얻는 데 이상적인 생물이 있다는 규칙을 따른다. 그래서 그들은 모형 종을 택한다. 입자성 유전에는 초파리, 분자 유전학 연구에는 장에 사는 대장균, 신경계의 구조에는 예쁜꼬마선충 등 분자 생물학, 세포학, 발생학, 신경 생물학은 물론 생명 의학에 이르기까지 각각에 맞는 모형 생물이 있다. 반면에 두 번째 부류인 자연사 학자는 첫 번째 부류의 규칙을 뒤집은 것을 규칙으로 삼는다. 모든 생물에는 그 생물 자신이 이상적인 해답을 내놓게 될 문제가 있다는 것이다. 큰가시고기는 본능적 행동 연구에, 청자고동과 독화살개구리는 신경 독소 연구에, 개미와 나방은 페로몬 연구에 알맞으며, 유기체 생물학과 진화 생물학의 모든 원리들을 통해 세포 집합에서부터 생물 조직화의 모든 수준에 걸쳐 그 규칙이 적용된다고 자연사 학자는 본다.

불행히도 두 부류의 구성원들 사이에는 협력보다 경쟁이 더 있어 왔고, 자연사 학자들이 패배해 왔다는 점에는 의심의 여지가 없다. 1950년대에 분자 생물학이 탄생하고 현대 생물학의 황금기가 시작된 이래로, 연구비와 특전이 구조 생물학과 모형 종 학과 쪽으로 대규모로 옮겨 갔다. 이 지원 중 상당 부분은 그런 연구가 명백하게 의학과 관련이 있기 때문에 이루어졌다. 1962년부터 20세기 말까지 두 번째 부류, 즉 유기체 생물학과 진화 생물학 쪽은 박사 학위 소지자가 급감한 반면, 미생물학, 분자 생물학, 발생학 쪽은 급증했다. 대학교의 교원 수도 같은 추세를 따랐다. 자연사와 생물 다양성 연구가 생태학을 비롯한 환경 과학들과 관련이 있음이 명백함에도 말이다. 종종 구닥다리에 낡았다는 잘못된 꼬리표가 붙고는 하던 과학적 자연사 학자들은 박물관과 환경 연구 기관에 그나마 기댈 자리를 찾았지만, 그런 자리들조차 시간이 흐를수록 불안정해지고 연구비도 줄어들었다.

이렇게 과학 분야 사이에 특전과 지원이 차이 나면, 과학에도 안 좋고 살아 있는 환경을 보호할 우리의 능력도 줄어들게 된다. 생태학과 보전 생물학이 지구 생물 다양성을 보전할 만큼 충분히 성숙할 수 있으려면 높은 상공을 비행하면서 생태계를 훑는 방식과 이론이 아니라, 분자 생물학과 세포 생물학이 아니라, 발로 돌아다니는 분류학자가 필요하다. 몇몇 세균과 선충, 생쥐의 전반적인 서식 조건과 복잡한 세부 사항을 상세히 연구하는 이들에게만이 아니라, 그밖의 다른 모든 생물들을 연구하는 점점 수가 줄어들고 있는 이들에게도 계속 지원이 이어져야 한다.

III

해결책

세계 보전 운동은 계속되고 있는 멸종을 일시적으로 둔화시키기는 했지만, 중단시킨 것은 아니었다. 멸종 속도는 계속 가속하고 있다. 멸종률을 인류가 퍼지기 이전의 기본 수준으로 되돌리고 그러함으로써 미래 세대를 위해 생물 다양성을 구하려면, 보전 노력을 새로운 수준으로 끌어올릴 필요가 있다. 범접할 수 없는 자연 보호 구역의 면적이 지표면의 절반 이상이 되도록 늘리는 것이 '여섯 번째 멸종'의 유일한 해결책이다. 계속되는 인구 증가·이동의 계획되지 않은 결과들과 디지털 혁명이 추진하는 경제의 진화는 이 확장에 우호적인 환경을 조성한다. 하지만 그러려면 살아 있는 환경과 우리의 관계에 관한 도덕 추론에도 근본적인 변화가 일어나야 한다.

「남방풀미역치(*Aploactisoma milesii*)와 목미역치(*Glyptauchen panduratus*)」,
《런던 동물학 회보》(1848~1860년).
위가 남방풀미역치이며, 아래가 목미역치다.

17
일깨우기

지구는 바짝 그을릴 만치 태양에 가까이 있지도 않고, 영구히 얼음에 갇혀 있을 만큼 멀리 떨어지지도 않은 '골디락스(Goldilocks)' 행성이다. ('골디락스'는 원래 뜨겁지도 차갑지도 않은 호황을 가리키는 경제학 용어로, 천문학에서는 생명 거주 가능 조건을 갖춘 천체를 말한다.─옮긴이) 이 행성에서 생명은 30억여 년 전에 시작되었다. 현재 남극 대륙에는 생물들이 옴짝달싹 못 하는 처지에 놓인 곳이 있다. 다른 지역들에서는, 심지어 남극 대륙 주변의 얼어붙을 듯한 물에서도 생명은 번성하고 다양화했다. 하지만 내륙인 퀸모드랜드의 산맥에는 지구보다는 화성에 더 가까운 환경인 언터시(Untersee) 호가 있다. 이곳에서는 진화가 멈추어 있다. 세티(SETI) 연구소의 데일 앤더슨(Dale Andersen)은 이 호수가 "사람들이 거의 본 적도 상상한 적도 없는 곳"이라고 했다.

때때로 시속 180킬로미터에 달하는 매서운 바람과 눈보라가 몰아치는 혹독한 곳이다. 1년에 4개월은 어둠에 잠긴 채, 얼음이 쩍쩍 갈라지는 소리와 윙윙거리는 바람 소리만 들린다. 뾰족하게 솟아오른 산들이 장엄하게 호수를 에워싸고 있어서, 대륙 빙하가 밀려드는 것을 차단한다. 북쪽에서 완만한 비탈을 이룬 채 흘러오는 아누친 빙하는 이 산맥 가장자리에서 막힌다. 퀸모드랜드의 산맥 안쪽에 자리한 언터시 호는 지구 최초의 생물권과 비슷하다. 34억 5000만 년 전의 퇴적암에 보존된 바로 그 구조와 형태를 형성한 미생물들이 지배하는 곳이다. 늘 얼어붙어 있는 두꺼운 빙하 밑에는 수십억 년 전과 마찬가지로 남세균들이 방해받지 않은 채 들러붙어서 자라고 있다.

이 남극 대륙의 호수가 다른 유전 암호를 지니고 태양 에너지와 광물 에너지를 다른 방식으로 포획하는 생명에게 가장 좋은 환경이었다고 하자. 그렇다면 당시에 퀸모드랜드는 생물 다양성이 만개한 대표적인 곳이었을 것이고, 적도대에 있는 아마존과 콩고는 너무 뜨거워서 원시적인 극한 생물만이 살고 있었을 것이다.

이런 상상은 지구 전체를 살펴보는 데 도움이 된다. 이 행성의 단세포 세균과 고세균이 더 복잡한 생명체로 진화하는 데 다시 약 10억 년이 걸렸다면, 우리의 발생지가 대단히 예민하고, 각 종이 깃든 생태계의 부분들이 대단히 복합적이고, 종들이 대단히 복잡하게 뒤얽힌 비선형적 상호작용을 한다는 것을 짐작할 수 있다. 지구 생물권은 새가 우연히 날아든 거미집의 중심부와 같다. 아름답던 질서는 그 순간에 혼돈으로 변한다. 거미는 이 위험을 본능적으로 알고 있기에, 실을 자아서 거미집을 가로지르는 띠를 만들어 둔다. 이 띠는 눈에 확 띈다. 침입자에게 돌아가라고 소리치는 것이나 다름없다.

거미의 띠 같은 경고판은 우리 주변에 널려 있지만, 장기 계획보다 단기 결정을 선호하는 우리 뇌 기구에 담긴 다원주의적 성향 때문에 우리는 그것들을 무시한다. 2005년에 텍사스 공과 대학의 수문학자와 했던 대화가 생각난다. 나는 텍사스 주 팬핸들 지역의 드넓은 경작지를 보면서 깊은 인상을 받았지만, 그 경작지들이 오갈랄라(Ogallala) 대수층에서 뽑아 올린 물로 유지된다는 것을 알고 있었다. 현재 수량을 뽑아 쓰는 속도에 비해 지하수가 재충전되는 속도가 훨씬 느리다는 것을 알았기에, 그에게 대수층이 얼마나 오래 갈지를 물었다. "음, 20년쯤 가겠지요. 아껴 쓴다면 요." "그다음에는 어떻게 될까요?" 내가 묻자 그는 어깨를 으쓱하면서 대꾸했다. "그때까지 뭔가 대책을 생각해 내겠지요."

나는 그의 생각이 맞기를 바라지만, 징후들은 좋지 않다. 이곳뿐 아니라 한계에 처한 다른 모든 서식지에서, 기후 변화와 근시안적 사고는 심각한 피해를 일으켜 왔다. 아프리카의 사헬 지대로 사막이 거침없이 밀려들고, 오스트레일리아 중심부의 메마른 지대가 연안 경작지로 뻗어 나가고, 콜로라도 강이 물 부족에 시달리는 미국 남서부의 밭으로 더는 보낼 물이 없어짐에 따라, 농민들은 결국 농작물을 건조지 작물로 전환해야 할 것이다. 다년생 뿌리를 깊이 내리고 가뭄에 더 견디면서 먹을 수 있는 씨를 맺는 작물 종이 필요할 것이다.

세계 전체는 이미 물 위기에 직면해 있다. 세계 인구의 절반이 사는 약 18개국에서 지하수가 고갈되고 있다. 중국 북부 곡창 지대의 중심인 허베이 성에서는 대수층의 평균 수위가 매년 약 3미터씩 낮아지고 있다. 인도 시골 저지대에서는 지하수위가 너무나 빠르게 낮아지는 바람에 식수를 트럭으로 실어 와야 하는 지역이 늘고 있다. 국제 물 관리 연구소의 한 임원은 이렇게 말했다. "풍선이 터지는 순간, 인도 시골의 많은 지역은 이루 말할 수 없는 무정부 상태에 빠질 겁니다." 중동에서의 증오와 불안정은 종교의 차이, 또 부당한 대우를 받았던 역사적 기억 때문이라기보다는, 인구가 과잉되고 경작지와 물이 극심하게 부족한 탓에 일어나고 있다는 것이 점점 명확해지고 있다.

70억 명이 넘는 사람들은 지구의 부족한 하사품을 모조리 탐욕스럽게 집어삼키는 소비자가 되었다. 10억 명쯤 오차가 있겠지만, 금세기 말이면 인구가 100억 명에 이를 것으로 예상된다. 농생물학과 첨단 기술이 어떻게든 이 추세를 되돌리지 못한다면, 인류는 더욱 게걸스럽게 먹어 치울 것이다. 농업은 또 다른 문제들과도 직면하고 있다. 현재 우리는 지구의 자연적인 광합성 생산량 중 거의 4분의 1을 소비한다. 지구에서 새로 생산되는 생물량의 상당 비율이 결국 우리 손과 위장으로 들어오며, 그 몫은 점점 늘어나고 있다. 다른 수백만 종은 그 나머지로 살아가야 한다.

현재 지구 전체의 생산량은 다음과 같이 요약할 수 있다. 미국 몬태나 대학교의 스티븐 러닝(Steven W. Running)은 적어도 지난 30년 동안, 육지에서 주로 식물을 토대로 한 순 1차 생산성이 해마다 2퍼센트 이내로 거의 일정했다고 말한다. 지구 총 강수량 변화도 겨우 2퍼센트 이내였고, 지구로 유입되어 광합성에 쓰일 태양 복사량의 변화도 0.01퍼센트 이내였다. 현재 인류는 순 1차 생산성의 약 38퍼센트를 에너지와 연료로 쓰고 있다. 인류가 나머지 62퍼센트도 독차지할 수 있게 해 줄 방식을 통해 점점 더 소비량을 늘릴 수 있을까? 나는 그렇게 되지는 않을 것이라고 본다. 적어도 기존 농업을 통해서는 아니다. 수확이 불가능한 부분을 제외하면, 지구 전체의 순 1차 생산성 중에서 인류가 추가로 이용할 수 있는 부분은 고작 10퍼센트에 불과하며, 그 부분은 주로 아프리카 대륙과 남아메리카 대륙에 있다. 새로운 녹색 혁명을 일으킬 수 없다면, 인류는 나머지 육상 생물 다양성의 대부분을 없앨 가능성이 높다.

여기에서 이끌어 낼 핵심 결론은 한결같다. 오래된 근시안적인 방법으로 생물권의 대부분을 파괴함으로써, 우리는 재앙을 자초하고 있다는 것이다. 오랜 세월에 걸쳐 종 다양성은 최대한의 안정성을 제공하는 생태계를 구축해 왔다. 기후 변화와 지진, 화산 분출, 소행성 충돌 같은 통제 불능의 격변들은 자연의 균형을 파괴하고는 했지만, 지질학적으로 볼 때 비교적 단기간에 손상이 복구되고는 했다. 지구 생명체의 엄청난 다양성과 복원력 덕분이었다.

마지막으로, 인류세 동안 지구의 생물 다양성이라는 방패는 산산조각 나고 있고, 조각난 것들도 사라지고 있다. 대신에 인류의 창의성이 모든 것을 해결할 수 있다는 약속

이 제시되고 있다. 우리가 통제권을 확보하고, 감지기들을 통해 감시하면서, 이런저런 단추를 눌러서 원하는 방식으로 지구를 운영할 수 있기를 바라는 이들도 있다. 그런 이들에게 나머지 우리는 다음과 같은 질문으로 반박해야 한다. 지구를 어느 한 지적인 종이 조종하는 진짜 우주선처럼 운영할 수 있다는 말인가? 그런 크나큰 위험한 도박을 한다면 어리석기 그지없을 것이다. 우리의 과학자들과 정치 지도자들이 이루 상상할 수 없이 복잡한 생태적 지위들과 그 지위들을 채운 수백만 종들의 상호 작용을 대체할 수 있을 무엇인가를 내놓을 가능성은 전혀 없다. 우리가 그런 시도를 한다면(실제로 그렇게 하기로 결심한 듯이 보이기는 하지만), 그리고 설령 그런 시도가 얼마간 성공한다고 할지라도, 되돌릴 수 없다는 점을 명심하자. 돌이킬 수 없는 결과가 나올 것이다. 우리가 살고 있는 행성은 단 하나뿐이며, 그런 실험은 단 한 번만 할 수 있다. 안전한 대안이 열려 있는데, 굳이 세계를 위협하면서 불필요한 도박을 할 이유가 어디에 있다는 말인가?

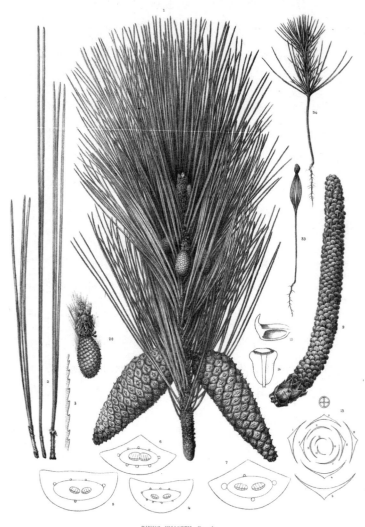

PINUS ELLIOTTII. Engelm

조지 엥겔만(George Engelmann, 1809~1884년),
「미국 남동부의 슬래시소나무(*Pinus elliottii*)」(1880년).

18
복원

그냥 놓아두면 야생 상태로 계속 남아 있을 진정한 야생 지역들이 전 세계에 있다. 또 몇몇 침입 종을 제거하거나 사라진 핵심 종을 하나 또는 몇 종류 재도입하거나, 둘 다 하면 생명 환경을 원래 조건에 가깝게 되돌릴 수 있는 거의 야생에 가까운 곳들도 있다. 반대쪽 극단에는 경관이 너무나 훼손되어서 아예 새로 시작하는 양 토양, 미생물, 진핵생물 종을 특정한 조합과 특정한 순서대로 도입해야만 원래의 생명을 복원시킬 수 있는 곳이 있다.

많은 소규모의 보전 계획들에서는 인간의 개입을 의미하는 복원 노력이 어느 정도 이루어져야 한다. 모든 계획은 나름대로 특별하다. 각각은 지역 환경을 알고 사랑하는 과학자, 활동가, 정치·경제 지도자의 협력이 필요하다. 성공하려면 그들의 모험 정신, 용기, 끈기가 다 필요할 것이다.

대규모 보전 계획은 새로운 과학 분야에서처럼 영웅이 활약하면서 시작된다. 소수의 인물이 실패할 위험뿐 아니라, 자신의 안위와 평판에까지 피해가 갈 위험을 무릅쓰고서 일을 추진한다. 그들은 통상적인 기준에 들어맞지 않는 꿈을 꾼다. 긴 세월을 쏟고, 개인 재산을 투입하며, 지속되는 불확실성을 견디고, 거절당하는 일 등을 묵묵히 받아들인다. 그들이 성공할 때, 그들의 유별난 견해는 새로운 표준이 된다. 그 뒤에 그들의 이야기는 전설처럼 여겨진다. 그들은 환경 역사의 일부가 된다.

자연 공원과 보호 구역에서 일하는 동안, 나는 생물 다양성 보전 분야에서 그런 선구적인 역할을 한 두 인물과 함께하는 특권을 누렸다. 그들은 서로 다른 대륙에서 영웅적인 노력을 펼쳤다. 그들이 복원한 경관은 처음에는 서로 정반대되는 문제들을 지닌 것처럼 보였다. 하지만 이 두 보전론자에게 부여된 동기는 동일했다. 바로 자신에게 친숙한 서식지를 사랑하는 마음과, 인간의 활동으로 사라진 핵심종을 되돌릴 필요가 있다는 인식이었다.

플로리다 주 미라마비치의 매리언 클리프턴 데이비스는 (2015년 암으로 세상을 떠나기 전까지) 자산 관리와 중소기업

회생 사업으로 상당한 부를 축적한 대단히 성공한 사업가였다. 언뜻 보면 그의 생활은 전형적인 미국 사업가답게 자본 투자와 개발에 초점을 맞춘 듯했다. 하지만 그는 자신의 고향인 플로리다 주 팬핸들의 야생 환경을 탐사하러 즐겨 나서고는 했다. 특히 과학적·교육적 측면에서 환경에 관심이 많았다. 생태학과 자연사를 독학하면서 데이비스는 팬핸들 숲의 대부분에서 생물 다양성이 심하게 교란되었음을 깨달았다. 그는 미국 남부 숲의 주된 특징이었던 왕솔나무(*Pinus palustris*)가 사라진 것이 주된 원인임을 알아차렸다.

왕솔나무는 미국에서 가장 질 좋은 목재인 스트로브잣나무와 레드우드와 같은 등급에 놓이는 목재를 만드는, 키크고 장엄한 나무다. 유럽 인이 들어오기 전, 남부에서는 이 나무가 우점종인 숲이 60퍼센트에 이르렀다. 왕솔나무는 빽빽하게 모여서 숲을 이루는 나무도 아니었고, 경관 전체에 흩어진 소규모의 활엽수 숲들 내에서 가장 수가 많은 나무도 아니었다. 그보다는 탁 트인 사바나 전체에 흩어져 있었다. 사바나의 다른 나무 종들은 번갯불로 일어나는 잦은 불 때문에 성기게 흩어져 있었다. 왕솔나무는 어린나무 단계에서 깊이 뿌리를 내리고 지상부가 빠르게 자라는 등 불에 잘 견디는 특성들을 지니고 있기에 그런 불길에도 살아남았다. 오래된 왕솔나무 숲 속은 비교적 쉽게 돌아다닐 수 있다. 하층부가 주로 키 작은 풀과 관목으로 이루어져 있기 때문이다. 이 하층부에는 잦은 불길에 살아남도록 적응한 꽃식물 종이 대단히 많다.

미국 남북전쟁 이후에, 북부의 사업가와 가난뱅이가 된 남부인은 왕솔나무 목재를 주된 소득원으로 삼았다. 20세기 말 무렵에는 원래의 숲 중에서 남은 곳이 1퍼센트도 채 되지 않았다.

벌목으로 크게 줄어든 것은 이 우점종만이 아니었다. 남아 있는 사바나의 구조 전체가 바뀌었다. 빨리 자라는 슬래시소나무와 테다소나무를 비롯한, 예전에 '잡목' 취급을 받던 종들이 상업적 가치가 더 높은 왕솔나무를 대체했다. 하층부도 상당수가 원래의 풍부했던 종들에서 키가 더 큰 관목으로 대체되었다. 그런 관목들과 새로 우점종이 된 소나무 밑에는 말라붙은 낙엽과 불이 잘 붙는 죽은 나뭇가지가 수북이 쌓였다. 그 결과 불이 붙으면 바닥만이 아니라 더 높이까지 불길이 치솟았다. 예전에는 불이 바닥 가까이에서만 번지다가 불에 잘 견디는 식생들 사이에서 저절로 꺼지고는 했지만 이제는 아니었다. 바람이 조금이라도 불면, 하층부를 따라가면서 위로 솟구쳐서 수관 전체가 불길에 휩싸이는 대규모 숲불로 변하고는 했다. 나는 이 변질된 환경을 아주 잘 안다. 어린 시절의 대부분을 앨라배마 주

남부와 서부 팬핸들의 이런 숲 속을 돌아다니면서 보냈기 때문이다. 그 쇠퇴의 전모를 이해하게 된 것은 어른이 되어서였다.

데이비스는 팬핸들을 비롯한 미국 남부 상당 지역의 생태적 건강과 지속 가능성을 도모하려면 왕솔나무를 복원하는 것이 가장 중요하다는 사실을 깨달았다. 왕솔나무 연대(Longleaf Alliance) 같은 환경 단체들에 속한 숲 전문가들을 비롯한 환경 보호론자들도 그 문제를 깊이 인식하고 대책을 찾아 나서기 시작했다. 하지만 민간인으로서 홀로 나서서 이 문제에 뭔가 근본적인 조치를 취하기로 결심한 사람이 있었다. 바로 데이비스였다. 그는 실행에 나섰다. 그는 멕시코 만 연안의 휴양지에서 떨어진 미개발지들, 왕솔나무가 벌목되고, 경작하기에는 토양이 비교적 척박한 곳들을 값싸게 구입할 수 있다는 점에 주목했다. 그는 동료 사업가인 샘 샤인(Sam Shine)과 협력해 넓은 땅을 매입해 영구 보전 지역으로 정했다.

이제 왕솔나무 사바나의 복원이라는 더욱 어려운 과제를 해결해야 했다. 데이비스는 대형 벌목 장비를 구입해 침입 종인 슬래시소나무와 테다소나무를 베어 내기 시작했다. 작업 비용을 좀 보전하고자, 베어 낸 목재는 팔았다. 또 직원들은 특수한 장비를 써서 하층부에 쌓인, 불이 잘 붙는 것들을 긁어 냈다. 그 정리된 땅에 그들은 왕솔나무 묘목을 100만 그루 넘게 심었다. 남부 최고의 목재 종이 돌아오기 시작하자, 풍부했던 숲 바닥의 식물상도 원래의 모습을 되찾았다.

플로리다 주 북부의 원래 서식지 중 일부를 복원하는 과정에서 데이비스의 머릿속에 또 한 가지 착상이 떠올랐다. 야생 동물 통로를 만들면 어떻겠냐는 것이었다. (그는 남부 특유의 느린 점잖은 억양으로 말했다.) 플로리다 주의 탤러해시에서 서쪽의 미시시피 강까지 멕시코 만 연안을 따라 좁지만 죽 이어진 자연 환경의 띠를 조성하자는 생각이었다. 그런 통로가 있으면, 곰과 쿠거 같은 더 큰 동물들도 사라진 지 수십 년 된 지역으로 돌아올 수 있을 터였다. 또 기후 변화가 일으키는 피해도 줄여 줄 가능성이 있다. 멕시코 만을 따라 동쪽으로 점점 건조 기후가 밀려갈 것이라고 예상되기 때문이다. 현재 그런 연결은 가능해 보인다. 더 나아가 통로 구축이 진행 중이다. 주 정부와 연방 정부의 숲, 강 연안의 범람원 숲, 군 기지의 완충지, 민간 소유의 야생지 등도 이 계획에 포함되어 있다.

미국 아이다호 주 오지의 개척자 집안의 후손인 그레고리 카(Gregory C. Carr)는 야생지 복원에 나선 또 다른 미국 사업가로서, 내가 사귀고 돕는 특권을 누린 두 번째 인물이다. 전화 음성 통화 기술을 혁신하고 상업화함으로써 부를 쌓은 인물인 카는 모잠비크의 고롱고사 국립 공원을 복원하는 엄청난 계획에 헌신했다. 모잠비크는 1978년부터 1992년까지의 내전으로 무려 100만 명이 사망했고, 그 뒤에 이루어진 극심한 밀렵으로 코끼리, 사자, 영양 14종을 비롯한 거대 동물상이 거의 다 전멸했거나 전멸 위기에 몰렸다. 주민들은 예전에 신성시했던 고롱고사 산의 비탈에 있던 우림을 베어 내기 시작했다. 그 우림은 빗물을 모았다가 공원과 주변 지역으로 보내는 주된 집수 구역이었다.

카는 2004년 3월 30일 고롱고사를 처음 방문한 뒤로, 그곳을 원래 상태로 복원하는 일에 착수했다. 치텐고의 야영지를 재건하고, 그곳에 공원과 주변 지역의 동식물상을 철저히 연구할 연구소 겸 박물관을 지었다. 첫 10년이 지날 무렵, 그는 원래의 목표를 대부분 이루었다. 그리고 계획한 대로 관광객들이 다시 늘기 시작했다.

카의 혁신은 결코 협소하게 과학과 보전에만 초점을 맞춘 것이 아니었다. 처음부터 그는 고롱고사와 그 주변에 사는 주민들의 복지에도 우선 순위를 두었다. 그는 잡역부와 건설 노동자, 식당 종업원과 공원 경비원에 이르기까지 지역 주민 수백 명을 공원 직원으로 채용했다. 한 모잠비크인은 공원 관리자로 임명되었고, 마푸토에 있는 모잠비크

중앙 정부와 업무 협상을 하는 일까지 맡았다. 또 한 명은
보전 책임자로 임명되었다. 인근 마을 주민들이 이용할 진
료소와 학교도 세워졌다. 아이들은 처음으로 고등학교까지
교육 사다리를 올라갈 기회를 얻었다. 그것만이 아니었다.
2010년 내가 그곳을 처음 방문했을 때 안내를 맡았던 통가
토르시다(Tonga Torcida)는 장학금을 받고서 탄자니아의 대학
에 들어갔다. 그는 고롱고사 지역 주민 중 최초로 대학생이
되었다. 토르시다는 2014년에 졸업한 뒤 고롱고사로 돌아
와, 공원의 중간 관리자가 되었다.

　　예전에 모잠비크의 그 주된 국립 공원을 돋보이게 했
던 고롱고사의 대형 동물들도 곧 내전 이전의 위세를 회복
하기 시작했다. 아프리카코끼리, 사자, 아프리카물소, 하마,
얼룩말, 다양한 영양 종 등은 내전 때 살아남은 소규모 집
단들에서 불어나기 시작했다. 하이에나와 아프리카들개 등
몇몇 종은 주변 국가들로부터 들여왔다. 한편 중무장을 한
사냥꾼조차도 잡아서 연안으로 끌어올리려면 위험을 감수
해야 하는 나일악어는 수가 줄어든 적이 없었다.

　　이 복원 사업을 전 세계 공원의 모범 사례로 삼기 위해,
전문가들을 초청해 고롱고사의 모든 동식물을 파악하는 일
도 시작했다. 거의 눈에 보이지 않을 만큼 작은 톡토기부
터 개인적으로 나를 가장 놀라게 한, 생쥐만 한 귀뚜라미와

여치에 이르기까지, 다양한 무척추동물 수천 종도 파악되었다. 채집한 표본들은 새로운 연구 시설에 보관되어 있고, 앞으로 공원 내에서 이루어질 과학 연구와 교육 사업들에 쓰기 위해 계속 추가되고 있다. 열대 생물학자 피오트르 나스크레츠키(Piotr Naskrecki, 내가 아는 세계 최고의 자연사 학자를 언급하려니 흐뭇하다.)가 이 연구를 계획하고 이끌고 있으며, 현재 빠르게 진척되고 있다. 한 예로, 나는 몇몇 동료들과 함께 200종이 넘는 개미를 찾아냈는데, 그중 10퍼센트는 학계에 알려지지 않은 것들이다.

모잠비크 정부는 주요 공원이 관광과 과학 양쪽에 가치가 있음을 인식하고서 지원을 해 왔다. 정부가 취한 주요 조치 중 하나는 고롱고사 산을 공식적으로 공원 구역 안에 포함시킨 것이다. 그럼으로써 우레마 호수 범람원의 계절 순환을 지키고 지역 자작농에게 공급할 물을 확보할 수 있게 되었다. 계획 단계에서는 원주민들의 권리와 공원 야생 생물의 안전을 둘 다 지킬 주민 위원회의 설치를 지원하고, 공원 외곽의 농사 방법을 개선하는 일도 돕는다. 이런 유형의 폭넓은 보전에 관한 이론과 전망을 다룬 문헌들은 많이 나와 있다. 그런 사업이 실행되는 광경을 보면서 나는 무척 기뻤다.

가장 우호적인 상황에서도, 생물 다양성 복원에 골칫거

리가 되는 문제가 하나 있다. 바로 기준선을 어디로 삼을까 하는 문제다. 자연 생태계는 수천 년, 때로는 수백 년, 또 때로는 수십 년 사이에 변하고는 한다. 그 생태계를 이루는 종들은 유전적으로 변하며, 수만 년 또는 수십만 년이 흐르면 다른 종이 될 수도 있다. 일부 식물에서는 두 종 사이에 교잡이 이루어진 뒤 그 잡종의 염색체가 중복되어 2배로 늘어나거나, 아니면 한 종의 염색체가 2배로 늘어남으로써 한순간에 새로운 종이 생겨날 수도 있다. 그렇다면 복원 목표로 삼을 기준선을 정하기 위해 얼마나 멀리까지 시간을 거슬러 올라가야 할까?

인류세 열광자들은 기준선이 임의적으로 보인다는 이점을, 파편화한 동식물상을 있는 그대로 받아들이고 침입종을 '새로운 생태계'를 구성하는 종으로 보아야 한다는 논거로 삼아 왔다. 그런 식으로 기준선을 낮추는 행위는 무지와 용납할 수 없는 경솔함을 드러낼 뿐이다. 기준선 문제는 종 수준에서 분석해야만 해결할 수 있다. 여기에는 동식물상의 조성을 시간을 거슬러 추적하면서 큰 변화가 일어난 시기를 찾는 것도 포함된다.

과학자들은 화석과 현재 증거를 토대로, 인간 활동으로 일어났다고 여길 수 있는 최초의 주된 변화 직전의 종 조성이 기준선이 될 수 있음을 검증했고 그쪽을 선호한다. 고롱고사 국립 공원에서는 플라이스토세 말, 서아프리카에서 신석기인이 침입해 오기 직전이 그 기준선에 해당한다. 미국의 멕시코 만 연안에서는 유럽 인이 유입되기 직전이나 드넓은 사바나의 핵심 종인 왕솔나무가 벌목되기 전이 그 시기에 해당할 것이다.

앞서 말한 북아메리카 태평양 연안의 켈프 숲 복원은 가능한 많은 대안 중 한 기준선을 선택함으로써 성공을 거둔 대표적인 사례다. 모피 무역 때문에 해달이 거의 멸종할 지경에 이르자, 해달의 주된 먹이였던 성게가 급격히 불어나면서 켈프를 마구 먹어 치웠다. 그 결과 숲은 '성게 황무지'로 변했다. 해달을 보호해 개체 수가 원래 수준으로 돌아가자 켈프도 돌아왔고, 켈프에 의존하는 많은 해양 종들도 함께 돌아왔다. 정반대 환경에 있는 아일랜드의 원시림은 복원하기가 훨씬 더 까다롭다. 수세기 전에 사라진 숲의 마지막 잔해들만 남아 있는데, 그 남은 생태계는 주로 수위가 높아진 이탄 늪에 잠겨 있다.

과학자의 관점에서 볼 때, 기준선을 확정하는 문제는 복원을 반대하는 논리가 아니라 생물 다양성, 고생물학, 생태학을 조합해야 하는 일련의 흥미로운 도전 과제다. 전 세계에서 공원과 보전 구역이 연구와 교육의 중심지가 되어야만 해결이 가능한 도전 과제일 것이다.

Helleborus viridis. Lin.
Elleboro Erba Nocca

Polypodium vulgare Lin.
Polipodio comune

Badel. Bonvanotti del.

G. Canacci incise

가이타노 사비(Gaetano Savi, 1769~1844년),
「미역고사리(*Polypodium vulgare*)와 헬레보루스(*Helleborus viridis*)」(1805년).

19
지구의
절반

결국 생물 다양성 보전의 핵심 질문은 '멸종률이 인류 이전 수준으로 돌아가기 전에, 현재 살아남은 야생지와 그 안의 종이 얼마나 많이 사라질 것인가?'다. 인류 이전의 멸종률은 연간 100만 종당 1~10종이라고 추정된다. 인간의 수명에 비추어 볼 때, 이 기본 멸종률은 무한소에 해당한다. 보전이라는 관점에서 볼 때는 본질적으로 0이나 다름없다. (과학자들이 아직 발견하지 못한 생물이 600만 종에 달한다는 점도 염두에 두자.) 하지만 이는 잘 알려진 종들의 현재 멸종률이 약 1,000배로 높아졌고 지금도 가속하고 있다는 의미이기도 하다. 세계의 보전 운동을 이끄는 이들의 영웅적인 노력에도 불구하고 말이다.

모든 생명 체계에서 멈추지 않는 출혈이 가져올 결과는 하나뿐이다. 생물의 죽음, 종의 멸종이다. 생물 다양성 상실의 궤적을 연구하는 이들은 금세기에 멸종률이 기하 급수적으로 증가하면서 현재 살아남은 종들의 대다수를 전멸시키지나 않을까 우려한다.

종의 생사를 가르는 중요한 요소는 '살아가기에 적합한 서식지가 얼마나 남아 있는가?'다. 과학자들은 서식지 면적과 종 수의 관계를 계속 다듬어 왔으며, 그 내용은 과학 문헌과 대중 문헌에 종종 인용되고는 한다. 서식지의 면적이 늘어나거나 줄어들 때, 유지 가능한 종의 수는 그 면적의 세제곱근에서 다섯제곱근의 비율로 변한다. 대개는 네제곱근에 가깝다. 네제곱근이라고 할 때, 면적의 90퍼센트가 사라지면 유지할 수 있는 종의 수는 절반가량으로 줄어든다. 마다가스카르, 지중해 연안, 아시아 남서부의 대륙붕, 폴리네시아, 필리핀과 서인도 제도의 여러 섬 등 세계에서 종 다양성이 가장 풍부한 지역 중 상당수가 그렇다. 그 뒤에 남아 있던 10퍼센트가 사라진다면(벌목꾼 한 무리가 한 달이면 없앨 수 있다.) 남아 있던 종들은 대부분 또는 모두 사라질 것이다.

한편 네제곱근(약 중앙값)이라는, 서식지와 유지 가능한 종 수의 관계를 뒤집어 보면, 지구의 표면 중 절반을 보호한다면 종의 약 85퍼센트가 살아남는다는 말이 된다. 그 절반 안에 멸종 위기에 처한 종의 수가 가장 많은 곳인 '중점 지역'을 포함시킨다면, 살아남는 종의 비율은 더 높아질 수 있다.

현재 세계의 모든 주권 국가에는 일종의 보호 구역 제도가 있다. 세계의 보호 구역은 육지에 약 16만 1000곳, 바다에 약 6만 5000곳이 있다. 유엔 환경 계획과 국제 자연 보전 연맹의 공동 사업인 세계 보호 지역 데이터베이스 (World Database on Protected Areas)에 따르면, 2015년 기준으로 보호 구역의 총 면적은 지구 육지 면적의 15퍼센트, 바다 면적의 2.8퍼센트에 조금 못 미치는 수준이라고 한다. 그 면적은 서서히 증가하고 있다. 이 추세는 고무적이다. 그 수준까지 이끌어 낸, 세계의 보전에 힘쓴 이들은 찬사를 받아 마땅하다. 하지만 그 수준이 멸종의 가속을 단지 늦추는 것이 아니라 중단시킬 만큼 될까? 불행히도 너무나 미흡한 수준이다. 보전 노력이 증가하는 추세가 금세기의 나머지 기간에 걸쳐 지구 생물 다양성의 대부분을 충분히 구할 수도 있지 않을까? 불확실하지만 나는 그럴 가능성이 없다고 보며, 설령 가능하다고 해도 구해지는 생물 다양성은 훨씬 낮을 것이다.

기존 보전 활동을 토대로 한 최상의 시나리오에서도 교

양인이 받아들일 수 없을 만큼 심각한 생물 다양성 상실이 일어날 것이다. 이 생물 다양성 감소는 지금처럼 단편적으로 노력해서는 막을 수가 없다. 보전을 지금처럼 국가 예산의 사치 항목으로 취급하는 한, 생물 다양성은 대부분 사라질 것이 확실하다. 우리가 지금 다른 생물들에게 일으키고 있으며, 앞으로도 계속 일으킬 것으로 보이는 이 멸종의 속도는 칙술루브 크기의 소행성이 일으킨 대멸종이 인간의 서너 세대에 걸쳐 일어나는 것과 같다고 보는 편이 더 정확하다.

종이 여전히 살아 있기를 바란다면, 문제의 규모에 걸맞게 인간의 노력도 키우는 수밖에 없다. 지속되고 있는 대량 멸종, 또 그에 따른 유전자와 생태계의 소멸은 범유행병, 세계 대전, 기후 변화에 못지않게 인류가 스스로에게 가하는 가장 치명적인 위험에 속한다. 인류세가 제멋대로 어떤 방향으로 흘러가든 그냥 놓아두어도 좋다고 느끼는 이들에게, 나는 제발 다시 한번 생각해 보기를 간청한다. 전 세계의 보전 구역을 넓히려고 애쓰는 이들에게는 이렇게 간청하련다. 멈추지 말라고, 좀 더 애써 달라고.

그렇게 할 때 위험할 만치 작은 종 개체군은 불어날 공간을 갖게 될 것이다. 개발로 사라질 운명에 처했을 희귀한 지역 종은 자신의 운명을 피할 것이다. 적어도 600만 종에 이르는 알려지지 않은 종들은 더는 외면받은 채, 따라서 가장 큰 위험에 처한 채로 남아 있지 않을 것이다. 사람들은 현재 상상하는 것보다 더 복잡하고 아름다운 세계를 더 가까이에서 접하게 될 것이다. 우리는 미래 세대를 위해 올바른 행동을 할 시간을 더 내게 될 것이다. 살아 있는 지구와 그 안의 모든 것들은 계속 숨을 쉴 수 있을 것이다.

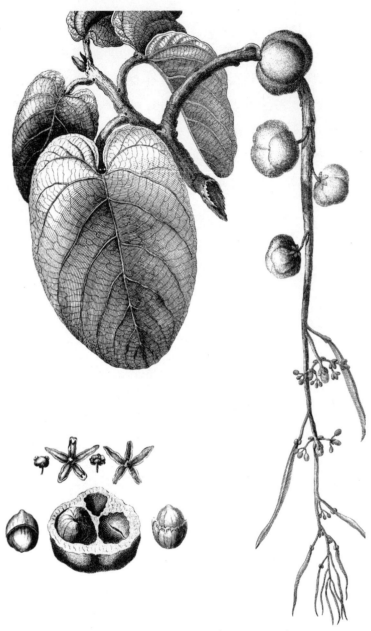

피에르조제프 부호스(Pierre-Joseph Buc'hoz, 1731~1807년),
「로노위아 도밍겐시스(*Ronnowia domingensis*)」(1779년).

20
병목 지점
통과하기

지구의 절반이라는 해결책은 지구를 양쪽 반구로 나눈 다거나, 대륙이나 국민 국가 규모의 큰 덩어리로 나눈다는 의미가 아니다. 게다가 어떤 지역의 소유권을 바꾸라고 요구하지도 않는다. 그곳이 해를 입지 않은 채 존속할 수 있게 하자는 것뿐이다. 그런 한편으로, 가능한 한 넓은 구역을 자연을 위해, 따라서 아직 살아 있는 다른 수백만 종을 위해 놓아두자는 의미다.

지구의 절반을 구하는 데 핵심이 되는 것은 생태 발자국이다. 생태 발자국은 평균적인 사람이 필요한 모든 것을 충족시키는 데 요구되는 공간의 양이라고 정의된다. 거주지, 민물, 식량 생산과 운송, 개인 교통, 통신, 관리, 다른 공공 기능, 의료 지원, 매장, 오락에 쓰이는 땅을 포함한다. 생태 발자국이 전 세계에 조각나서 흩어져 있듯이, 지구에 살아남은 야생지들도 육지와 바다에 흩어져 있다. 조각은 주요 사막과 야생 숲부터 몇 헥타르 넓이의 복원된 서식지에 이르기까지 크기가 다양하다.

하지만 늘어나는 인구와 1인당 소비 때문에, 지구의 절반이라는 전망이나 인류세에 족쇄를 채우려는 다른 어떤 수단이 헛수고로 끝날 수도 있지 않을까? 그럴지도 모르지만, 인구가 21세기의 나머지 기간뿐 아니라 22세기까지도 예전처럼 성장을 계속한다고 할 때에만 그렇다. 하지만 생물학의 이 측면에서 인류는 인구 통계학적 주사위를 던져서 이겨 온 듯하다. 인구 증가율은 법률이나 관습 등 다른 어떤 압력 없이도 자동적으로 감속하기 시작했다. 여성이 얼마간 사회적·재정적 독립을 획득한 모든 나라에서, 평균 출산율은 그 독립에 상응해 개인의 선택을 통해 감소해 왔다. 유럽과 미국 본토박이의 출산율은 성숙할 때까지 살아남는 여성 1인당 2.1명이며, 따라서 인구 성장률이 0보다 이미 낮아진 상태다. 개인의 자유와 미래 보장이 어느 정도라도 주어진다면, 여성은 생태학자들의 용어를 빌리자면 살아남을 준비가 거의 안 된 자식을 더 많이 낳는 쪽에 투자하는 'r-선택'이 아니라, 적은 수의 준비가 잘 된 건강한 자식을 낳는 'K-선택'이라는 대안을 선택한다.

　세계 총 인구가 즉시 줄어들지는 않을 것이다. 출산율이 더 높았던 이전 시대에 태어난 이들의 수명 때문에 인구 증가는 얼마간 계속될 것이다. 태어나서 살아남은 아이의 수가 여성 1인당 평균 3명 이상인, 따라서 제로 인구 성장인 2.1명보다 출산율이 더 높은 국가들이 여전히 있을 것이다. 파타고니아, 중동, 파키스탄, 아프가니스탄, 남아프리카공화국을 제외한 사하라 이남의 모든 국가들이 그렇다. 출산율 감소는 한두 세대에 걸쳐 일어날 수 있다. 2014년 유엔 격년 인구 보고서는 인구 성장률이 0으로 떨어지고 있다고 해도 2100년까지 세계 인구가 96억 명과 123억 명 사이로 늘어날 확률이 80퍼센트라고 추정했다. 2014년에는 72억 명이었다. 그러면 이미 인구 과잉인 지구에 더욱 큰 부담이 가해질 것이다. 하지만 세계 여성들이 1인당 2.1명 미만으로 낮아지는 출산율의 추세를 되돌리지 않는 한, 22세기 초에는 인구 증가율이 하향 추세로 돌아설 것이 분명하다. 인구 문제를 보는 또 한 가지 방식은 인간 본성의 의도하지 않은 결과를 통해 문제가 해결된다고 보는 것이다. 즉 우호적인 환경에서는 'r-전략'에서 'K-전략'으로 번식 방식이 전환됨으로써다.

　그렇다면 1인당 소비는 어떨까? 대규모 보전을 위한 그 어떤 해결책도 무위로 만들 만큼 치솟지 않을까? 생태 발자국의 구성 요소가 지금과 똑같은 상태로 남아 있다면 그럴지도 모른다. 하지만 생태 발자국은 달라질 것이다. 공간이 점점 더 늘어난다고 언뜻 생각할지 모르지만, 정반대다. 자유 시장 체제가 진화하기 때문이다. 또 첨단 기술을 통해 점점 변모하기 때문이다. 제조하고 광고하는 데 비용이 덜 들고, 수리와 교체를 덜 필요로 하고, 최소한의 에너지로 최고의 성능을 발휘하는 제품이 현재 경쟁에서 이기고, 앞으로도 한없이 이길 것이다. 자연 선택이 유전자들 사이의 경쟁을 통해 다음 세대에 단위 비용당 더 많은 사본을 만듦으로써 생물의 진화를 추진하듯이, 생산의 비용 대비 편익의 증가는 경제의 진화를 추진한다. 군사 기술을 제외하고, 자유 시장에서 일어나는 경쟁은 거의 다 평균적으로 삶의 질을 높인다. 원격 화상 회의, 온라인 구매와 거래, 개인 전자책 도서관, 인터넷을 통해 모든 문헌과 과학 자료에 접근할 권한, 온라인 진단과 의료, 실내 수직 정원에서 LED 조명을 이용해 대폭 상승시킨 단위 면적당 식량 생산량, 유전 공학으로 개량한 작물과 미생물, 장거리 사업 회의와 실물 크기의 이미지를 통한 사교 활동, 특히 무료로 온라인을 통해 세계의 어느 누구든 어느 때든 어디에서든 이용할 수 있는 최고의 교육 자료 등이 그렇다. 우리는 이 모든 편리한 것들을 현재 또는 조만간 전면적으로 이용할 수 있을 것이다. 이 각각은 1인당 물질과 에너지를 덜 쓰면서 점점 더 나은 결과물을 내놓을 것이고, 그러함으로써 생태 발자국의 크기를 줄일 것이다.

미래를 이런 식으로 바라보고 있자니, 나와 동료 자연사 학자들이 파악한 생물권의 최고 장소들을 거의 무료로 즐길 수단을 제안하고 싶은 마음이 든다. 그 편익 대비 비용은 극도로 작을 것이다. 보전 지역 내의 곳곳에서 24시간 생방송을 하는 (계속되는 정보 기술 혁신에 힘입어서 작고 눈에 띄지도 않는) 고해상도 카메라 1,000대만 있으면 된다. 사람들은 여전히 직접 세계의 보전 지역을 방문하겠지만, 가정, 학교, 강의실에서 손가락을 몇 번 놀리는 것만으로 실시간으로 가상 여행을 할 수도 있을 것이다. 새벽의 세렝게티 샘의 모습은? 생물들이 우글거리는 아마존 수관의 24시간 변화는 어떨까? 우리는 여름 낮 시간에 남극 대륙 연안의 얕은 물 속에서 벌어지는 일을 스트리밍 동영상으로 보게 될 것이고, 인도네시아와 뉴기니의 드넓은 산호초 해역을 카메라가 지속적으로 훑는 광경도 보게 될 것이다. 종의 이름과 전문가의 짧은 해설이 드러나지 않게 덧붙여진다면, 탐험의 개념은 영구히 변할 것이다. 그리고 탐험은 늘 안전한 상태에서 이루어질 것이다.

가장 단순하게 말하자면, 생태 발사국의 축소와 그에 따른 생물 다양성 보전 능력의 향상은 확대적 경제 성장이 집약적 경제 성장으로 대체되는 과정이 가속하기 때문에 나타난다. 20세기 내내, 그리고 지금까지도 우세한 확대적 경제 성장은 자본과 인구, 미개발지를 더 많이 추가함으로써 1인당 소득을 높이는 방식이다. 반면에 집약적 경제 성장은 기존 제품의 설계를 개선해 성능이 더 좋은 신제품을 개발하는 방식으로 이루어진다. 이 전환의 상징적인 사례로는 무어 법칙이 있다. 인텔의 공동 설립자(말이 나온 김에 덧붙이자면 세계 환경 보전에 앞장선 활동가이기도 하다.)인 고든 무어(Gordon Moore)가 내놓은 것이다. 컴퓨터 마이크로프로세서의 일정한 면적에 새길 수 있는 마이크로칩 트랜지스터의 수가 2년마다 2배로 늘기 때문에 비용이 줄어든다는 법칙이다. 이 법칙은 2002년부터 2012년까지 유지되었다. 이 법칙이 시작되기 전에는 1달러에 마이크로칩 트랜지스터를 260만 개 새길 수 있었는데, 2012년에는 2000만 개로 늘어났다.

21세기 경제 성장과 긴밀하게 연관된 결과 중 하나는 양에 토대를 둔 부에서 질에 토대를 둔 부를 중시하는 쪽으로 세계관이 전환된다는 것이다. 후자는 생태적 리얼리즘을 통해 영구히 굳어질 것이다. 생태적 리얼리즘의 핵심 개

넘은 지구 전체가 하나의 생태계이고, 지구를 우리가 원하는 모습이 아니라 있는 그대로의 모습으로 보자는 것이다. 경제와 환경의 안정성이 밀접한 관련이 있다는 점을 생각할 때, 물질적 부가 궁극적으로 삶의 질로 이어질 수 있다는 가정에 토대를 두고서 물질적 부의 축적에 매진한 기존 방식 대신에 양쪽 모두에서 자기 이해를 통해 삶의 질을 추구할 필요가 있다.

생태적 리얼리즘 세계관은 영국 왕립 협회의 보고서인 「인간과 행성(People and the planet)」에 표현된 견해와 맥락을 같이한다. 세계의 국립 과학 아카데미들은 그 권고안이 옳다고 보증을 해 왔다.

대다수의 선진국과 개발 도상국은 지속 불가능한 소비 행태를 시급하게 줄여야 한다. 여기에는 환경을 훼손하는 물질 소비와 배출을 줄이거나 근본적으로 전환하고, 지속 가능한 기술을 채택하는 일이 포함될 것이다. 또 이 일은 모두의 지속 가능한 미래를 확보하는 데에 무엇보다도 중요하다. 현재 소비는 성장을 토대로 한 경제 모형과 밀접하게 연관되어 있다. 인류가 단지 생존하기보다는 번영을 누릴 수 있도록 개인의 복지를 향상시키려면, 자연 자본의 가치를 제대로 평가할 수 있도록 현재의 경제 척도들에서 벗어나야 한다. 경제 활동을 물질 및 환경의 소비와 단절시키는 것이 시급하다.

경제 발전의 경로는 확대에 점점 덜 의존하면서 점점 더 집약적인 형태가 될 성장을 통해 정해질 것이다. 가장 고도의 제품들은 1인당 물질과 에너지를 점점 덜 소비하면서 더욱 많은 것을 이룰 수 있는 기구들을 개인에게 갖추어 줄 것이다. 그 성공은 인류세 이념의 지지자들이 상상하는 것과 정반대의 영향을 환경에 미칠 것이다. 세계의 생태 발자국을 줄일 것이고, 경제 성장에 필요한 존재에만 국한시키지 않고 다른 모든 생물들에게 자유로운 공간과 자원을 제공하게 될 것이다. 생물권과 그것을 구성하는 1000만 종은 더는 상품으로 취급되지 않고, 훨씬 더 중요한 것으로 대우받을 것이다. 우리 상상의 한계를 넘어서지만 인류의 장기 존속에 필수적인 신비한 실체로서다.

혁신과 노력을 통해서 우리는 현재 논의되고 있는 거대하면서 위험천만한 지구 공학적 계획들에 의지할 필요 없이 기후 변화 위기를 헤쳐 나갈 방법을 찾아낼 것이다. 특히 미래가 암울하다는 두려움에 못 이겨서 절실한 마음에, 대기에서 과량의 이산화탄소를 추출해 지하 깊숙이 집어넣는 짓까지 하는 일은 없을 것이다. 태양 에너지를 반사하겠다고 지표면을 황산화물로 덮는 일도 하지 않을 것이다. 더욱 나쁜 방법이지만 여전히 거론되고 있는, 바닷물에 석회를 집어넣어서 다량의 대기 이산화탄소를 흡수시킨다는 계획도 실행하지 않을 것이다.

집약적 경제가 진화해 생물 다양성에 좋은 영향을 미칠 것이라는 기대를 부추기는 것은 생물학, 나노 기술, 로봇학의 결합이다. 그 속에서 진행되고 있는 두 가지 사업, 즉 인공 생명과 인공 마음의 창조는 금세기의 나머지 기간에 과학과 첨단 기술의 많은 관심을 독차지할 듯하다. 우연찮게도 그 둘은 더 적은 에너지와 자원으로 더 나은 삶의 질을 제공함으로써, 생태 발자국을 줄이는 데에도 도움을 준다. 그럼으로써 기업가 혁신의 의도하지 않은 결과가 하나 나온다. 미래 세대를 위해 지구의 생물 다양성을 보호하는 데 기여한다는 점이다.

인공 생명체의 창조는 이미 현실이 되었다. 2010년 5월 20일, 미국 캘리포니아 주의 J. 크레이그 벤터 연구소의 연구진은 제2차 생명 창조가 이루어졌음을 선언했다. 이번에는 신의 명령이 아니라 인간의 손을 통해서였다. 연구진은 살아 있는 세포를 아예 처음부터 새로 만들었다. 실험실 선반에 있는 단순한 화학 물질들로부터, 한 세균 종의 유전 암호 전체를 조립했다. 미코플라스마 미코이데스(*Mycoplasma mycoides*)의 DNA 염기쌍 108만 개였다. 그 과정에서 연구진은 염기 서열을 조금 바꾸어서 고인이 된 이론 물리학자 리처드 파인만(Richard P. Feynman, 1918~1988년)이 한 다음의 말을 삽입했다. "내가 만들 수 없다면, 이해하지 못한 것이다." 나중에 검사했을 때 이 세포가 변형된 모세포에서 나온 세포인지를 확인하기 위해서였다. 연구진은 이 변형한 DNA를 원래의 DNA가 제거된 세포 안에 이식했다. 새로운 유전 암호를 지닌 세포는 자연적인 세포처럼 양분을 먹으면서 불어났다.

이 세포에는 17세기에 정립된 라틴 어 학명에다가 로봇에 어울릴 법한 별칭이 붙었다. 미코플라스마 미코이데스 JCVI-syn 1.0이라는 이름이었다. 연구진을 대변해 해밀턴 스미스(Hamilton O. Smith)는 이 합성한 실체를 만들고 그 계획을 완수하는 데 쓰인 새로운 도구와 기술을 갖춤으로써, "이제 우리는 세균 세포의 유전적 명령을 해부해 실제로 어떻게 작동하는지를 파악하고 이해할 수단을 지니게 되었다."라고 썼다.

사실 이 새로운 기술은 훨씬 더 많은 것을 할 준비가 되어 있다. 2014년, 미국 존스 홉킨스 대학교의 제프 보에케(Jef Boeke) 연구진은 효모 세포의 염색체 전체를 합성했다. 이 성과는 한 가지 중요한 발전을 대변하는 것이기도 하다. 효모 세포는 염색체와 미토콘드리아 같은 세포 소기관을 지니고 있다는 점에서 세균 세포보다 훨씬 더 복잡하기 때문이다.

지난 1만 년 사이에 이루어진 초보적인 인위 선택의 교과서적인 사례는 멕시코와 중앙아메리카의 세 아종으로 이루어진 야생 초본 종인 테오신트(teosinte)를 옥수수로 개량한 것이다. 이 조상 종에는 딱딱한 낟알이 성기게 달렸는데, 수세기에 걸친 선택적 교배를 통해 오늘날의 옥수수로 변했다. 순계 혈통들 사이에 폭넓게 잡종 교배를 시도해 '잡종 강세'를 보이는 것을 선택하는 과정까지 거친 끝에 오늘날 옥수수는 수억 명의 주식이 되었다.

금세기의 첫 10년 동안에는 교잡을 넘어서 다음 단계의 새로운 유전자 변형이 이루어져 왔다. 인위 선택뿐 아니라 한 생물의 유전자 하나를 다른 유전자로 직접 교체하는 방식이다. 20세기 후반기 동안 이루어진 분자 생물학의 발전 궤적을 역사적 지침으로 삼는다면, 과학자들이 온갖 세포들을 아예 처음부터 새로 합성한 뒤, 증식시켜서 합성 조직, 기관, 더 나아가 상당히 복잡한 생물 개체 자체를 만들어 내는 일을 일상적으로 하기 시작하는 시대는 필연적으로 올 듯 보인다.

우리가 꿈꾸는 지속 가능한 낙원에서 사람들이 건강하게 오래 살고, 우리 마음이 속박을 깨고 나와서 이성이 미신을 이긴! 훨씬 더 흥미로운 세상에서 사는 날이 온다면, 생물학의 발전을 통해서일 것이다. 그 목표가 실현 가능한 것은 과학자들이, 과학자이기에, 한 가지 양보할 수 없는 명령을 마음에 품고 살아가기 때문이다. 발견을 끝까지 밀고 나가라는 명령이다. 필요하다면 그 일을 다음 사람에게 넘기기는 하지만, 결코 중단하는 일은 없다. 생물 개체와 생물의 일부를 제조하는 일을 가리키는 용어도 이미 나와 있다. 바로 합성 생물학이다. 합성 생물학의 성과가 의학과 농업으로 확산되리라는 것은 쉽게 짐작할 수 있으며, 그 성과를 제한하는 것은 오로지 우리의 미흡한 상상력뿐이다. 또 합성 생물학은 미생물을 이용한 식품과 에너지 생산을 중심 무대로 옮길 것이다.

합성 생물학의 잠재력은 한 가지 당혹스러운 질문으로도 곧장 이어진다. 우리는 인간을 창조할 수 있을까? 일부 열광자들은 시간이 흐르면 결국은 가능해질 것이라고 믿는다. 과학자들이 성공한다면, 설령 어느 정도라도 성공한다면, 우리는 파인만의 방정식에 가까이 다가갈 것이다. 즉 만드는 것이 곧 이해하는 것이다. 하지만 우리는 철학의 궁극적 문제도 해결하라는 압박을 받게 될 것이다. 인간 존재의 의미는 무엇일까?

이 시점에서 역사에 관해 한마디 하는 편이 적절할 듯

하다. 한 세기 전에 인공 지능 공학자들과 뇌과학자들은 서로 다른 기술로 서로 다른 목표를 추구하기 시작했다. 인공 지능 공학의 주된 목표는 당시나 지금이나 같다. 인간의 능력을 초월해 물리적 과제를 수행하는 장치를 만드는 것이다. 반면에 뇌과학은 한 가지에 더 집중한다. 뇌과학의 중심 목표이자 궁극적 목표는 전뇌 에뮬레이션(Whole Brain Emulation, WBE)이다. 인간 수준의 마음을 모형화하고 궁극적으로 구축하는 것이다. 현재 두 분야는 수렴하고 있으며, 여러 방면에서 이미 겹치고 있다. 인공 지능 기술은 전뇌 에뮬레이션에 필수적이라는 것이 드러났고, 살아 있는 뇌에서 관찰된 활동들은 인공 지능을 발전시키는 데에 기여하고 있다.

전뇌 에뮬레이션의 최대 도전 과제는 의식을 설명하는 것이다. 신경 생물학자들은 의식이 세포라는 물질에 토대를 둔 물질 현상이라는 데 거의 만장일치로 동의한다. 따라서 의식은 신경 작업 공간이라고 하는 것의 일부이며, 실험을 하고 의식의 지도를 작성하는 것이 가능하다. 전뇌 에뮬레이션은 아직 걸음마 단계에 있지만, 보폭이 점점 넓어지고 있다. 현재의 연구 속도와 경로가 유지될 수 있다면, 금세기 안에 전뇌 에뮬레이션을 이룰 가능성이 높아 보인다. 그 일은 역사상 가장 큰 성취 중 하나로 자리매김할 것이다. 전뇌 에뮬레이션을 통해 정확히 무엇을 얻게 될까? 우리는 전뇌 에뮬레이션을 통해 성찰하고, 감정을 지니고, 배우고 성장하고자 노력하는 자의식을 지닌 인공 마음을 만들 수 있을 것이다.

이러한 목표와 그 주요 하위 목표에 이끌린 연구자들은 자신이 무엇을 발견할지, 그 결과 어떤 일이 벌어질지 전혀 두려워하지 않는다. 가장 성공한 과학자는 미지의 세계를 돌아다니는 탐험가와 비슷하다. 그들은 거의 오로지 놀라운 발견을 하는 데에만 관심이 있다. 지식 세계판 황금이나 은, 석유를 최초로 발견하는 사람이 되고 싶어 한다. 그들은 그 발견을 함으로써 최초의 발견자라는 영예를 갖고 싶어 하며, 거기에서 어떤 결과가 빚어질지 걱정하는 일은 다른 사람들에게 맡긴다. 세월이 더 흐른 뒤에야 그들은 철학자가 되며 그제야 우려를 표한다. 동시에 그들은 결국에는 지능의 의미를 알고 움직이는 로봇에 안전하게 내장시킬 수 있는 인공 지능이 우리와 함께할 것이라고 확신한다. 한편, 할리우드 극작가들에게 영향을 받은 일반 대중은 인공 지능을 걱정스럽게 바라본다. 종교 도그마와 미신에 빠져 있는, 여전히 폭력적인 문화에 속한 시민들은 아무리 교양이 있다고 하더라도 거의 아무것이든 믿으려 한다. 그들은 인공 지능과 전뇌 에뮬레이션에서 재앙의 청사진을 본다. 인간 수준의 로봇이 난폭해져서 파괴를 일으키고, 아바타(인간을 본뜬 로봇)가 자신의 창조자인 인간에게 맞서 연합해 반역을 일으키고, 컴퓨터에 다운로드한 인간 마음이 살과 피를 지닌 존재로 남아 있는 쪽을 택한 이들을 지배할 수 있게 ('트랜스휴먼'으로서) 되는 미래를 상상하기란 어렵지 않다. 그런 상상은 탁월한 특수 효과와 서사적인 줄거리에 힘입어서 지금까지 만들어진 이 장르의 영화 중 최고에 속하는 「2001: 스페이스 오디세이」, 「스타워즈」, 「터미네이터」, 「아이, 로봇」, 「아바타」, 「트랜센던스」 등 기술을 탁월하게 묘사한 SF 영화들에서 종종 볼 수 있는 신화적인 사고를 부추긴다.

과학자들은 분명히 그보다 더 잘 안다. 아무튼 우리는 뇌과학을 생물학과 인문학의 중앙 무대로 옮기고 있다. 기계의 계산 성능이 전반적으로 기하 급수적으로 향상됨에 따라, 인공 지능도 덩달아 수준이 높아지고 있다. 하드웨어 비용 1,000달러당 초당 수행하는 계산 횟수를 측정했을 때, 컴퓨터의 성능은 1960년의 초당 0.001회(3시간에 1번꼴)에서 100억 회로 증가했다. 선진국이든 개발 도상국이든 가릴 것 없이 현대 문명 사회의 모든 나라는 디지털 혁명에 동참해 왔다. 이 변화는 돌이킬 수 없다. 앞으로도 거침없이 계속 강화될 것이고, 곧 모든 사람의 삶에 깊숙이 스며

들 것이다. 그 영향의 한 예는 직업의 수명이다. 영국 옥스퍼드 대학교의 경제학자인 칼 베네딕트 프레이(Carl Benedikt Frey)와 수학자인 마이클 오스본(Michael A. Osborne)은 적어도 2030년까지 놀이 치료사, 체육 지도자, 치과의, 성직자, 화학 공학자, 소방관, 편집자는 비교적 안전한 직업에 속하겠지만, 중급 기술자, 비서, 부동산 중개인, 회계사, 경매사, 통신 판매원은 사라질 가능성이 높다고 추정했다.

해가 지날수록, 우리는 인공 지능이 급속히 발전하면서 점점 더 다양한 방향으로 응용되고 있음을 본다. 10년 전만 해도 먼 미래의 일이라고 여겼을 발전들이다. 화성의 표면을 돌아다니고 있는 로봇도 있다. 이 로봇은 바위를 돌아서 가고 비탈을 오르내리면서 사진을 찍고, 지형의 세세한 특징을 측정하고, 흙과 암석의 화학적 조성을 분석하고, 생명의 징후가 있는지 샅샅이 살펴본다. 2014년, 일본이 만든 로봇인 샤프트(SCHAFT)는 국제 다르파 로봇 경연 대회(International DARPA Robotics Challenge)에서 우승했다. 잔해를 피해 가면서 문들을 드나들고, 전동 공구로 벽에 구멍을 뚫고, 소방 호스를 연결하고, 작은 자동차를 몰고서 비비 꼬인 길을 지나가는 능력을 보여 주었다. 최근에 이루어진 발전으로, 이제 컴퓨터는 반복해 시도하면서 스스로 학습하고 교정하기 시작했다. 스스로 훈련을 하는 능력을 갖춘 한 컴퓨터는 사진 속에서 고양이를 알아본다. 소년 수준의 대화 능력을 지님으로써, 5분 동안 대화를 나눈 전문가들 중 3분의 1이 기계임을 알아차리지 못함으로써 (선구적인 컴퓨터 이론가 앨런 튜링(Alan M. Turing, 1912~1954년)의 이름을 딴) 튜링 검사를 통과한 컴퓨터도 있다.

케네스 아펠(Kenneth I. Appel, 1932~2013년)과 볼프강 하켄(Wolfgang Haken)은 초기 컴퓨터로 100억 회의 계산을 통해 고전적인 4색 지도 정리(four-color map theorem, 국가나 다른 무엇으로 나뉜 이차원 지도를 그릴 때 네 가지 색깔만으로 구분해서 그릴 수 있음을 의미한다.)를 증명함으로써 수학계에 혁신을 일으켰다. 그때까지 전통적인 분석 방식으로는 해결하지 못한 문제였다. 그들은 "신은 우리가 수학적으로 어려움을 겪는지에는 신경 쓰지 않는다. 경험적으로 통합한다."라는 아인슈타인의 말이 적어도 어느 정도는 옳았음을 보여 주었다. 다시 말해, 무엇인가가 셀 수 있는 것이라면, 신은 세는 쪽을 좋아한다는 것이다. 우리가 아직 이해하지 못한 어떤 방식으로, 인간의 뇌에 있는 1000억 개의 신경 세포도 같은 식으로 통합된 것이 아닐까?

디지털 혁명의 초창기에, 혁신가들은 인간의 뇌를 참조하지 않은 채 컴퓨터를 설계했다. 최초의 항공 기술자들이 새의 비행을 모방하는 대신에 기계 원리와 직관에 의지해

항공기를 설계한 것과 비슷했다. 아예 무지했기 때문에 그런 접근 방식을 취할 수밖에 없었다. 컴퓨터 기술자도, 뇌과학자도 생물과 실질적으로 관련지어서 생각을 할 수 있을 만큼의 지식을 갖추지 못했다. 지금은 두 분야가 빠르게 발전하면서, 자연의 과정과 인위적인 과정 사이에 유추를 하고 더 나아가 일대일로 비교까지 하는 사례들이 급증하고 있다. 컴퓨터 기술과 뇌과학의 동맹으로 전뇌 에뮬레이션은 과학의 궁극적 목표 중 하나로 부상했다.

뇌과학자들은 뇌의 회로와 과정을 인공 지능의 알고리듬으로 번역할 수 있을 만큼 뇌를 충분히 알고 있을까? 두 분야는 여전히 지향점이 다르다. 인공 지능이 실질적으로 문제의 해결책을 추구하는 공학에 속한 반면, 전뇌 에뮬레이션은 뇌와 마음이라는 핵심 문제에 초점을 맞춘다. 그렇기는 해도 둘은 철저히 뒤얽혀 있다. 미국 스탠퍼드 대학교의 대니얼 이스(Daniel Eth) 연구진은 생각, 감정, 기억, 능력을 포함해 인간 뇌를 통째로 컴퓨터에 모사한다는 상상이 실현 가능한 것이라고 말한다. 연구진은 그 일에 필요한 기술이 네 가지라고 보았다. 먼저 뇌세포들이 형성한 구조를 통째로 스캔하고, 스캔한 데이터를 토대로 모형을 구축하고, 그 모형을 컴퓨터에서 가동하고, 마지막으로 몸과 주변 환경에서 오는 감각 입력을 모사하는 기술이다. 그들을 비롯한 많은 이들은 금세기가 저물기 전에 이 모든 일들이 실현될 수 있다고 본다.

한편 '뉴로모픽(neuromorphic) 공학자', 즉 컴퓨터 개발에 초점을 맞춘 연구자들은 뇌가 지니고 있지만 컴퓨터는 아직 지니지 못한 특징을 갖춘 컴퓨터를 개발하는 데 성공할 것이라고 예상한다. 독일 하이델베르크 대학교의 카를하인츠 마이어(Karlheinz Meier)는 이 역설계를 제대로 이용하려면 세 가지 큰 문제를 해결해야 한다고 말한다. 우선 뇌를 현재 모사하려고 하는 슈퍼컴퓨터가 수백만 와트의 전력을 쓰는 반면, 인간의 뇌는 약 20와트만 쓴다는 것이다. 또 한 가지 문제는 컴퓨터가 사소한 장애조차도 견디어 내지 못한다는 것이다. 트랜지스터 하나가 빠져도 마이크로프로세서 전체가 고장 날 수 있는 반면, 뇌는 끊임없이 뉴런을 잃어 가고 있음에도 잘 돌아간다. 마지막으로, 뇌는 아동 발달이라는 대단히 복잡한 과정과 환경을 접하면서 얻는 경험을 통해 스스로 배우고 변화하는 반면, 컴퓨터는 미리 정한 알고리듬을 따라 정해진 경로와 길을 따라가야 한다는 것이다.

사실 전뇌 에뮬레이션의 설계자들은 공학적 설계에 담긴 전통적인 장애물들만이 아니라, 훨씬 더 깊은 난제들에 직면해 있다. 가장 명백한 점은 인간의 뇌가 공학의 산물이 아니라 진화의 산물이라는 것이다. 뇌는 지난 진화의 각 시기마다 이용 가능한 것들을 그러모아서 자연 선택이 그 당시의 환경에 적합하게 만들어 낸 임기응변의 산물이다. 4억 5000만 년에 걸친 척추동물의 진화와 더 이전의 무척추동물 조상으로부터 이어진 진화 과정에서, 뇌는 생각하는 기관이라기보다는 생존 기관으로서 진화했다. 처음부터 감각과 운동의 반사 조절 및 호흡과 심장 박동의 자율적인 통제를 위해 프로그래밍되었다. 또 뇌는 처음부터 본능의 중추들을 갖추고 있었다. 이 중추들을 통해 적절한 자극(행동학자들이 말하는 '신호 자극')은 타고난 본능 행동('종료 행동')을 촉발했다.

양서류, 파충류, 포유류를 거쳐 인간으로 이어진 계통을 따라오면서, 뇌의 모든 신경 회로는 자연 선택을 통해 자신이 살던 환경에 적응하도록 변형되는 과정을 되풀이했다. 고생대 양서류에서 신생대 영장류에 이르는 과정에서, 고대의 중추에 새로운 중추들이 단계적으로 추가되었다. 추가는 주로 겉질의 성장을 통해 이루어졌고, 그러면서 학습 능력이 추가되었다. 반사와 본능의 목록이 진화하면서 특정한 환경에 대한 적응력은 확장되어서 변화하는 환경에 적응하는 능력까지 갖추었다. 다른 모든 조건이 동일할 때, 계절과 서식지가 바뀌어도 살아갈 수 있는 능력을 지닌 생물은 생존하고 번식해야 하는 끊임없는 경쟁에서 유리한 입장에 놓였다.

따라서 신경 생물학자들이 인간의 뇌에 합리적인 사고를 담당하는 모든 중추들과 함께, 무의식적 사고를 하는 부분적으로 독립적인 중추들이 조밀하게 들어 있음을 발견한 것도 그리 놀랍지 않다. 언뜻 볼 때 제멋대로 흩어져 있는 듯한 겉질에 들어 있는 이 중추들은 숫자, 주의, 얼굴 인식, 의미, 읽기, 말하기, 공포, 가치, 오류 교정 등 제각기 다른 과정을 담당한 본부다. 결정은 의식적으로 이해하기 전에 이 중추들에서 무의식적 선택이라는 야만적인 힘을 통해 이루어지는 경향이 있다. 단순한 신체 활동에서도 결정은 의식하지 않은 상태에서 이루어질 수 있다. 쥘 앙리 푸앵카레(Jules Henri Poincaré, 1854~1912년)는 일찍이 1902년에 이 과정을 명확히, 시적으로 예견했다.

무의식적 자아는 의식적 자아보다 결코 열등하지 않다. 무의식적 자아는 전적으로 자동적인 것이 아니다. 무의식적 자아는 식별할 수 있으며 재치와 섬세함도 지닌다. 어떻게 선택해야 할지, 어떻게 추측해야 할지를 더 잘 안다. 내가 무슨 말을 하고 있지? 어떻게 추측해야 할지를 의식적 자아보다 더 잘 안다. 의식적 자아가 실패한 대목에서 성공하기 때문이다. 한마디로, 무의식적 자아가 의식적 자아보다 더 낫다는 말이 아닌가?

진화의 그 다음 단계에 나온 것이 의식이다. 뇌과학자들은 의식이 정확히 무엇인지 알지 못하지만, 인간 뇌에 들어온 새내기인 의식이 하는 역할을 점점 더 이해해 가고 있다. 콜레주드프랑스의 손꼽히는 이론가인 스타니슬라스 드엔(Stanislas Dehaene)은 2014년에 푸앵카레와 같은 맥락의 말을 했다.

사실 의식은 무의식적으로는 펼칠 수 없는 많은 특수한 작업을 한다. 무의식적 정보는 덧없이 사라지지만, 의식적 정보는 안정적이다. 우리는 원하는 만큼 얼마든지 그것을 붙들고 있을 수 있다. 또 의식은 엄청난 감각 데이터의 흐름을 세심하게 선택한 바이트 크기의 기호들로 이루어진 작은 집합으로 환원함으로써, 들어오는 정보를 압축한다. 그 표본 추출을 거친 정보는 다른 처리 단계로 보낼 수 있고, 그러함으로써 우리는 직렬 컴퓨터와 흡사하게 완벽하게 통제된 작업 사슬을 수행할 수 있다. 의식의 이 방송 기능은 본질적인 것이다. 언어는 인간의 이 기능을 크게 강화하며, 그 덕분에 우리는 의식적 생각을 사회 관계망을 통해 퍼뜨릴 수 있다.

뇌과학은 생물 다양성과 어떤 관계가 있을까? 지식의 수원을 여는 것을 포함해 인류의 미래에 점점 더 관심이 쏠리고 있으므로, 이제 우리의 도덕 추론을 다른 모든 생물과 관련지어서 더 세심하게 살펴볼 때가 되었다. 아니, 이미 지났다. 인간 본성은 끊임없이 변하는 유전 형질들의 집합으로서 갈지자 경로를 따라 진화했다. 인류세라는 이 최후의 시간이 시작되기 전까지 수백만 년 동안, 우리 종은 생물권이 스스로 계속 진화하도록 놓아두었다. 그 뒤에 이성보다는 무지한 본능에 더 이끌려서 우리는 낫과 불로 모든 것을 바꾸었다.

생물 다양성 보전의 종반전은 21세기에 펼쳐지고 있다. 우리 삶의 모든 측면을 변화시키고 우리의 자기 인식을 바꾸면서 일어나고 있는 디지털 기술의 폭발적인 성장에 힘입어서 'BNR' 산업(각 알파벳은 Biology(생물학), Nanotechnology(나노 기술), Robotics(로봇학)를 일컫는다.)은 현대 경제의 첨병으로 부상했다. 이 세 분야는 생물 다양성을 높이거나 파괴할 잠재력을 지닌다. 나는 높이는 쪽이라고 믿는다. 화석 연료에서 깨끗하고 지속 가능한 에너지원으로 경제 기반을 옮기고, 새로운 작물 종과 재배 방식으로 농업을 근본적으로 개선하고, 멀리 여행할 필요와 욕구 자체를 줄임으로써다. 이 모든 것은 디지털 혁명의 주된 목표들이다.

그것들을 통해 생태 발자국의 크기도 줄어들 것이다. 평균적인 사람은 땅과 바다에서 에너지와 연료를 덜 뽑아 쓰면서 더 건강하고 더 오래 높은 삶의 질을 누릴 것이라고 예상할 수 있다. 우리가 운이 좋다면(그리고 영리하다면), 세계 인구는 금세기가 저물 때나 그 직후에 100억 명이 좀 넘는 수준에서 정점에 이를 것이다. 그 뒤에 세계 인구는 줄어들 것이고, 마찬가지로 생태 발자국도 줄어들 것이다. 아마 급격히 줄어들 것이다. 이유는 우리가 세계가 어떻게 돌아가는지를 이해하려고 애쓰는, 생각하는 동물이기 때문이다. 우리는 깨어날 것이다.

한편, 뜻한 바는 아닐지라도 디지털 기술 덕분에 세계 생물 다양성 전수 조사가 가능해졌고, 그와 더불어 지구의 동식물상을 구성하는 수백만 종 하나하나의 지위를 파악할 수 있게 되었다. 이 연구는 이미 진행되고 있다. 비록 아직까지는 대단히 느릴지라도 말이다. 23세기에야 끝날 듯하다. 우리와 나머지 생물들은 인구 증가, 자원 감소, 종 소멸이라는 병목 지점의 한가운데에 있다. 생명의 청지기로서, 우리는 우리 종 스스로를 살아 있는 환경을 구하기 위한 경주에 나선 종이라고 생각할 필요가 있다. 논리적으로 보면 나머지 생물을 가능한 한 많이 이끌고 이 병목 지점을 지나 더 나은, 덜 위험한 상태로 들어서는 것이 지금 우리의 주된 목표가 된다. 세계 생물 다양성에 공간과 안전을 제공한다면, 현재 위험에 처한 많은 종들의 대부분은 스스로 지속 가능성을 회복할 것이다.

게다가 합성 생물학, 인공 지능, 전뇌 에뮬레이션, 그 외에 비슷하게 수학에 기반을 둔 다른 분야들에서 이루어진 발전들은 생태학을 예측력을 지닌 진정한 과학으로 만들 수 있다. 우리는 현재 건강과 수명을 위해 우리 자신의 몸을 철저히 살펴보는 것만큼, 그 생태학 속에서 열정적으로 종들의 상호 관계를 탐구하게 될 것이다. 사람의 뇌가 우주에서 우리가 아는 가장 복잡한 체계라는 말을 흔히 한다. 그 말은 틀렸다. 가장 복잡한 것은 각각의 자연 생태계와 종 수준의 생물 다양성을 포함한 생태계들의 집합 전체다. 각각의 식물, 동물, 균류, 미생물 종은 정교한 의사 결정 기구를 지닌다. 각각은 자신의 한살이를 나름의 방식으로 정확히 통과하도록 복잡하게 프로그래밍되어 있다. 언제 자라고, 언제 짝을 짓고, 언제 퍼뜨리고, 언제 적을 피해 숨을지를 알려 주는 명령문을 지니고 있다. 우리 창자라는 세균의 낙원에 사는 단세포 세균인 대장균도 미세한 몸속에 있는 화학 감각 분자들에 반응해 섬모라는 꼬리를 이쪽저쪽으로 회전시키면서 먹이를 향해, 그리고 독소에서 멀리 움직인다.

생태계 안팎에 있는 이 모든 마음과 의사 결정 기구들이 어떻게 진화하며, 생태계 내에서 어떻게 (긴밀하게 또는 느슨하게) 상호 작용을 하는지는 생물학에서 아직 거의 탐사되지 않은 드넓은 영역이다. 그 생물들을 연구하는 과학자들조차 아직 꿈꾸지 못한 일이다. 신경 과학, 빅데이터 이론, 상호 운용성 연구, 로봇 아바타를 이용한 시뮬레이션 등의 분야들에 쓰일 분석 기법들은 생물 다양성 연구에도 적용될 것이다. 즉 생태학의 자매 분야들에 말이다.

인류의 미래에 관한 논의를 확장해 나머지 생명과 연관 짓는 일은 이미 했어야 한다. 인간의 디지털화를 꿈꾸는 실리콘밸리의 몽상가들은 그 일을 하지 않았다. 아직까지는 그렇다. 그들은 지금까지 생물권에 그다지 관심을 두지 않았다. 인간 조건이 아주 빠르게 변하고 있기에, 우리는 우리와 독자적으로, 그리고 대가 없이 세계를 운영해 왔던 수백만 종들을 더욱 빠르게 소멸시키거나 그들의 유용성을 떨어뜨리고 있다. 인류가 지구 기후를 바꾸고, 생태계를 없애고, 지구의 천연 자원을 고갈시키는 자살 행위를 계속한다면, 우리 종은 조만간 선택을 해야 하는 상황에 내몰릴 것이고, 이번에는 우리 뇌의 의식적 부분이 쓰여야 할 것이다. 그것은 다음과 같은 선택일 것이다. 우리는 유전적인 토대를 지닌 인간의 본성을 간직하는 한편으로 자기 자신과 생물권의 다른 생물들에게 해를 끼치는 활동을 줄이는 존재론적 보수주의자가 될 것인가? 아니면 나머지 생명이 사라지도록 놓아둔 채, 우리 종에게만 중요한 변화들을 일으킬 신기술을 사용할 것인가? 결정할 시간이 얼마 남지 않았다.

「멕시코상자거북(*Cistudo mexicana*)」,《런던 동물학 회보》(1848~1860년).

21
무엇을
해야 할까

생명 공학과 합리적인 역량의 중요성이 아주 급속히 커져 가고 있는 시대에, 불가침의 보호 구역들로 이루어진 세계적인 네트워크로 지표면의 절반을 뒤덮자는 생각은 지극히 합리적이다. 하지만 사람들과 그들의 자기중심적인 정치 지도자들이 자기 수중의 것을 남들과 공유하려 할까? 개인의 이익에 반대되는 행동을 누군가 하리라고 결코 기대하지 말라는 것이 이타주의의 첫 번째 원칙이라는 말을 흔히 한다. 뇌가 진화해 온 방식 때문에, 손톱만큼이라도 자신의 위험이나 희생이 따른다는 생각이 들면 멀리 있는 환경을 보호하는 일에 나서기가 무척 어렵다는 것이다. 이 논리에 따르면, 진정한 이타주의는 가족, 부족, 민족, 국가에 한정될 수밖에 없다. 남에게 개인적으로 헌신할 때 자신의 유전자가 간접적으로 보상을 받는 것이 보이는 상황에서만 적용된다는 것이다. 신은 다른 모든 종교의 창세 이야기들보다 자신을 믿는 종교의 창세 이야기를 선호한다고 여겨진다. 애국자는 자기 사회의 도덕 규범이 세계에서 최고라고 생각한다. 올림픽 우승자를 위해 울려 퍼지는 노래는 인간의 성취를 기리는 찬가가 아니라, 국가다.

설령 자기 보상적 행동이 인간 행동을 주도한다고 할지라도, 그것만이 작용하는 것은 아니다. 진정한 이타주의를 발휘하는 본능도 존재한다. 개인이 어느 정도의 힘을 지님으로써 이타주의적 목표를 달성하려는 책임감을 지니게 될때, 그 본능은 뇌의 결정 중추로 가장 쉽게 들어간다. 그 본능을 만들어 낸 진화적 추진력은 개체 선택과 별개로 존재하는 집단 선택이다. 그 과정은 본질적으로 다음과 같은 식으로 이루어진다. 한 집단의 일원을 향한 이타주의가 집단의 성공에 기여한다면, 그 이타주의자의 혈통과 유전자가 얻는 혜택이 그 이타주의로 생긴 유전자의 손실을 초과할수 있다는 것이다.

이 개념을 처음으로 개괄한 다윈은 처음에 그것을 받아들이기가 어려웠다고 고백했지만, (유전자라는 개념을 몰랐던 것도 한 가지 이유다.) 그럼에도 『인간의 유래(The Descent of Man)』에서 그 개념을 명확히 표현했다.

비록 누구인가가 높은 도덕 기준을 지닌다고 해서, 그 사람과 아이들이 같은 부족의 다른 사람들보다 더 유리할 것도 없으며, 유리하다고 해도 아주 미미한 수준이겠지만, 도덕 기준이 높아지고 덕망 있는 사람들이 늘어나면 그 부족이 다른 부족보다 분명히 대단히 더 유리해진다는 점도 명심해야 한다. 애국심, 충성심, 복종심, 용기, 동정심이 강한 사람들이 많은 부족이 서로를 돕고 공공선을 위해 스스로를 희생할 준비가 늘 되어 있고, 다른 대다수 부족을 이길 것이며, 그것이 자연 선택이라는 점에는 의심의 여지가 없다. 전 세계에서 언제나 부족들은 다른 부족들을 밀어내 왔다. 그리고 도덕성이 그들이 성공한 한 요소이므로, 도덕 기준과 덕망 있는 사람들의 수는 어디에서든 높아지고 늘어날 것이다.

그 뒤로 여러 차례 다듬어져 왔고, 이론과 실험을 통해 검증된 이 다수준 선택(개체 선택 더하기 집단 선택) 개념은 사회 진화의 일부로서 같은 부족 안팎의 혈연 관계가 없는 사람들과 더 나아가 다른 종에게까지도 확장될 수 있다. 나를 비롯한 연구자들이 이전의 연구를 통해 주장해 왔듯이, 생명 과정을 사랑하는 타고난 성향, 즉 바이오필리아(biophilia)

현상은 자연 세계에도, 다시 말해 인류의 조상 환경에도 적용된다.

생명 세계는 절망적인 상태에 있다. 모든 수준에서 다양성이 급감하고 있다. 생명 세계가 제공하는 생태적 서비스와 잠재적인 산물이라는 경제적 척도를 이야기하면 훼손을 막는 데 좀 도움이 되겠지만, 그 세계를 구하지는 못할 것이다. 신의 성지라고 여긴다고 해도 부족할 것이다. 전통 종교들은 상상할 수 있는 다른 모든 목적보다 현세와 내세의 인간을 구원하는 데 초점이 맞추어져 있기 때문이다.

나머지 생명에 더 헌신하는 쪽으로 도덕 추론에 중대한 개편이 이루어져야만 금세기의 이 가장 큰 도전 과제를 해결할 수 있다. 야생지는 우리가 태어난 곳이다. 우리 문명은 야생지를 토대로 삼아 건설되었다. 우리의 식량과 주거 시설과 교통 수단도 대부분 야생지에서 나온 것이다. 우리의 신들도 그 속에서 살았다. 야생지의 자연은 지구의 모든 존재가 지닌 생득권이다. 우리가 야생지에서 살아남기를 허용했으면서도 계속 위협을 가해 온 수백만 종은 계통학적으로 볼 때 우리의 친족이다. 그들의 기나긴 역사는 우리의 기나긴 역사이기도 하다. 우리가 어떤 식으로 허영을 부리고 환상을 펼치든 간에, 우리는 언제나 이 생물 세계에 얽매인 생물학적 종이었고 앞으로도 죽 그럴 것이다. 수백만 년에 걸친 진화는 우리 유전자에 지울 수 없는 암호를 새겨 놓았다. 야생지 없는 역사는 결코 역사가 아니다.

우리는 우리 종이 물려받은 아름다운 세계가 38억 년에 걸쳐 건설된 생물권이라는 점을 늘 명심해야 한다. 우리는 그 안에 사는 종들의 복잡한 사항들을 일부만 알 뿐이며, 그들이 협력해 지속 가능한 균형을 이루는 과정을 최근에야 이해하기 시작했다. 좋든 싫든, 준비가 되었든 아니든 간에, 우리는 생명 세계의 마음이자 청지기다. 우리의 미래는 궁극적으로 그 점을 이해하는 데 달려 있다. 우리는 아주 긴 야만 시대를 거쳐 왔지만, 지금도 여전히 그 시대를 벗어나지 못하고 있다. 그렇기는 해도 지금 나는 나머지 생명을 고려하는 초월적인 도덕 규범을 채택할 만큼 우리가 충분히 배웠다고 믿는다. 그 규범은 단순하고도 쉽다. 생물권에 더는 해를 끼치지 마라.

머리말

참고할 점 하나 ┃ 나는 이렇게 보전 구역을 대규모로 확장해야 한다는 주장을 『생명의 미래』와 『생명의 기억』에서 처음 펼쳤다. '지구의 절반'은 토니 히스가 이 개념에 붙인 용어이다. Tony Hiss. (2014). Can the world really set aside half the planet for wildlife? *Smithsonian*, 45(5), 66 – 78.

1 여섯 번째 멸종

Brown, L. (2011). *World On the Edge* (New York: W. W. Norton)

Chivian, D. et al. (2008). Environmental genetics reveals a single-species ecosystem deep within Earth. *Science*, 322(5899), 275 – 278.

Christner, B. C. et al. (2014). A microbial ecosystem beneath the West Antarctic ice sheet. *Nature*, 512(7514), 310 – 317.

Crist, E. (2013). On the poverty of our nomenclature. *Environmental Humanities*, 3, 129 – 147.

Emmott, S. (2013). *Ten Billion* (New York: Random House)

Kolbert, E. (2014). *The Sixth Extinction* (New York: Henry Holt)

Priscu, J. C. & K. P. Hand. (2012). Microbial habitability of icy worlds. *Microbe*, 7(4), 167 – 172.

Weisman, A. (2013). *Countdown: Our Last, Best Hope for a Future On Earth?* (New York: Little Brown and Company)

Wuerthner, G., E. Crist, & T. Butler, eds. (2015). *Protecting the Wild: Parks and Wilderness, the Foundation for Conservation* (Washington D.C.: Island Press)

2 인류에게는 생물권이 필요하다

Boersma, P. D., S. H. Reichard, & A. N. Van Buren, eds. (2006). *Invasive Species in the Pacific Northwest* (Seattle: University of Washington Press)

Murcia, C. et al. (2014). A critique of the 'novel ecosystem' concept. *Trends in Ecology and Evolution*, 29(10), 548 – 553.

Pearson, A. (2008). Who lives in the sea floor? *Nature*, 454(7207), 952 – 953.

Sax, D. F., J. J. Stachowicz, & S. D. Gaines, eds. (2005). *Species Invasions: Insights into Ecology, Evolution, and Biogeography* (Sunderland, MA: Sinauer Associates)

Simberloff, D. (2013). *Invasive Species: What Everyone Needs to Know* (New York: Oxford University Press)

Tudge, C. (2000). *The Variety of Life: A Survey and a Celebration of All* the *Creatures That Have Ever Lived* (New York: Oxford University Press)

White, P. J., R. A. Garrott, & G. E. Plumb. (2013). *Yellowstone's Wildlife In Transition* (Cambridge, MA: Harvard University Press)

Wilson, E. O. (1993). *The Diversity of Life: College Edition* (New York: W. W. Norton)

Wilson, E. O. (2002). *The Future of Life* (New York: Alfred A. Knopf)

Wilson, E. O. (2006). *The Creation: An Appeal to Save Life On Earth* (New York: W. W. Norton)

Womack, A. M., B. J. M. Bohannan, & J. L. Green. (2010). Biodiversity and biogeography of the atmosphere. *Philosophical Transactions of the Royal Society of London B 365*, 3645 - 3653.

Woodworth, P. (2013). *Our Once and Future Planet: Restoring the World in the Climate Change Century* (Chicago: University of Chicago Press)

3 현재 살아남은 생물 다양성은 얼마나 될까

Baillie, J. E. M. (2010). *Evolution Lost: Status and Trends of the World's Vertebrates* (London: Zoological Society of London)

Bruns, T. (2006). A kingdom revised. *Nature*, 443, 758.

Chapman, R. D. (2009). *Numbers of Living Species in Australia and the World* (Canberra, Australia: Department of the Environment, Water, Heritage, and the Arts)

Magurran, A., & M. Dornelas, eds. (2010). Introduction: Biological diversity in a changing world. *Philosophical Transactions of the Royal Society of London B 365*, 3591 - 3778.

Pereira, H. M. et al. (2013). Essential biodiversity variables. *Science*, 339, 278 – 279.

Schoss, P. D., & J. Handelsman. (2004). Status of the microbial census. Microbiology and Molecular Biology Reviews 68(4), 686 – 691.

Strain, D. (2011). 87 million: A new estimate for all the complex species on Earth. *Science*, 333, 1083.

Tudge, C. (2000). *The Variety of Life: A Survey and a Celebration of All the Creatures That Have Ever Lived* (New York: Oxford University Press).

Wilson, E. O. (1993). *The Diversity of Life: College Edition* (New York: W. W. Norton)

Wilson, E. O. (2013). Beware the age of loneliness. *The Economist "The World in 2014,"* p. 143.

4 코뿔소를 위한 비가

Platt, J. R. (2015). How the western black rhino went extinct. *Scientific American Blog Network*, January 17, 2015.

Roth, T. (2004). A rhino named 'Emi.' *Wildlife Explorer* (Cincinnati Zoo & Botanical Gardens), Sept/Oct, 4-9.

Martin D. (2014). Ian Player is dead at 87; helped to save rhinos. *New York Times*, December 5, 2014, p. B15.

5 지옥의 묵시록

Laurance, W. E. (2013). The race to name Earth's species. *Science*, 339, 1275.

Sax, D. F., & S. D. Gaines. (2008). Species invasions and extinction: The future of native biodiversity on islands. *Proceedings of the National Academy of Sciences U.S.A.*, 105(suppl. 1), 1490 – 1497.

6 우리는 신이 아니다

Brand, S. (1968). "We are as gods and might as well get good at it." *Whole Earth Catalog* (Published by Stewart Brand)

Brand, S. (2009). "We are as gods and HAVE to get good at it." *Whole Earth Discipline: An Ecopragmatist Manifesto* (New York: Viking)

7 왜 멸종은 가속하고 있는가

Laurance, W. E. (2013). The race to name Earth's species. *Science*, 339, 1275.

Hoffman, M. et al. (2010). The impact of conservation on the status of the world's vertebrates. *Science*, 330(6010), 1503 – 1509.

Sax, D. F., & S. D. Gaines. (2008). Species invasions and extinction: The future of native biodiversity on islands. *Proceedings of the National Academy of Sciences U.S.A.*, 105(suppl. 1), 1490 – 1497.

8 기후 변화의 영향: 육지와 바다, 공기

Banks-Leite, C. et al. (2012). Unraveling the drivers of community dissimilarity and species extinction in fragmented landscapes.

Ecology, 93(12), 2560 – 2569.

Botkin, D. B. et al. (2007). Forecasting the effects of global warming on biodiversity. *BioScience*, 57(3), 227 – 236.

Burkhead, N. M. (2012). Extinction rates in North American freshwater fishes, 1900 – 2010. *BioScience*, 62(9), 798 – 808.

Carpenter, K. E. et al. (2008). One-third of reef-building corals face elevated extinction risk from climate change and local impacts. *Science*, 321(5888), 560-563.

Cicerone, R. J. (2006). *Finding Climate Change and Being Useful* (Sixth annual John H. Chafee Memorial Lecture) (Washington D.C.: National Council for Science and the Environment)

Culver, S. J., & P. F. Rawson, eds. (2000). *Biotic Response to Global Change: The Last 145 Million Years* (New York: Cambridge University Press)

De Vos, J. M. et al. (2014). Estimating the normal background rate of species extinction. *Conservation Biology*, 29(2), 452 – 462.

Duncan, R. P., A. G. Boyer, & T. M. Blackburn. (2013). Magnitude and variation of prehistoric bird extinctions in the Pacific. *Proceedings of the National Academy of Sciences U.S.A.* 110(16), 6436 – 6441.

Dybas, C. L. (2005). Dead zones spreading in world oceans. *BioScience*, 55(7), 552 – 557.

Erwin, D. H. (2008). Extinction as the loss of evolutionary history. *Proceedings of the National Academy of Sciences U.S.A.*, 105, 11520 – 11527.

Estes, J. A. et al. (2011). Trophic downgrading of planet Earth.

Science, 333(6040), 301 – 306.

Gillis, J. (2014). 3.6 degrees of uncertainty. *New York Times*, December 16, 2014, p. D3.

Hawks, J. (2012). Longer time scale for human evolution. *Proceedings of the National Academy of Sciences U.S.A.*, 109(39), 15531 – 15532.

Herrero, M. & P. K. Thornton. (2013). Livestock and global change: emerging issues for sustainable food systems. *Proceedings of the National Academy of Sciences U.S.A.*, 110(52), 20878 – 20881.

Jackson, J. B. C. (2008). Ecological extinction in the brave new ocean. *Proceedings of the National Academy of Sciences U.S.A.*, 105, 11458 – 11465.

Jeschke, J. M. & D. L. Strayer. (2005). Invasion success of vertebrates in Europe and North America. *Proceedings of the National Academy of Sciences U.S.A.*, 102(20), 7198 – 7202.

Laurance, W. F. et al. 2006. Rapid decay of tree-community composition in Amazonian forest fragments. *Proceedings of the National Academy of Sciences U.S.A.*, 103(50), 19010 – 19014.

LoGuidice, K. (2006). Toward a synthetic view of extinction: a history lesson from a North American rodent. *BioScience*, 56(8), 687 – 693.

Lovejoy, T. E. & L. Hannah, eds. (2005). *Climate Change and Biodiversity* (New Haven, CT: Yale University Press)

Mayhew, P. J., G. B. Jenkins, & T. G. Benton. (2008). A long-term association between global temperature and biodiversity, origination and extinction in the fossil record. *Proceedings of the Royal Society of London B 275*, 47 – 53.

McCauley, D. J. et al. (2015). Marine defaunation: Animal loss in the global ocean. *Science*, 347(6219), 247 – 254.

Millennium Ecosystems Assessment. (2005). *Ecosystems and Human Well Being, Synthesis*. Summary for Decision Makers. 24pp.

Pimm, S. L. et al. (2014). The biodiversity of species and their rates of extinction, distribution, and protection. *Science*, 344(6187), 1246752-1 – 10 (doi:10.1126/science.1246752).

Pimm, S. L., T. Brooks. (2013). Conservation: Forest fragments, facts, and fallacies. *Current Biology*, 23:R1098, 4pp.

Stuart, S. N. et al. (2004). Status and trends of amphibian declines and extinctions worldwide. *Science*, 306, 1783 – 1786.

The Economist. (2014). Deep water. February 22.

Thomas, C. D. (2013). Local diversity stays about the same, regional diversity increases, and global diversity declines. *Proceedings of the National Academy of Sciences U.S.A.*, 110(48), 19187 – 19188.

Urban, M. C. (2015). Accelerating extinction risk from climate change. *Science*, 348, 571 – 573.

Vellend, M. et al. (2013). Global meta-analysis reveals no net change in local-scale plant biodiversity over time. *Proceedings of the National Academy of Sciences U.S.A.*, 110(48), 19456 – 19459.

Wagg, C. et al. (2014). Soil biodiversity and soil community composition determine ecosystem multifunctionality. *Proceedings of the National Academy of Sciences U.S.A.*, 111(14),

5266 – 5270.

9 가장 위험한 세계관

Crist, E. (2013). On the poverty of our nomenclature. *Environmental Humanities*, 3, 129 – 147.

Ellis, E. (2009). Stop trying to save the planet. *Wired*, May 6.

Kolata, G. (2013). You're extinct? Scientists have gleam in eye. *New York Times*, March 19.

Kumar, S. (2012). Extinction need not be forever. *Nature*, 492(7427), 9.

Marris, E. (2011). *Rambunctious Garden: Saving Nature in a Post-Wild World* (New York: Bloomsbury)

Murcia, C. et al. (2014). A critique of the 'novel ecosystem' concept. *Trends in Ecology and Evolution*, 29(10), 548 – 553.

Revkin, A. C. (2012). Peter Kareiva, an inconvenient environmentalist. *New York Times*, April 3, 2012.

Rich, N. (2014). The Mammoth cometh. *New York Times Magazine*, March 2.

Thomas, C. D. (2013). The Anthropocene could raise biological diversity. *Nature*, 502(7469), 7.

Voosen, P. (2012). Myth-busting scientist pushes greens past reliance on 'horror stories.' *Greenwire*, April 3.

Wuerthner, G., E. Crist, & T. Butler, eds. (2015). *Protecting the Wild: Parks and Wilderness, the Foundation for Conservation* (Washington D.C.: Island Press)

Zimmer, C. (2013). Bringing them back to life. *National Geographic*,

223(4), 28 – 33, 35 – 41.

10 보전 과학

Balmford, A. (2012). *Wild Hope: On the Front Lines of Conservation Success* (Chicago: University of Chicago Press)

Cadotte, M. C., B. J. Cardinale, & T. H. Oakley. (2008). Evolutionary history predicts the ecological impacts of species extinction. *Proceedings of the National Academy of Sciences U.S.A.*, 105(44), 17012 – 17017.

Discover Life in America(DLIA). (2012). *Fifteen Years of Discovery*. Report of DLIA, Great Smoky Mountains National Park.

Hoffmann, M. et al. (2010). The impact of conservation on the status of the world's vertebrates. *Science*, 330(6010), 1503 – 1509.

Jeschke, J. M., & D. L. Strayer. (2005). Invasion success of vertebrates in Europe and North America. *Proceedings of the National Academy of Sciences U.S.A.*, 102(20), 7198 – 7202.

Reebs, S. (2005). Report card. *Natural History*, 114(5), 14. [The Endangered Species Act of 1973]

Rodrigues, A. S. L. (2006). Are global conservation efforts successful? *Science*, 313(5790), 1051 – 1052.

Schipper, J. et al. (2008). The status of the world's land and marine mammals: diversity, threat, and knowledge. *Science*, 322(5899), 225 – 230.

Stone, R. (2007). Paradise lost, then regained. *Science*, 317(5835), 193.

Taylor, M. F. J., K. F. Suckling, & J. J. Rachlinski. (2005). The effectiveness of the Endangered Species Act: A quantitative analysis. *BioScience*, 55(4), 360 – 367.

11 '세상에, 저게 뭐지?' 종

Hoose, P. M. (2004). *The Race to Save the Lord God Bird* (New York: Farrar, Straus and Giroux)

12 알려지지 않은 생명의 그물

Dejean, A. et al. (2010). Arboreal ants use the 'Velcro®principle' to capture very large prey. *PLoS One*, 5(6), e11331.

Dell, H. (2006). To catch a bee. *Nature*, 443(7108), 158.

Hoover, K. et al. (2011). A gene for an extended phenotype. *Science*, 333(6048), 1401. [gypsy moth]

Hughes, B. B. et al. (2013). Recovery of a top predator mediates negative eutrophic affects on seagrass. *Proceedings of the National Academy of Sciences U.S.A.*, 110(38), 15313 – 15318.

Milius, S. (2005). Proxy vampire: spider eats blood by catching mosquitoes. *Science News*, 168, 246.

Montoya, J. M., S. L. Pimm, & R. V. Soulé. (2006). Ecological networks and their fragility. *Nature*, 442(20), 259 – 264.

Moore, P. D. (2005). The roots of stability. *Science*, 4437(13), 959 – 961.

Mora, E. et al. (2011). How many species are there on Earth and in the ocean? *PLoS Biology*, 9, e1001127.

Palfrey, J., & U. Gasser. (2012). *Interop: The Promise and Perils of*

Highly Interconnected Systems (New York: Basic Books)

Seenivasan, R. et al. (2013). *Picomonas judraskela* gen. et sp. nov: the first identified member of the Picozoa phylum nov., widespread group of picoeukaryotes, formerly known as 'picobiliphytes.' *PLoS One*, 8(3), e59565.

Ward, D. M. (2006). A macrobiological perspective on microbial species. *Perspective*, 1, 269 – 278.

13 전혀 다른 수생 세계

Ash, C., J. Foley, & E. Pennisi. (2008). Lost in microbial space. *Science*, 320(5879), 1027.

Chang, L., M. Bears, & A. Smith. (2011). Life on the high seas— the bug Darwin never saw. *Antenna*, 35(1), 36 – 42.

Gibbons, S. M. et al. (2013). Evidence for a persistent microbial seed bank throughout the global ocean. *Proceedings of the National Academy of Sciences U.S.A.*, 110(12), 4651 – 4655.

McCauley, D. J. et al. (2015). Marine defaunation: Animal loss in the global ocean. *Science*, 347(6219), 247 – 254.

McKenna, P. (2006). Woods Hole Researcher discovers oceans of life. *Boston Globe*, August 7.

Pearson, A. (2008). Who lives in the sea floor? *Nature*, 454(7207), 952 – 953.

Roussel, E. G. et al. (2008). Extending the sub-sea-floor biosphere. *Science*, 320(5879), 1046.

14 보이지 않는 제국

Ash, C., J. Foley, & E. Pennisi. (2008). Lost in microbial space. *Science*, 320(5879), 1027.

Bouman, H. A. et al. (2006). Oceanographic basis of the global surface distribution of *Prochlorococcus* ecotypes. *Science*, 312(5775), 918 – 921.

Burnett, R. M. (2006). More barrels from the viral tree of life. *Proceedings of the National Academy of Sciences U.S.A.*, 103(1), 3 – 4.

Chivian, D. et al. (2008). Environmental genomics reveals a single-species ecosystem deep within Earth. *Science*, 322(5899), 275 – 278.

Christner, B. C. et al. (2014). A microbial ecosystem beneath the West Antarctic ice sheet. *Nature*, 512(7514), 310 – 317.

DeMaere, M. Z. et al. (2013). High level of intergene exchange shapes the evolution of holoarchaea in an isolated Antarctic lake. *Proceedings of the National Academy of Sciences U.S.A.*, 110(42), 16939 – 16944.

Fierer, N. & R. B. Jackson. (2006). The diversity and biogeography of soil bacterial communities. *Proceedings of the National Academy of Sciences U.S.A.*, 103(3), 626 – 631.

Hugoni, M. et al. (2013). Structure of the rare archaeal biosphere and season dynamics of active ecotypes in surface coastal waters. *Proceedings of the National Academy of Sciences U.S.A.*, 110(15), 6004 – 6009.

Johnson, Z. I. et al. (2006). Niche partitioning among *Prochlorococcus* ecotypes along ocean-scale environmental gradients. *Science*, 311(5768), 1737 - 1740.

Milius, S. (2004). Gutless wonder: new symbiosis lets worm feed on whale bones. *Science News*, 166(5), 68 - 69.

Pearson, A. (2008). Who lives in the sea floor? *Nature*, 454(7207), 952 - 953.

Seenivasan, R. et al. (2013). *Picomonas judraskela* gen. et sp. nov.: the first identified member of the Picozoa phylum nov. *PLoS One*, 8(3), e59565.

Shaw, J. (2007). The undiscovered planet. *Harvard Magazine*, 110(2), 44 - 53.

Zhao, Y. et al. (2013). Abundant SAR11 viruses in the ocean. *Nature*, 494(7437), 357 - 360.

15 생물권 최고의 장소

이 장에 실린 지역들은 나와 내가 요청한 선임 보전 생물학자 18명이 폭넓은 현장 경험을 토대로 주관적으로 고른 곳들이다. 그 18명의 이름은 다음과 같다. 리앤 알론소(Leeanne Alonso), 스테펀 커버(Stefan Cover), 실비아 얼(Sylvia Earle), 브라이언 피셔(Brian Fisher), 에이드리언 포사이스(Adrian Forsyth), 로버트 조지(Robert George), 해리 그린(Harry Greene), 토머스 러브조이(Thomas Lovejoy), 마거릿 (메그) 로먼(Margaret (Meg) Lowman), 데이비드 매디슨(David Maddison), 브루스 민스(Bruce Means), 러스 미터마이어(Russ Mittermeier), 마크 모펏(Mark Moffett), 피오트르 나스크레츠키(Piotr Naskrecki), 스튜어트 핌(Stuart Pimm), 질리언 프랜스(Ghillean Prance), 피터 레이븐(Peter Raven), 다이애나 월(Diana

Wall).

16 재정의된 역사

Tewksbury, J. J. et al. (2014). Natural history's place in science and society. *BioScience*, 64(4), 300 – 310.

Wilson, E. O. (2012). *The Social Conquest of Earth* (New York: W. W. Norton)

Wilson, E. O. (2014). *The Meaning of Human Existence* (New York: W. W. Norton)

17 일깨우기

Andersen, D. (2014). Letter dated August 12, quoted with permission.

Millennium Ecosystems Assessment. (2005). *Ecosystems and Human Well Being, Synthesis*. Summary for Decision Makers. 24pp.

Running, S. W. (2012). A measurable planetary boundary for the biosphere. *Science*, 337(6101), 1458 – 1459.

18 복원

Finch, W. et al. (2012). *Longleaf, Far As the Eye Can See* (Chapel Hill, NC: University of North Carolina Press)

Hiss, T. (2014). The wildest idea on Earth. *Smithsonian*, 45(5), 66 – 78.

Hughes, B. B. et al. (2013). Recovery of a top predator mediates negative trophic effects on seagrass. *Proceedings of the National Academy of Sciences U.S.A.*, 110(38), 15313 – 15318.

Krajick, K. (2005). Winning the war against island invaders. *Science*, 310(5753), 1410 – 1413.

Tallamy, D. W. (2007). *Bringing Nature Home: How You Can Sustain Wildlife with Native Plants* (Portland, OR: Timber Press)

Wilkinson, T. (2013). *Last Stand: Ted Turner's Quest to Save a Troubled Planet* (Guilford, CT: Lyons Press)

Wilson, E. O. (2014). *A Window on Eternity: A Biologist's Walk Through Gorongosa National Park* (New York: Simon and Schuster)

Woodworth, P. (2013). *Our Once and Future Planet: Restoring the World in the Climate Change Century* (Chicago: University of Chicago Press)

Zimov, S. A. (2005). Pleistocene park: return of the mammoth's ecosystem. *Science*, 308(5723), 796 – 798.

19 지구의 절반

Gunter, M. M., Jr. (2004). *Building the Next Ark: How NGOs Work to Protect Biodiversity* (Lebanon, NH: University Press of New England)

Hiss, T. (2014). The wildest idea on Earth. *Smithsonian*, 45(5), 66 – 78.

Jenkins, C. N. et al. (2015). US protected lands mismatch biodiversity priorities. *Proceedings of the National Academy of Sciences U.S.A.*, 112(16), 5081 – 5086.

Noss, R. F., A. P. Dobson, R. Baldwin, P. Beier, C. R. Davis, D. A. Dellasala, J. Francis, H. Locke, K. Nowak, R. Lopez, C. Reining, S. C. Trombulak, & G. Tabor. (2011). Bolder thinking for conservation. *Conservation Biology*, 26(1), 1 – 9.

Soulé, M. E., & J. Terborgh, eds. (1999). *Continental Conservation: Scientific Foundations of Regional Networks* (Washington D.C.: Island Press)

Steffen, W. et al. (2015). Planetary boundaries: Guiding human development on a changing planet. *Sciencexpress*, January 15, 2015, pp. 1 – 17.

20 병목 지점 통과하기

Aamoth, D. (2014). The Turing test. *Time Magazine*, June 23.

Blewett, J., & R. Cunningham, eds. (2014). *The Post-Growth Project: How the End of Economic Growth Could Bring a Fairer and Happier Society* (London: Green House)

Bourne, J. K., Jr. (2015). *The End of Plenty* (New York: W. W. Norton)

Bradshaw, C. J. A., & B. W. Brook. (2014). Human population reduction is not a quick fix for environmental problems. *Proceedings of the National Academy of Sciences U.S.A.*, 111(46), 16610 – 16615.

Brown, L. R. (2011). *World On Edge: How to Prevent Environmental and Economic Collapse* (New York: W. W. Norton)

Brown, L. R. (2012). *Full Planet, Empty Plates: The New Geopolitics of Food Scarcity* (New York: W. W. Norton)

Callaway, E. (2013). Synthetic biologists and conservationists open talks. *Nature*, 496(7445), 281.

Carrington, D. (2014). World population to hit 11 bn in 2100 — with 70% chance of continuous rise. *The Guardian*,

September 18, 2014.

Cohen, J. E. (1995). *How Many People Can the Earth Support?* (New York: W. W. Norton)

Dehaene, S. (2014). *Consciousness and the Brain: Deciphering How the Brain Codes Our Thoughts* (New York: Viking)

Eckersley, P. & A. Sandberg. (2013). Is brain emulation dangerous? *J. Artificial General Intelligence*, 4(3), 170 – 194.

Emmott, S. (2013). *Ten Billion*, (New York: Random House)

Eth, D., J.-C. Foust, & B. Whale. (2013). The prospects of Whole Brain Emulation within the next half-century. *J. Artificial General Intelligence*, 4(3), 130 – 152.

Frey, G. B. (2015). The end of Economic growth? *Scientific American*, 312(1), 12.

Garrett, L. (2013). Biology's brave new world. *Foreign Affairs*, Nov-Dec.

Gerland, P. et al. (2014). World population stabilization unlikely this century. *Science*, 346(6206), 234 – 237.

Graziano, M. S. A. (2013). *Consciousness and the Social Brain* (New York: Oxford University Press)

Grossman, L. (2014). Quantum leap: inside the tangled quest for the future of computing. *TIME Magazine*, February 6.

Hopfenberg, R. (2014). An expansion of the demographic transition model: The dynamic link between agricultural productivity and population. *Biodiversity*, 15(4), 246 – 254.

Klein, N. (2014). *This Changes Everything* (New York: Simon & Schuster)

Koene, R. & D. Deca. (2013). Whole brain emulation seeks to implement a mind and its general intelligence through systems identification. *J. Artificial General Intelligence*, 4(3), 1 - 9.

Palfrey, J. & U. Gasser. (2012). *Interop: The Promise and Perils of Highly Interconnected Systems* (New York: Basic Books)

Pauwels, E. (2013). Public understanding of synthetic biology. *BioScience* 63(2), 79 - 89.

Saunders, D. (2010). *Arrival City: How the Largest Migration in History Is Reshaping Our World* (New York: Random House)

Schneider, G. E. (2014). *Brain Structure and Its Origins: in Development and in Evolution of Behavior and the Mind* (Cambridge, MA: MIT Press)

Thackray, A., D. Brock, & R. Jones. (2015). *Moore's Law: The Life of Gordon Moore, Silicon Valley's Quiet Revolutionary* (New York: Basic Books)

The Economist. (2014). The future of jobs. January 18.

The Economist. (2014). DIY chromosomes. March 29.

The Economist. (2014). Rise of the robots. March 29 - April 4.

United Nations. (2012). *World Population Prospects* (New York: United Nations)

Venter, J. C. (2013). *Life at the Speed of Light: From the Double Helix to the Dawn of Digital Life* (New York: Viking)

Weisman, A. (2013). *Countdown: Our Last, Best Hope for a Future On Earth?* (New York: Little Brown and Company)

Wilson, E. O. (2014). *A Window On Eternity: A Biologist's Walk Through Gorongosa National Park* (New York: Simon & Schuster)

Zlotnik, H. (2013). Crowd control. *Nature*, 501, 30 – 31.

21 무엇을 해야 할까

Balmford, A. et al. (2004). The worldwide costs of marine protected areas. *Proceedings of the National Academy of Sciences U.S.A.*, 101(26), 9694 – 9697.

Bradshaw, C. J. A., & B. W. Brook. (2014). Human population reduction is not a quick fix for environmental problems. *Proceedings of the National Academy of Sciences U.S.A.*, 111(46). 16610 – 16615.

Donlan, C. J. (2007). Restoring America's big, wild animals. *Scientific American*, 296(6), 72 – 77.

Hamilton, C. (2015). The risks of climate engineering. *New York Times*, February 12, 2015, p. A27.

Hiss, T. (2014). The wildest idea on Earth. *Smithsonian*, 45(5), 66 – 78.

Jenkins, C. N. et al. (2015). US protected lands mismatch biodiversity priorities. *Proceedings of the National Academy of Sciences U.S.A.*, 112(16), 5081 – 5086.

Mikusiński, G., H. P. Possingham, & M. Blicharska. (2014). Biodiversity priority areas and religions—a global analysis of spatial overlap. *Oryx*, 48(1), 17 – 22.

Pereria, H. M. et al. (2013). Essential biodiversity variables. *Science*, 339, 277 – 278.

Saunders, D. (2010). *Arrival City: How the Largest Migration In History Is Reshaping Our World* (New York: Pantheon)

Selleck, J., ed. (2014). *Biological Diversity: Discovery, Science, and Management Special issue of* Park Science, 31(1), 1 – 123.

Service, R. F. (2011). Will busting dams boost salmon? *Science*, 334(6058), 888 – 892.

Steffen, W. et al. (2015). Planetary boundaries: Guiding human development on a changing planet. *Sciencexpress*, January 15, 2015, pp. 1 – 17.

Stuart, S. N. et al. (2010). The barometer of life. *Science*, 328(5975), 177.

Wilson, E. O. (2002). *The Future of Life* (New York: Knopf)

Wilson, E. O. (2014). *A Window On Eternity: A Biologist's Walk Through Gorongosa National Park* (New York: Simon & Schuster)

Wilson, E. O. (2014). *The Meaning of Human Existence* (New York: W. W. Norton)

용어 해설

생물권 | 특정 시점에 세계에 살고 있는 모든 생물. 지구 전체를 뒤덮는 얇은 층을 이루고 있다.

생물 다양성 | 과거와 현재의 생물들이 지닌 변이의 전체. 한 지역에서부터 지구 전체에까지 적용되는 용어이며, 세 수준으로 나뉜다. 생태계, 생태계를 구성하는 종, 종의 형질을 규정하는 유전자 수준이다.

생태계 | 특정한 물리적 특징들과 그 안에 사는 독특한 종들로 이루어진 지역. 호수와 숲, 산호초, 나무 한 그루, 나무의 구멍하나, 우리의 입과 식도도 하나의 생태계다.

속 | 같은 조상종의 후손이기에 서로 유연 관계가 가까운, 살아 있거나 멸종한 종들의 집합.

유전자 | 유전의 기본 단위. 특정한 서열을 지닌 DNA에 담긴

암호다.

인류세 | 인류가 지구 환경 전체를 변형해 온 새로운 지질 시대를 가리키는 명칭.

인류세 세계관 | 자연에 적용되는 세계관으로서, 앞으로 모든 생명의 가치를 주로, 아니 나아가 오로지 인류의 복지에 얼마나 중요한가에 따라 평가해야 한다는 신념. 미래에는 인류와 인류가 가공한 것들로 지구 전체를 뒤덮으리라 내다보는 극단적인 견해도 있다.

종 | 자연에서 구성원들끼리 자유롭게 상호 교배를 하는 유전적으로 독특한 개체군이나 개체군들의 집합.

지구의 절반 | 가속하고 있는 생물 다양성 감소를 멈추기 위해, 지구 육지 면적의 절반과 바다 면적의 절반을 자연에 떼어 주자는 제안.

육지와 바다에 대규모로 보전 구역을 설정하는 최근의 추세와 몇몇 기관들은 지구의 절반 해결책을 든든하게 뒷받침하는 역할을 한다.

논리적으로 볼 때 지속 가능한 지구의 절반 체계가 구축될 수 있음을 입증하는 기관이 이미 존재한다. 세계 유산 재단(World Heritage Foundation)이 바로 그것이다. 1972년에 유네스코(UNESCO)가 설립해 운영하고 있다. 세계 유산 재단의 설립 근거는 유엔 협약에 나와 있다. "세계 인류 전체의 현재와 미래를 위해 세계의 뛰어난 자연 경관 지역과 역사 유적지"를 보호하기 위해서다.

2014년 기준으로 등록된 1,007곳 중에서 자연 유산은 197곳, 자연과 문화의 복합 유산은 31곳이다. 각 등록 지역은 10가지 기준 중 적어도 하나를 충족한다. 그 기준들 중 마지막 두 가지는 전적으로 생물학적인 것이다.

IX | 육상, 민물, 해안과 해양 생태계, 동식물 군집의 진화와 발달 측면에서 진화나 생태학적 및 생물학적 과정이 진행되고 있음을 보여 주는 두드러진 사례일 것.

X | 과학이나 보전 관점에서 볼 때 두드러진 보편적 가치를 지니는 멸종 위기 종을 포함하는 등, 생물 다양성의 현장 보전에 가장 중요하고 의미 있는 서식지일 것.

"과학이나 보전 관점에서 볼 때"라는 마지막 어구가 모호한데, 이 점은 생태계의 모든 종을 포함시키는 방향으로 확장하면 해소될 것이며, 또 그렇게 해소되어야 한다.

내가 강조했듯이, 우리는 자연의 어디에 사는지 생존 상태가 어떠한지 알기는커녕, 너무나 몰라서 학명을 붙이는 것조차 못한 종이 대다수임을 안다. 따라서 생태계와 인류의 미래를 위해 그들의 역할을 하나하나 평가하기란 아직 불가능하다. 하지만 통째로 쓸어 담는 식으로 더 단호한 조치를 취할 수는 있다. 가장 최근의 주목할 만한 조치들을 꼽자면 다음과 같다.

- 브라질 환경부 장관은 아마존 보호 구역(Amazon Region Protected Areas, ARPA)을 영구히 유지하는 사업에 예산을 지원하는 데 필요한 법적 문서에 서명을 했다. 이 구역은 면적이 5120만 헥타르로, 열대 우림들로 이루어진 세

계 최대의 보호망이자, 미국 전체의 국립 공원들을 합친 것보다 면적이 3배 더 넓다.

- 영국 런던의 석유 회사 SOCO 인터내셔널은 콩고 민주 공화국의 세계 유산 등록지인 비룽가 국립 공원에서 원유 탐사를 할 계획을 포기하겠다고 선언했다. 그 공원에는 세계에서 가장 몸집이 큰 영장류이자 멸종 위급종인 마운틴고릴라가 사는 등 생물 다양성이 높다.

- 중국에서는 한 유명 인사의 주도로 상어 지느러미 요리를 먹지 말자는 운동이 벌어지면서, 상어 지느러미의 소비량이 무려 70퍼센트 급감했다. 중국인들이 이 요리를 유달리 좋아하는 바람에 세계의 상어 개체 수가 급감해 왔다.

- 미국뿐 아니라 세계 각지에서 댐 건설은 민물 생태계의 생물 다양성에 심각한 해를 입혀 왔다. 토종 어류와 연체동물의 멸종은 대부분 댐 건설 때문이었다. 지금은 건설된 댐을 무너뜨리는 일이 일어나고 있으며, 금세기에 들어서서 연간 제거 속도가 2배로 늘었다.

- 정부가 정책에 조금만 변화를 주어도 살아 있는 환경을 상당히 많이 보호할 수 있다. 2012년 미국 국제 개발처(United States Agency for International Development, USAID)는 "세계 야생 생물 거래를 근절하는 등 세계의 가장 중요한 생물 다양성을 보전하기 위한 전략적 행동과, 더 나은 결과를 얻기 위해 생물 다양성을 다른 개발 부문들

과 통합하는 방향으로 새롭게 초점을 맞추는 전략"을 통해 토착 생태계와 종을 보호한다는 생물 다양성 정책을 처음으로 발표했다. 나 자신의 현장 경험에 비추어 볼 때, 이렇게 목표를 확대하면 개발 도상국에 가장 필요한 보전 활동을 상당히 지원할 수 있을 것이다.

- 세계 공원 총회(World Parks Congress)는 공해상의 해양 생태계에 큰 영향을 미칠 계획을 구상해 왔다. 세계 대양의 20~30퍼센트를 어업 활동을 금지하는 넓은 해양 보호 구역(Marine Protected Area, MPA)으로 지정하자는 제안이다. 공해상에서 어류를 비롯한 생물들은 계속 퍼져 나가므로, 해양 보호 구역의 생산성이 회복되면 인접 해역들도 그 효과를 보게 될 것이다. 그렇게 인접 해역의 어획량이 평균적으로 증가하면서, 일자리가 약 100만 개 늘어날 것으로 추정된다. 또 거의 보호가 안 된 공해상 전역에서 어획량을 늘리기 위해 현재 제공하는 정부 보조금에 비해 감시하고 보호하는 데 드는 비용이 더 적을 것이다.

다음은 삽화의 출처를 기록해 둔 것이다.

권두 삽화 | Bees, flies, and flowers—Frühlingsbild aus b. Insettenleben in Alfred Edmund Brehm, 63 Chromotafeln aus Brehms Tierleben, Niedere Tiere, Volumes 7 – 10 (Leipzig: Bibliographisches Institute, 1883 – 1884) (Ernst Mayr Library, MCZ, Harvard University).

1 여섯 번째 종말 | Fungi—Plate 27 in Franciscus van Sterbeeck, Theatrum fungorum oft het Tooneel der Campernoelien (T' Antwerpen: I. Iacobs, 1675), 19 p.l., 396, [20] p.: front., 36 pl. (26 fold.) port.; 21 cm. (Botany Farlow Library RARE BOOK S838t copy 1 [Plate no. 27 follows p. 244], Harvard University).

2 우리에게는 생물권이 필요하다 | Swans—Schwarzhalsschwan in Alfred Edmund Brehm, 55 Chromotafeln aus Brehms Tierleben, Vögel, Volumes 4 – 6 (Leipzig: Bibliographisches Institute, 1883 – 1884) (Ernst Mayr Library, MCZ, Harvard University).

3 현재 살아남은 생물 다양성은 얼마나 될까 | Moth, caterpillar, pupa—Plate IX in Maria Sibylla Merian, Der Raupen wunderbare Verwandelung und sonderbare Blumen-Nahrung: worinnen durch eine gantz-neue Erfindung der Raupen, Würmer, Sommervögelein, Motten, Fliegen, und anderer dergleichen Thierlein Ursprung, Speisen und Veränderungen samt ihrer Zeit (In Nürnberg: zu finden bey Johann Andreas Graffen, Mahlern; in Frankfurt und Leipzig: bey David Funken, gedruckt bey Andreas Knortzen, 1679–1683). 2 v. in 1 [4], 102, [8]; [4], 100, [4] p. 100, [2] leaves of plates: ill.; 21 cm. (Plate IX follows p. 16) (Botany Arnold [Cambr.] Ka M54 vol. 2, Harvard University).

4 코뿔소를 위한 비가 | Rhinos— Nashorn in Alfred Edmund Brehm, 52 Chromotafeln aus Brehms Tierleben, Sängetiere, Volumes 1–3 (Leipzig: Bibliographisches Institute, 1883–1884) (Ernst Mayr Library, MCZ, Harvard University).

5 지옥의 묵시록 | Turtles and men—Suppenschildkröte in Alfred Edmund Brehm, 63 Chromotafeln aus Brehms Tierleben, Niedere Tiere, Volumes 7–10 (Leipzig: Bibliographisches Institute, 1883–1884) (Ernst Mayr Library, MCZ, Harvard University).

6 우리는 신이 아니다 | Otis—Otis australis female Plate XXXVI in Proceedings of the Zoological Society of London (Illustrations 1848–1860), 1868, Volume II, Aves, Plates I–LXXVI (Ernst Mayr Library, MCZ, Harvard University).

7 왜 멸종은 가속하고 있는가 | Thylacine—Plate XVIII in Proceedings of the Zoological Society of London (Illustrations 1848–1860), Volume I, Mammalia, Plates I–LXXXIII (Ernst Mayr

Library, MCZ, Harvard University).

8 기후 변화의 영향: 육지와 바다, 공기 | Starfish—Stachelhäuter in Alfred Edmund Brehm, 63 Chromotafeln aus Brehms Tierleben, Niedere Tiere, Volumes 7 – 10 (Leipzig: Bibliographisches Institute, 1883 – 1884) (Ernst Mayr Library, MCZ, Harvard University).

9 가장 위험한 세계관 | Bats—Flugfuchs in Alfred Edmund Brehm, 52 Chromotafeln aus Brehms Tierleben, Sängetiere, Volumes 1 – 3 (Leipzig: Bibliographisches Institute, 1883 – 1884) (Ernst Mayr Library, MCZ, Harvard University).

10 보전 과학 | Seashells—Plate XXXI in Proceedings of the Zoological Society of London (Illustrations 1848 – 1860), Volume V, Mollusca, Plates I – LI (Ernst Mayr Library, MCZ, Harvard University).

11 '세상에, 저게 뭐지?' 종 | Ivory-billed woodpecker and willow oak—Plate 16, M. Catesby, 1729, The Natural History of Carolina, Volume I (digital realization of original etchings by Lucie Hey and Nigel Frith, DRPG England; courtesy of the Royal Society©), in The Curious Mister Catesby: edited for the Catesby Commemorative Trust, by E. Charles Nelson and David J. Elliott (Athens, GA: University of Georgia Press, 2015).

12 알려지지 않은 생명의 그물 | Snakes—Thamnocentris [Bothriechis] aurifer and Hyla holochlora [Agalychnis moreletii] Plate XXXII in Proceedings of the Zoological Society of London (Illustrations 1848 – 60), Volume IV, Reptilia et Pisces, Plates I – XXXII et I – XI (Ernst Mayr Library, MCZ, Harvard University).

13 전혀 다른 수생 세계 | Siphonophore—Forskalia tholoides in Ernst Heinrich Philipp August Haeckel, Report on the

Siphonophorae collected during the voyage of H.M.S. Challenger during 1873 – 1876. (London:1888) reproduced in Sociobiology 1975, Figure 19-2 (Ernst Mayr Library, MCZ, Harvard University).

14 보이지 않는 제국 | Beetles—Hirschkäfer in Alfred Edmund Brehm, 63 Chromotafeln aus Brehms Tierleben, Niedere Tiere, Volumes 7 – 10 (Leipzig: Bibliographisches Institute, 1883 – 1884) (Ernst Mayr Library, MCZ, Harvard University).

15 생물권 최고의 장소 | Snipe—Waldschnepfe in Alfred Edmund Brehm, 55 Chromotafeln aus Brehms Tierleben, Vögel, Volumes 4 – 6 (Leipzig: Bibliographisches Institute, 1883 – 1884) (Ernst Mayr Library, MCZ, Harvard University).

16 재정의된 역사 | Hydrolea crispa and Hydrolea dichotoma— Plate CCXLIV in Hipólito Ruiz et Josepho Pavon, Flora Peruviana et Chilensis: sive Descriptiones, et icones plantarum Peruvianarum, et Chilensium, secundum systema Linnaeanum digestae, cum characteribus plurium generum evulgatorum reformatis, auctoribus Hippolyto Ruiz et Josepho Pavon (Madrid: Typis Gabrielis de Sancha, 1798 – 1802). 3 + v.: ill.; 43 cm. (Botany Gray Herbarium Fol. 2 R85x v. 3, Harvard University).

17 일깨우기 | Fish—Aploactis milesii (above) and Apistes panduratus (below) in Proceedings of the Zoological Society of London (Illustrations 1848 – 1860), Volume IV, Reptilia et Pisces, Plates I – XXXII et I – XI (Ernst Mayr Library, MCZ, Harvard University).

18 복원 | Pine—Pinus Elliotii Plate 1 in George Engelmann, Revision of the genus Pinus, and description of Pinus Elliottii

(St. Louis: R. P. Studley & Co., 1880). 29 p. 3 plates. 43 cm. (Botany Arboretum Oversize MH 6 En3, Botany Farlow Library Oversize E57r, Botany Gray Herbarium Fol. 2 En3 [3 copies] copy 2, Harvard University).

19 지구의 절반 | Helleborus viridis Lin. and Polypodium vulgare Lin—Plate XII in Gaetano Savi, Materia medica vegetabile Toscana (Firenze: Presso Molini, Landi e Co., 1805), 56 pp., 60 leaves of plates: ill.; 36cm. (Botany Arnold [Cambr.] Oversize Pd Sa9, Botany Econ. Botany Rare Book DEM 51.2 Savi [ECB folio case 2], Botany Gray Herbarium Fol. 3 Sa9, Harvard University).

20 병목 지점 통과하기 | Vine—Ronnowia domingensis Plate IV in PierreJoseph Buc'hoz, Plantes nouvellement découvertes: récemment dénommées et classées, représentées en gravures, avec leur descriptions; pour servir d'intelligence a l'histoire générale et économique des trois regnes (Paris: l'Auteur, 1779 – 1784) (Botany Arnold [Cambr.] Fol. 4 B85.3p 1779, Harvard University).

21 무엇을 해야 할까 | Turtle—Cistudo (Onychotria) mexicana Gray in Proceedings of the Zoological Society of London (Illustrations 1848–60), Volume IV, Reptilia et Pisces, Plates I – XXII et I – XI (Ernst Mayr Library, MCZ, Harvard University).

감사의 말

이 책은 많은 친구들과 동료들의 도움이 있었기에 나올 수 있었다. 재정적, 법적 조언을 해 준 내 저작권 대리인인 존 테일러 "아이크" 윌리엄스에게 감사한다. 또 영감을 주고 방향을 인도해 준 편집 담당자 로버트 웨일, 학술 자료를 조사하고 편집하고 원고를 다듬어 준 캐서린 호튼, 그리고 언제나 한결같이 아낌없는 지원과 조언을 해 준 아내 르네에게도 고맙다는 말을 전한다. 모잠비크와 플로리다 주를 방문하는 동안 지원과 공동 연구를 해 준 그레고리 카와 매리언 클리프턴 데이비스에게도 감사드린다. 오랫동안 가까운 지적 동료로 지내면서 첨단 기술과 뇌과학의 주요 발전 추세를 알려 준 조지 케레미디예프에게도 인사를 드린다.

『생명의 미래』와 『생명의 기억』, 그리고 이 책에서 내가 제안하는 개념에 '지구의 절반'이라는 이름을 제시하고 격려를 해 준 친구 토니 히스에게도 진심으로 감사의 말을 전한다. 또 편집 쪽으로 가치 있는 조언을 해준 폴라 일리치에게도 감사한다.

'생물권 최고의 장소'를 고르는 데 도움을 준 리앤 알론소, 스테펀 커버, 실비아 얼, 브라이언 피셔, 에이드리언 포사이스, 로버트 조지, 해리 그린, 토머스 러브조이, 마거릿 (메그) 로먼, 데이비드 매디슨, 브루스 민스, 러스 미터마이어, 마크 모펫, 피오트르 나스크레츠키, 스튜어트 핌, 질리언 프랜스, 피터 레이븐, 다이애나 월에게도 감사드린다.

또 이 책에 넣을 그림을 고르는 일을 도와준 하버드 대학교 비교 동물학 박물관 내 에른스트 마이어 도서관의 사서 코니 리널도, 메리 시어스, 대너 피셔, 하버드 대학교 식물원 내 식물학 박물관의 주디스 원먼트와 리서 드세사르에게도 큰 빚을 졌다.

미국판 표지에 실린 나비는 북아메리카 큰미국노랑나비(*Colias eurytheme*)의 계절형인 '반흰색' 형태이다. (Rick Cech and Guy Tudor, *Butterflies of the East Coast: An Observer's Guide*. Princeton University Press, 2005.)

찾아보기

옮긴이 이한음

실험실을 배경으로 한 과학 소설 『해부의 목적』으로 1996년 《경향신문》 신춘문예에 당선되었다. 전문적인 과학 지식과 인문적 사유가 조화를 이룬 대표 과학 전문 번역자이자 과학 전문 저술가로 활동하고 있다. 저서로 『위기의 지구 돔을 구하라』 등이 있다. 옮긴 책으로는 에드워드 윌슨의 『인간 본성에 대하여』와 『지구의 정복자』, 『인간 존재의 의미』를 비롯해 『유전자의 내밀한 역사』, 『인간 이후』, 『마인드 체인지』, 『악마의 사도』, 『기술의 충격』, 『공생자 행성』, 『살아 있는 지구의 역사』, 『DNA: 생명의 비밀』 등 다수가 있다.

지구의 절반

1판 1쇄 펴냄 2017년 12월 31일
1판 4쇄 펴냄 2024년 1월 15일

지은이 에드워드 윌슨
옮긴이 이한음
펴낸이 박상준
펴낸곳 (주)사이언스북스

출판등록 1997. 3. 24.(제16-1444호)
(06027) 서울특별시 강남구 도산대로1길 62
대표전화 515-2000 팩시밀리 515-2007
편집부 517-4263 팩시밀리 514-2329

www.sciencebooks.co.kr
한국어판 ⓒ (주)사이언스북스, 2017. Printed in Seoul, Korea.
ISBN 978-89-8371-848-8 03990